LE PRÉPOSITIONNAIRE

De la même auteure :

Dictionnaire des proverbes anglais-français, français-anglais. English-French, French-English Dictionary of Proverbs, Presses de l'Université Laval, 1998.

FRANÇOISE BULMAN

LE PRÉPOSITIONNAIRE

DICTIONNAIRE DES VERBES ET ADJECTIFS POUVANT ÊTRE SUIVIS D'UNE PRÉPOSITION

L'instant même

Maquette de la couverture : Anne-Marie Guérineau

Photocomposition : CompoMagny enr.

Distribution pour le Québec : Diffusion Dimedia
539, boulevard Lebeau
Montréal (Québec) H4N 1S2

L'instant même
865, avenue Moncton, Québec (Québec) G1S 2Y4
info@instantmeme.com
www.instantmeme.com

Dépôt légal – 3e trimestre 2003

Catalogage avant publication de la Bibliothèque nationale du Canada

Bulman, Françoise

Le prépositionnaire : dictionnaire des verbes et adjectifs pouvant être suivis d'une préposition

ISBN 2-89502-150-3

1. Français (Langue) – Verbe – Dictionnaires. 2. Français (Langue) – Adjectif – Dictionnaires. 3. Français (Langue) – Prépositions – Dictionnaires. 4. Français (Langue) – Fautes – Dictionnaires. I. Titre.

PC2318.B84 2003 443'.1 C2003-940562-6

L'instant même remercie le gouvernement du Canada (Programme d'aide au développement de l'industrie de l'édition), la Société de développement des entreprises culturelles du Québec et le gouvernement du Québec (Programme de crédit d'impôt pour l'édition de livres – Gestion SODEC).

AVANT-PROPOS

Mes nombreuses années d'enseignement dans le programme du baccalauréat spécialisé en traduction anglais-français à l'Université Laval m'ont amenée à constater qu'une difficulté particulière guettait le traducteur novice: l'emploi des prépositions après les verbes et les adjectifs.

Cette difficulté provient-elle d'une méconnaissance de la langue française ou bien relève-t-elle d'un mécanisme de transfert langagier inhabile ? Quelle qu'en soit la raison, il faut bien avouer que le traducteur chevronné lui-même peut parfois rester la plume en l'air, ou plutôt les doigts en suspens au-dessus du clavier... C'est également le cas d'autres spécialistes de l'écriture à qui cette charnière servant à introduire un rapport entre un substantif, un adjectif ou un verbe et son complément peut poser problème. Car le français a ses traquenards: on dit bien « forcer quelqu'un *à* faire quelque chose », mais « être forcé *de* faire quelque chose ».

C'est pourquoi il m'a paru utile de réunir dans un recueil facile à consulter les verbes et les adjectifs suivis d'une préposition ou d'une locution prépositive. L'objectif de ce petit dictionnaire est de faciliter à tout usager de la langue française le repérage de la préposition qui convient et de lui éviter ainsi de consulter plusieurs ouvrages.

En effet, l'emploi possible d'une préposition peut avoir été omis dans l'un ou l'autre des dictionnaires usuels. Prenons le verbe *ravir.* On trouve l'exemple touchant le complément d'objet indirect : « Ravir un enfant *à* ses parents » dans le *Lexis* et non dans *Le petit Robert* où seul est précisé l'usage du complément d'objet direct : « Aigle qui ravit sa proie ».

La consultation systématique des ouvrages cités dans la bibliographie a permis de regrouper les différentes précisions qu'offre chacun d'entre eux et de présenter une description plus complète de l'usage des prépositions qui peuvent suivre tel verbe ou tel adjectif.

S'il vise à combler certaines omissions, *Le prépositionnaire* est avant tout un relevé des différents usages d'un verbe ou d'un adjectif. Ainsi un verbe peut se présenter soit dans sa forme transitive indirecte (« hériter *d'*une maison »), soit dans sa forme transitive (« hériter une maison, hériter une maison *de* sa tante »), soit dans sa forme pronominale (« l'expérience ne s'hérite pas »), et cela sans changer de sens. Par contre, dans certains cas, le sens de la forme transitive indirecte d'un verbe est différent de celui de sa forme transitive : on n'applaudit pas un comédien de la même manière qu'on applaudit *à* un allégement fiscal. *Le prépositionnaire* inclut aussi des cas où la préposition n'est pas requise, pour que l'utilisateur puisse bien distinguer les différents emplois de tel verbe ou tel adjectif. Le verbe transitif direct *pallier*, par exemple, fait l'objet d'une entrée en raison d'un usage généralisé rendu fautif par l'addition de la préposition *à*.

Dans le même ordre d'idées, on trouvera certaines mises en garde concernant des fautes courantes : « J'ai hâte à lundi » au lieu de « J'ai hâte *d'être à* lundi », « Débuter sa carrière » au lieu de « Débuter *dans* sa carrière », ainsi que des anglicismes : « Acheter quelque chose de quelqu'un » au lieu de « Acheter quelque chose *à* quelqu'un », « Je suis confiant de réussir » au lieu de « J'*ai bon espoir de* réussir ».

Le sens des verbes et des adjectifs n'est pas précisé sauf si la présence d'une préposition différente crée une distinction sémantique. Il est alors indiqué entre crochets.

Lorsque certains verbes du présent dictionnaire peuvent être accompagnés des conjonctions *que* ou *si*, un commentaire précise à quel mode se construit le verbe qui suit.

Cet outil de travail, destiné principalement aux traducteurs et aux rédacteurs en quête d'une solution rapide à des difficultés d'une nature particulière, s'adresse également à tous les usagers du français qui recherchent l'aisance et l'efficacité.

SYMBOLES ET ABRÉVIATIONS

⊖	:	à éviter
▼	:	commentaire
[ ]	:	précision sémantique ou syntaxique
( )	:	exemple
adj.	:	adjectif
arch.	:	archaïque
cond.	:	conditionnel
conj.	:	conjonction
didact.	:	didactique
dr.	:	droit
fam.	:	familier
fig.	:	sens figuré
impers.	:	impersonnel
ind.	:	indicatif
inf.	:	infinitif
ling.	:	linguistique
littér.	:	littéraire
math.	:	mathématique
part. passé	:	participe passé
part. prés.	:	participe présent
péj.	:	péjoratif
pers.	:	personnel
qqch.	:	quelque chose
qqn	:	quelqu'un
subj.	:	subjonctif

A

ABAISSER qqch. ou qqn (*Abaisser la manette. Certaines coutumes abaissent la femme.*) ; s'~ ; s'~ **à** ou **jusqu'à** qqch. (*à un marchandage, jusqu'à des compromissions*) ; s'~ **devant** qqn (*devant Dieu*) ; s'~ **à** ou **jusqu'à** + inf. (*jusqu'à faire l'éloge d'un tyran*).

ABANDONNER qqn ou qqch. ; ~ qqn ou qqch. **à** qqn ou qqch. (*Elle a abandonné son héritage à son frère.*) ; abandonné **par** qqn ; s'~ [se laisser aller] (*Elle ne s'abandonne qu'avec des intimes.*) ; s'~ **à** qqch. (*Elle s'abandonne à son chagrin.*)

ABATTRE qqn ou qqch. ; s'~ ; s'~ **à, sur** qqch. (*au sol, sur sa proie*).

ABDIQUER (*Après Waterloo Napoléon fut contraint d'abdiquer.*) ; ~ **en faveur de** qqn (*La reine abdiquera-t-elle en faveur de son fils ?*) ; ~ qqch. (*la couronne, son autorité*) ; [fig.] ~ **devant** qqch. (*devant les nombreuses difficultés*).

ABÎMER qqch. [endommager] ; s'~ ; s'~ **dans** qqch. [s'enfoncer] (*dans l'océan, dans ses pensées*).

ABONDER [sujet : personnes ou choses] (*Une saison où les tomates abondent.*) ; ~ **à** (*la boulangerie*), **dans** (*un texte*), **en** (*Italie*) ; ~ **en** qqch. (*Pierre abonde en anecdotes amusantes. Cet essai abonde en citations.*) ; ~ **dans** le sens de qqn, **en** ce sens [être tout à fait de son avis].

ABONNER qqn **à** qqch. (*à un journal*) ; s'~ **à** qqch. (*à une revue*).

ABORDER à (*Montréal*), **dans** (*une île*), **en** (*Argentine*) ; ~ qqn ou qqch. (*Aborder un policier au coin de la rue. Aborder un nouveau* *rivage.*) ; ▼ On aborde un sujet, une question, un problème **d'**un point de vue différent, **sous** un angle différent.

ABOUCHER des personnes ou des choses (*des tuyaux, des conduits*) ; ~ qqn **avec** qqn ; ~ qqch. **avec** qqch. ; s'~ **à** ou **avec** qqn [se mettre en rapport] (*Il s'est abouché à* ou *avec des revendeurs.*)

ABOUTIR ; ~ **à** (*un escalie*r), **dans** (*une chambre*), **sur** (*une terrasse*) ; [fig.] ~ **à** qqch. (*Cela n'aboutira à rien. Leurs efforts ont abouti à un échec.*) ; ~ **à** ce que + ind. (*Cela aboutira à ce que l'on ne vous fera plus confiance.*)

ABOYER ; ~ **à** la lune ; ~ **après** ou **contre** qqn (*Les chiens aboient après* ou *contre les passants.*) ; [fig.] ~ **après** ou **contre** qqn (*Cessez d'aboyer après vos employés.*) ; ~ qqch. (*Il aboyait ses ordres.*)

ABRÉGER (*Pour respecter la limite prescrite, il faudra abréger.*) ; ~ qqch. (*une visite*) ; ~ qqch. **en** qqch. (*Il lui faudra abréger ce texte en dix lignes.*) ; s'~ (*Certains termes peuvent s'abréger.*) ; s'~ **en** qqch. (*Le mot* chapitre *s'abrège en* chap.)

ABREUVER un animal ; s'~ ; s'~ **à** qqch. (*Le bétail s'abreuve à l'étang.*) ; abreuvé **de** qqch. [mouillé] (*sol abreuvé d'eau*) ; [fig.] ~ qqn **de** qqch. (*de compliments, d'injures*).

ABRITER qqn ou qqch. ; ~ qqn ou qqch. **avec** (*son manteau*), **sous** (*son parapluie*) ; ~ qqn ou qqch. **contre** ou **de** qqch. (*Cet auvent nous abritait contre* ou *de la pluie.*) ; s'~ **contre** ou **de** qqch. ; s'~ **derrière** (*une clôture, la loi, quelqu'un*), **sous** (*un arbre*).

ABRUTIR ; ~ qqn ; ~ qqn **de** qqch. (*de travail*) ; s'~ **de** qqch. (*de mauvaises lectures*) ; s'~ **à** + inf. (*à regarder la télévision*).

ABSENT [personne ou chose] ; ~ **de** qqch. (*Il était absent de Montréal, de la réunion, du bureau, de son travail. L'objectivité est absente de ce rapport.*) ; ⊖ Éviter : J'ai été absente « pour » trois jours. Dire : J'ai été absente **pendant** trois jours.

Mais on peut dire : Je serai absente **pendant** ou **pour** trois jours.

ABSENTER (S') ; s'~ **de** qqch. (*de chez soi, d'une réunion*).

ABSORBER qqch. (*L'éponge a absorbé toute l'eau. Absorber un médicament.*) ; ~ qqn [accaparer] (*Ce travail m'absorbe beaucoup.*) ; absorbé **dans** qqch. (*dans la correction d'une épreuve*) ; absorbé **par** qqch. (*par une pensée*) ; s'~ **dans** qqch. (*S'absorber dans la vérification de ses comptes.*)

ABSOUDRE ; ~ qqn ; ~ qqn **de** qqch. (*Il l'a absoute de ses écarts de conduite.*)

ABSTENIR (S') ; s'~ **de** qqch. (*de produits laitiers*) ; s'~ **de** + inf. (*de consommer des produits laitiers*).

ABUSER [exagérer] (*Vraiment, tu abuses !*) ; ~ qqn [tromper] (*Il croyait l'abuser par ses minauderies.*) ; ~ **de** qqch. [user avec excès] (*Il abuse de ses forces. Elle abuse de la générosité de son amie.*) ; ~ **de** qqn [user avec excès de la bonté de qqn ou violenter sexuellement] (*Elle abuse vraiment de lui. Ce pédophile est accusé d'avoir abusé d'une autre fillette.*) ; s'~ [se tromper soi-même] (*Elle s'abuse sur l'efficacité de ses recommandations.*)

ACCABLER qqn (*La chaleur l'accable.*) ; [sujet : personne] ~ qqn **de** qqch. (*d'injures, de gentillesses, de questions, de conseils*) ; accablé **de** qqch. (*de fatigue, de douleur*) ; accablé **par** qqch. (*Il est accablé par ce deuil.*)

ACCAPARER qqn ou qqch. (*Elle a accaparé son hôte. Il a accaparé l'attention des membres présents. Son travail l'accapare.*) ; ⊖ Éviter la forme pronominale « s'accaparer » de qqn ou qqch. ou « s'accaparer » qqch.

ACCÉDER à qqch. [atteindre] (*On accède à la bibliothèque par ce couloir. Ce couloir accède à la bibliothèque. Il mérite d'accéder aux plus hautes dignités.*) ; ~ **à** qqch. [accorder] (*Ce père accède à tous les désirs de sa fille.*)

ACCEPTER ; ~ qqn ou qqch. (*Il m'a acceptée comme remplaçante.*) ; ~ qqch. **de** qqn (*Je ne veux rien accepter* *de lui.*); ~ **de** + inf. (*Il a accepté de partir avec moi.*); ▾ Le verbe suivant la conj. **que** se construit avec le subj. (*J'accepte qu'il vienne.*); s'~ (*S'accepter tel qu'on est.*)

ACCESSIBLE [personne ou chose] (*Escalier de secours facilement accessible. Un professeur peu accessible.*); ~ **à** qqn ou qqch. (*Édifice accessible aux handicapés. Ouvrage accessible au profane. Gestionnaire accessible aux idées neuves. Personne peu accessible à la compassion.*)

ACCLIMATER un être vivant; ~ qqn ou qqch. **à** qqch. (*un enfant à un nouvel environnement, une rose aux rigueurs de l'hiver*); s'~ **à** qqch. (*à la vie urbaine*).

ACCOLER deux choses; ~ qqch. **à** qqch. (*Accoler un appentis à la maison.*); s'~ (*Ces deux termes ne peuvent pas s'accoler.*); s'~ **à** qqch. (*Le bateau s'est accolé au quai.*)

ACCOMMODER qqch. **à** qqch. [adapter] (*Il lui restait à accommoder ses actes à ses paroles.*); s'~ **à** qqch. (*à un horaire très différent*); ~ qqch. **à**, **avec** qqch. [apprêter] (*Accommoder du bœuf à la sauce piquante, du poulet avec des champignons.*); ~ qqch. **avec** qqch. [concilier] (*Accommoder le travail avec le plaisir.*); ~ qqn **de** qqch. [pourvoir] (*d'une faveur*); s'~ **de** qqch. [se satisfaire de] (*Il doit s'accommoder d'un bureau minuscule.*); ~ [mettre au point – optique – œil] (*Accommoder pour la vision à grande distance.*); ~ **à** ou **sur** (*10m*); ~ **sur** qqch. (*sur un sujet proche*); accommodé **sur** qqch. (*Regard accommodé sur l'horizon.*)

ACCOMPAGNER qqn ou qqch.; ~ qqn ou qqch. **à** (*l'aéroport*), **dans** (*sa retraite*), **en** (*France*); ~ qqn **de** ou **par** qqch. (*du regard, par la pensée*); ~ qqch. **de** qqch. (*un repas d'un bon vin*); accompagné **de** ou **par** qqn ou qqch. (*Un steak accompagné d'un bon vin. Elle était accompagnée de sa secrétaire* ou *par sa secrétaire.*); s'~ **de** qqch. (*Le plaisir s'accompagne* *souvent d'un sentiment de culpabilité.*)

ACCORDER qqch. (*Accorder son violon. Les alliés devraient accorder leurs visions de l'avenir.*) ; ~ qqch. **à** qqn ou qqch. [donner] (*Accorder une faveur, un délai, une permission à quelqu'un. Je n'accorde aucune importance à ces ragots.*) ; s'~ qqch. (*une période de réflexion, trop de mérite*) ; ~ qqch. **avec** qqch. [harmoniser] (*Accorder ses principes avec sa conduite.*) ; s'~ **avec** qqch. (*Mes sentiments s'accordent avec les vôtres. L'adjectif s'accorde avec le nom.*) ; **à** qqn que + ind. [concéder] (*Je vous accorde que le choix est difficile.*) ; s'~ [s'entendre] (*Ils ne peuvent s'accorder.*) ; s'~ **avec** qqn. (*Elle s'accorde bien avec son frère.*) ; s'~ **à** + inf. [être du même avis] (*Ils s'accordent à le trouver détestable.*) ; s'~ **pour** + inf. [se concerter] (*Ils se sont accordés pour me faire assumer toutes les responsabilités dans cette affaire.*)

ACCOTER qqch. **à** ou **contre** qqch. (*Un râteau accoté au mur du garage. Il accota sa tête contre le dossier du fauteuil.*) ; s'~ **à** ou **contre** qqch. (*Il s'accota au chambranle de la porte.*)

ACCOUCHER ; ~ qqn [aider à mettre un enfant au monde] (*C'est le Dr Untel qui l'a accouchée.*) ; ~ **de** qqn ou qqch. (*d'un fils, d'une idée, d'un mauvais poème*) ; ▼ Elle a accouché hier [insiste sur le fait], elle est accouchée **d**'hier [insiste sur l'état].

ACCOUDER (S') à ou **contre** qqch.

ACCOURIR ; ~ **à** (*la cuisine*), **dans** (*le jardin*) ; ~ **jusqu'à**, **vers** qqn ou qqch. ; ~ **pour** + inf. (*Tout le monde est accouru pour le féliciter. Ses amis ont accouru pour le féliciter.*) ; ▼ Ce verbe se conjugue avec les auxiliaires *avoir* ou *être*.

ACCOUTRER qqn ; ~ qqn **de** qqch. ; accoutré (*Il s'est présenté à cette réception bizarrement accoutré.*) ; s'~ **de** qqch. (*de vêtements trop longs*).

ACCOUTUMER qqn **à** qqch. (*Il faudra l'accoutumer à*

votre absence.) ; ~ qqn **à** + inf. (*à se montrer plus rigoureux*) ; accoutumé **à** qqch. (*à une vie de luxe*) ; accoutumé **à** + inf. (*à ne se priver de rien*) ; s'~ **à** qqn ou qqch. ; s'~ **à** + inf. (*à ne rien faire*) ; s'~ **à** ce que + subj. (*Ils se sont accoutumés à ce qu'on fasse tout pour eux.*) ; [vieilli] accoutumé **de** + inf. (*Ceux qu'il avait accoutumé de consulter.*)

ACCRÉDITER qqn ; ~ qqn **auprès de** qqn ou qqch. (*un ambassadeur auprès d'un chef d'État*) ; accrédité **auprès de** qqn ou qqch. (*auprès d'un chef d'État, auprès d'une banque*) ; ~ qqch. [rendre croyable] (*une idée, une thèse*) ; s'~ [se propager] (*Il faut démentir ces rumeurs car elles risquent de s'accréditer.*)

ACCROCHER qqn ou qqch. ; ~ qqch. **à** qqch. (*Accroche ton chapeau à la patère.*) ; s'~ ; s'~ **à** qqn ou qqch. ; s'~ [se disputer] (*Ces deux collègues s'accrochent souvent pendant les réunions.*) ; s' ~ **avec** qqn (*Elle s'est accrochée avec le directeur.*)

ACCROIRE (FAIRE, LAISSER) qqch. **à** qqn (*Il lui a fait accroire qu'il avait traversé à la nage le lac Saint-Jean.*) ; en faire, en laisser ~ **à** qqn (*Tu ne m'en feras pas accroire !*) ; s'en faire, s'en laisser ~ (*Elle ne s'en laisse pas facilement accroire.*) ; s'en faire, s'en laisser ~ [se surestimer] (*Les individus qui s'en font accroire sont généralement percés à jour.*) ; ▼ Ce verbe ne s'emploie qu'à l'infinitif avec *faire* ou *laisser*.

ACCROÎTRE qqch. ; s'~ (*Le nombre des sans-abri s'accroît sans cesse.*) ; s'~ **de** (*La population de ce village s'est accrue de 2000 habitants.*)

ACCUEILLIR qqn ou qqch. ; ~ qqn **dans** qqch. (*dans un groupe, une équipe*) ; ~ qqn **parmi** des personnes (*Nous l'accueillerons avec plaisir parmi nous.*) ; accueilli **par** qqch. (*Cette proposition fut accueillie par un long silence.*)

ACCULER qqn **à**, **contre**, **dans** qqch. (*Acculer l'ennemi à la mer. Le taureau l'avait* *acculé contre la clôture. Les policiers acculèrent les manifestants dans une impasse.*); acculé (*Nous sommes acculés, il nous faut céder.*); acculé **contre** qqch. (*Le chevreuil était acculé contre l'arbre et tentait de se défendre.*); [fig.] ~ qqn **à** qqch. (*à la faillite, au désespoir*).

ACCUSER qqn ou qqch. [tenir responsable d'un mal, d'une faute] (*Elle a accusé son voisin. Accuser le sort, les événements.*); ~ qqn ou qqch. **de** qqch. (*Il est accusé de vol à l'étalage. Accuser le mauvais temps du retard dans les livraisons.*); ~ qqn ou qqch. **de** + inf. (*On l'accuse de négliger son travail. Les habitants accusent la pollution de causer des troubles respiratoires.*); s'~; s'~ **de** qqch. (*Elle s'est accusée de négligence.*); s'~ **de** + inf. (*Elle s'est accusée d'avoir négligé ses obligations.*); ~ réception **de** qqch. [signaler la réception] (*d'une lettre, d'une invitation*); ~ réception **de** qqch. **à** qqn (*Je vous accuse réception de votre courrier d'hier.*); [sujet: chose] ~ qqch. [mettre en relief ou trahir] (*Sa robe accuse ses hanches. Son teint blême accusait son désarroi.*)

ACHARNÉ; ~ **à** qqch. (*à la besogne*); ~ **à** + inf. (*à poursuivre l'ennemi*).

ACHARNER (S') ; s'~ **après**, **contre**, **sur** qqn ou qqch. (*Cessez de vous acharner après cet enfant. Elle s'acharne contre le courant. Le sort s'acharne contre elle. Les critiques s'acharnent sur cet artiste.*)

ACHEMINER qqn ou qqch. **à** ou **vers** qqch. (*Acheminer les bagages à l'hôtel* ou *vers l'hôtel.*); s'~ **vers** qqch.

ACHETER qqn ou qqch.; ~ qqch. **à** qqn [verser de l'argent à qqn en retour d'une marchandise] ⊖ Éviter l'anglicisme: Acheter qqch. «de» qqn; ~ qqch. **à** qqn [payer une marchandise et l'offrir à qqn].

ACHEVER; ~ qqn ou qqch.; ~ **de** + inf. (*J'ai achevé de trier mes livres.*); s'~ (*L'hiver s'achève.*)

ACHOPPER (*Les discussions ont achoppé.*); ~ **à** ou **sur** qqch. (*Il a achoppé à un* *obstacle. Les pourparlers achoppent sur un point.*) ; [littér.] s'~ **à** qqch. [se heurter] (*Voilà qu'il s'achoppe à un problème pratiquement insoluble.*)

ACQUÉRIR qqch. ; ~ qqch. **à** qqn (*Son honnêteté lui a acquis la confiance des clients.*) ; s'~ (*Une habitude qui s'acquiert. Ils se sont acquis une réputation de menteurs.*)

ACQUIESCER ; ~ **à** qqch. (*Il a acquiescé à ma demande.*)

ACQUIS ; ~ **à** qqn (*Je vous suis tout acquis. Ce droit est acquis aux propriétaires du terrain.*) ; [personne] ~ **à** qqch. (*Être acquis à une cause.*) ; tenir qqch. **pour** ~ ⊖ Éviter : « Prendre pour acquis » qqn ou qqch. Dire : **Traiter** qqn **en quantité négligeable**, **tenir** un droit **pour acquis**.

ACQUITTER qqch. (*une dette, une facture, des droits*) ; s'~ **de** qqch. (*d'une dette, d'une mission, de son devoir, de ses fonctions*) ; s'~ **de** qqch. **envers** qqn (*Je me suis acquitté de mes dettes envers lui.*) ; s'~ **envers** qqn (*envers un créancier*) ; ~ qqn [déclarer innocent].

ADAPTER qqch. (*un roman pour le cinéma*) ; ~ qqch. **à** qqch. (*Adapter ses habitudes à celles de son conjoint.*) ; s'~ ; s'~ **à** qqn ou qqch. (*Il devra s'adapter à ce nouveau public.*)

ADDITIONNER qqch. **avec** ou **et** qqch. [totaliser] (*On ne peut additionner les pommes avec les poires.*) ; ~ qqch. **de** qqch. [ajouter] (*J'ai additionné d'eau mon vin.*) ; additionné **de** qqch. (*Vin additionné d'eau.*)

ADHÉRER [sujet : chose] [coller] ; ~ **à** qqch. ; [sujet : personne] ~ **à** qqch. [devenir membre d'un organisme ou être du même avis] (*Adhérer à un parti, à une opinion.*)

ADJACENT ; ~ **à** qqch. (*Un verger adjacent à un potager.*)

ADJOINDRE qqn ou qqch. **à** qqn ou qqch. (*On lui a adjoint une secrétaire pour le décharger du courrier. On a adjoint un chauffage d'appoint au chauffage au bois.*) ; s'~ qqn ou qqch. (*Elle devra s'adjoindre* *deux collaboratrices.*) ; s'~ **à** qqch. (*Un notaire s'est récemment adjoint à ce cabinet d'avocats. Un nouveau problème est venu s'adjoindre à nos difficultés.*)

ADJUGER qqch. **à** qqn (*Adjuger un prix, une récompense à quelqu'un.*) ; s'~ qqch. (*la meilleure part*).

ADJURER qqn **de** + inf. (*de tout révéler*).

ADMETTRE qqn ou qqch. [accueillir] ; ~ qqn **à** qqch. (*à sa table, à une audience, à l'université*) ; ~ qqn **dans** qqch. (*dans un groupe, dans un club, dans les bars*) ; ~ qqch. [reconnaître ou tolérer] ; ~ qqn **à** + inf. [autoriser] (*Il est admis à se présenter à ce concours.*) ; admis (*Les chiens ne sont pas admis.*) ; admis **à**, **dans**, **en** qqch. (*Les meilleures étudiantes sont admises à cet examen. Les chiens ne sont pas admis dans les musées.*) ; admis **à** + inf. (*Il n'est pas admis à se présenter à cette audience.*) ; ▾ Le verbe suivant la conj. **que** se construit avec le subj. ou le cond. [accepter à titre d'hypothèse] (*Admettons que vous ayez raison. Vous admettrez que nous serions très déçus si ce projet échouait.*), ou l'ind. [accepter comme une réalité] (*J'admets que c'est le cas. Admettez que ce sera difficile.*), ou le subj. si le verbe *admettre* est à la forme négative (*Je n'admets pas qu'il parte sans prévenir.*)

ADMIRER qqn ou qqch. ; ~ qqn **de** + inf. (*Je l'admire d'être aussi patient.*) ; ▾ Le verbe suivant la conj. **que** se construit avec le subj. (*J'admire qu'aucune difficulté ne l'arrête.*) ; admiré **de** ou **par** qqn (*Il est admiré de ses collègues et par tous ceux qui l'ont côtoyé.*) ; s'~ (*Seuls les sots s'admirent.*)

ADMISSIBLE ; ~ **à** qqch. (*à un concours*) ⊖ Éviter : « Éligible » à un concours.

ADONNER (S') à qqch. (*à la lecture*).

ADOSSER qqn ou qqch. **à** ou **contre** qqch. ; s'~ **à** ou **contre** qqch. (*Fatigué, il s'assit et s'adossa au mur.*)

ADRESSER qqn ou qqch. **à** qqn ou qqch. (*Son médecin l'a *adressée à un spécialiste. Adresser une remarque à quelqu'un.*) ; s'~ **à** qqn ou qqch. (*Je me suis adressé directement au ministère. Je m'adresse à votre générosité.*)

ADROIT ; ~ **dans** qqch. (*dans l'art de convaincre les sceptiques*) ; ~ **de** qqch. (*de ses mains*).

AFFABLE ; ~ **avec** ou **envers** qqn.

AFFAMÉ ; ~ **de** qqch. [avide] (*de pouvoir*).

AFFECTER qqch. [feindre] (*Il affectait l'indifférence.*) ; ~ **de** + inf. (*Il affecte d'être indifférent.*) ; ~ qqch. **à** qqn ou qqch. [destiner] (*Affecter une résidence à un consul. On a affecté des crédits supplémentaires aux hôpitaux.*) ; ~ qqn **à** qqch. (*à un poste*) ; ~ qqn ou qqch. [toucher sur le plan psychologique] (*Son échec l'a beaucoup affecté. Tout ce qui risque d'affecter notre équilibre.*) ; affecté **par** qqch. (*par la mort d'un être cher*) ; ~ qqn ou qqch. [toucher sur le plan physique ou physiologique] (*Les maladies qui affectent les victimes du sida. Les maladies qui affectent la vue.*) ; affecté **de** qqch. (*d'une maladie, d'une infirmité*).

AFFÉRENT ; ~ **à** qqn [qui revient à] (*La part afférente à cet héritier.*) ; ~ **à** qqch. [qui se rattache à] (*Questions afférentes au problème des importations.*)

AFFILIER qqn ou qqch. **à** qqn ou qqch. (*Pourra-t-on affilier la société X à la société Y ?*) ; affilié **à** qqch. (*Il est affilié à ce parti depuis deux ans.*) ; s'~ **à** qqch. (*à un parti, à un groupe*).

AFFIRMER qqch. ; ~ qqch. **à** qqn ; ~ + inf. (*Il a affirmé pouvoir venir.*) ; ▼ Le verbe suivant la conj. **que** se construit avec l'ind. (*Il affirme que le délai sera respecté.*) ; s'~ (*S'affirmer comme chef de file.*)

AFFLIGER qqn [frapper d'un mal] (*Une terrible infirmité afflige le pauvre homme.*) ; ~ qqn **de** qqch. (*La nature l'a affligé d'une terrible infirmité.*) ; ~ qqn [attrister] (*Sa mort l'a profondément affligé.*) ; s'~ (*Faut-il s'affliger ou se réjouir ?*) ; s'~ **de** qqch. (*Je ne peux m'affliger du départ d'un* *collègue qui m'était indifférent.*) ; s'~ **de** + inf. (*Je m'afflige de le savoir malade.*) ; ▼ Le verbe suivant la conj. **que** se construit avec le subj. (*Je m'afflige qu'il soit obligé d'abandonner ce poste.*) ; s'~ **de** ce que + ind. ou subj. [lourd].

AFFLUER ; ~ **à**, **sous**, **vers** qqch. (*Le sang afflue au cerveau. Ils affluent sous sa bannière. La foule affluait vers le lieu de l'accident.*)

AFFOLÉ ; ~ **par** qqch.

AFFRANCHIR qqn ou qqch. ; ~ qqn ou qqch. **de** qqch. (*Son départ l'a affranchi de l'autorité maternelle.*) ; affranchi **de** qqch. (*Un pays affranchi de la domination étrangère.*) ; s'~ **de** qqch. (*de traditions millénaires*).

AFFUBLER qqn **de** qqch. (*Il l'avait affublée d'un sobriquet peu flatteur.*) ; affublé **de** qqch. (*d'une robe aux tons criards*) ; s'~ **de** qqch. (*Voici les oripeaux dont elle s'affublait.*)

ÂGÉ ; ~ **de** (*20 ans*) ; ~ **de... à** (*les étudiants âgés de 20 à 25 ans*).

AGENCER des choses ; s'~ **en** qqch. (*Les mots s'agencent en phrases.*)

AGGLOMÉRER (S') ; s'~ **en** qqch. (*La ville et les banlieues se sont agglomérées en une seule grande ville.*)

AGIR ; ~ **auprès de** qqn (*Il faudrait agir auprès du directeur pour obtenir cette promotion.*) ; ~ **contre** qqn ou qqch. (*Le temps agit contre lui. Je ne voudrais pas agir contre vous. Ce médicament agit contre la migraine.*) ; ~ **en** qqch. (*en bon citoyen*) ; ~ **en faveur de** qqn ou qqch. ; ~ **envers** qqn (*Il a agi envers moi comme un goujat.*) ; ~ **selon** qqch. (*Agir selon les ordres.*) ; ~ **sur** qqn ou qqch. (*Les critiques n'agissent pas sur lui. Le climat agit sur sa santé.*) ; il s'agit **de** qqch. (*d'un voyage à l'étranger*) ; il s'agit **de** + inf. (*de se mettre d'accord*).

AGONIR qqn **de** qqch. (*Ils l'ont agoni d'injures.*)

AGRÉABLE ; ~ **à** qqn (*Cela m'est très agréable.*) ; ~ **à** qqch. (*au toucher*) ; ~ **à** + inf. (*à entendre*) ; il est ~ **à**

qqn **de** + inf. (*Il m'est agréable de vous faire l'honneur des lieux.*) ; il est ~ **de** + inf. (*Il est agréable de pouvoir parler librement.*)

AGRÉER qqch. [accepter] (*Agréer la demande, la requête de quelqu'un. Veuillez agréer l'expression de mes sentiments distingués.*) ; ~ **à** qqn [plaire] (*Si cela vous agrée. Ce projet agrée à tous.*)

AGRÉMENTER qqch. ; ~ qqch. **de** qqch. (*Il a agrémenté cette pièce austère de jolies peintures.*)

AGRIPPER qqn ou qqch. (*Il agrippait son père par le bas de son pantalon. Il tentait d'agripper la rambarde.*) ; s'~ **à** qqn ou qqch. (*Il s'agrippait d'une main au rebord de la fenêtre.*)

AGUERRIR qqn (*Les privations l'ont aguerri.*) ; s'~ **à** ou **contre** qqch. (*contre le froid*).

AIDER qqn ⊖ Éviter : Elle ne « lui » a pas aidé. Dire : Elle ne **l'**a pas aidé ; ~ qqn **à** + inf. (*à finir ses travaux*) ; ~ qqn **de** qqch. (*de ses conseils*) ; s'~ **de** qqch. (*d'une canne pour marcher*) ; ~ **à** qqch. [contribuer à la réalisation de] (*Aider à la bonne marche de l'entreprise.*)

AIMABLE ; ~ **avec** ou **envers** qqn ; ~ **de** + inf. (*Vous êtes bien aimable de nous recevoir.*)

AIMER ; ~ qqn ou qqch. ; ~ + inf. (*Il aime voyager.*) ; ~ **à** + inf. (*J'aime à penser que vous m'aimez un peu.*) ; ▾ Le verbe suivant la conj. **que** se construit avec le subj. (*Elle aime qu'on lui fasse des compliments.*) ; ~ **à** ce que + subj. [lourd] ; aimé **de** ou **par** qqn (*Elles ne sont aimées de* ou *par personne.*)

AISÉ ; ~ **à** + inf. (*Une chose aisée à faire.*) ; il est ~ **de** + inf. (*Il n'est pas aisé de comprendre son attitude.*)

AJOURNER qqch. (*un procès, les élections, un débat*) ; ~ qqch. **à** (*Ajourner une réunion, un rendez-vous, une décision à une date ultérieure, au vendredi suivant.*) ; ~ qqn **à** (*On a ajourné ce candidat à une session ultérieure d'examens.*) ; ~ qqch. **de** (*La session du Parlement a été ajournée d'une semaine.*) ; s'~ **à** (*L'assemblée* *s'est ajournée au 30 mai.)* ▼ *Ajourner* ne prend pas un complément de lieu : on **passe à** ou **dans** une autre pièce, on ne s'y « ajourne » pas ; ⊖ Éviter : « Ajourner » la séance ou l'audience. Dire : **Lever** la séance ou l'audience ; ⊖ Éviter le pléonasme : « Ajourner à plus tard ».

AJOUTER qqch. ; ~ qqn ou qqch. **à** qqn ou qqch. (*J'ai ajouté un membre au comité.*) ; ~ **à** qqch. (*Ce succès ajoute à son bonheur.*) ; s'~ **à** qqn ou qqch. (*Ce nouveau joueur s'ajoute à notre équipe.*) ; ▼ Le verbe suivant la conjonction **que** se construit avec l'ind. [dire] (*Il a ajouté que lui aussi partait.*)

AJUSTER qqch. ; ~ qqch. **à** qqch. (*ses rêves à la réalité*) ; s'~ ; s'~ **à** qqch. (*Son tir s'est ajusté aux nouvelles distances.*)

ALARMER qqn (*L'annonce de sa maladie a alarmé sa famille.*) ; s'~ **de** qqch. (*de l'absence de quelqu'un*).

ALIGNER qqn ou qqch. (*Ils ont aligné les prisonniers le long du mur.*) ; ~ qqch. **sur** qqch. (*une monnaie sur une autre, sa conduite sur celle d'un héros*) ; s'~ ; s'~ **sur** qqn ou qqch. (*Les gymnastes s'alignent sur un seul rang. Il s'est aligné sur la politique du parti.*) ; s'~ **contre** qqn [affronter à plusieurs dans une compétition] (*Le Canadien s'alignera demain contre les Maple Leafs.*)

ALLER ; ~ **à** (*son bureau, l'épicerie, Canadian Tire*), **chez** (*l'épicier, Simons*), **dans** (*la cave*), **en** (*France*), **jusqu'à** (*la plage en vélo*) ⊖ Éviter : Aller « chez » Canadian Tire [on va chez une personne, ce que n'est pas Canadian Tire].

ALLIER qqch. **à** ou **avec** qqch. (*Allier l'intelligence à la beauté* ou *l'intelligence avec la beauté.*) ; s'~ ; s'~ **à** ou **avec** qqn ou qqch. (*Son désir de voyager s'allie au regret de quitter ses amis. La France s'est alliée avec la Grande-Bretagne.*)

ALLOUER qqch. **à** qqn (*Allouer une indemnité, des crédits, du temps à quelqu'un.*) ; ⊖ Éviter : Fin de la période « allouée » aux étudiants inscrits pour les changements de cours [il ne s'agit pas ici d'un temps déterminé pour un travail précis]. Dire : Fin de la période **prévue** pour les changements de cours.

ALTÉRER qqch. ; altéré ; altéré **de** qqch. [avide de] (*altéré de sang, altéré de gloire*).

ALTERNER (*Deux équipes qui alternent. Un paysage où alternent les bois et les champs.*) ; ~ **avec** qqn ou qqch. (*Il alternait avec son frère. Les cuivres alternaient avec les violons.*) ; ~ des choses (*Il est préférable d'alterner les cultures dans ce champ.*) ; ~ qqn ou qqch. **avec** ou **et** qqn ou qqch. (*Peut-on alterner les garçons avec les filles dans le groupe ? Il alternait les sons graves et les sons aigus.*)

AMALGAMER des choses (*Amalgamer sans goût des textes de natures diverses.*) ; ~ qqch. **à** ou **avec** ou **et** qqch. (*Les aborigènes d'Australie amalgament de l'ocre et de la graisse animale pour peindre.*) ; s'~ ; s'~ **à** ou **avec** qqch. (*Le dépit s'amalgamait au souvenir.*)

AMARRER qqch. ; ~ qqch. **sur** qqch. (*un navire sur des ancres, des valises sur le toit d'une voiture*).

AMBITIONNER qqch. (*les honneurs*) ; ~ **de** + inf. (*de devenir astronaute*).

AMENER qqn ; ~ qqn ou qqch. **à** qqn ou qqch. (*Je lui ai amené son frère quand il était malade. Il m'a amené sa voiture pour me la montrer.*) ; ~ qqch. **dans** qqch. **par** qqch. (*On amène le gaz dans les maisons par un tuyau.*) ; ~ qqn **à** + inf. [convaincre, entraîner] (*Elle l'a amené à voir les choses différemment.*) ; [sujet : chose] ~ qqn **à** + inf. [avoir pour conséquence] (*Mon métier m'amène à voyager.*) ; ▼ Ne pas confondre *amener* et *apporter* : on amène une personne, un animal, un véhicule et on apporte une chose.

AMOURACHER (S') de qqn.

AMOUREUX ; ~ **de** qqn ou qqch.

AMUSANT ; ~ **à** + inf. (*à voir, à faire*).

AMUSER qqn ; s'~ **à** qqch. (*à des bêtises*) ; s'~ **de** qqch. (*de petits riens*) ; s'~ **à** + inf. (*Il s'amusait à la faire* *parler.*); s'~ **de** qqn [se moquer] (*Elle s'amuse de vous.*)

ANALOGUE ; ~ **à** qqch. (*Une expérience analogue à celle qu'a connue son frère.*)

ANCRER ; ~ qqch. **dans** qqch. ; s'~ **dans** qqch.

ANIMER qqn ou qqch. (*L'ambition qui l'anime. L'enthousiasme qui anime son regard.*); ~ qqn ou qqch. **de** qqch. (*Il animait l'orchestre du geste et du regard. Il animait la discussion de ses remarques pleines d'humour.*); animé; animé **par** qqch. (*Animés par l'enthousiasme de leur chef, ils ont repris la route. Une réception animée par la bonne humeur des convives.*); [sujet: personne] animé **de** qqch. (*des meilleures intentions*); s'~; s'~ **de** qqch. (*de la gaîté des jeunes*).

ANNEXER qqch. (*Annexer un territoire. Annexer un appartement voisin.*); qqch. **à** qqch. (*Annexer des pièces à un dossier.*); [fam.] s'~ qqn ou qqch. [se l'attacher de manière exclusive] (*Il voudrait s'annexer les meilleurs conseillers. Il s'est annexé le plus beau bureau.*)

ANNONCER qqn ou qqch. (*Annoncer un invité.*); ~ qqch. **à** qqn (*Je leur ai annoncé la bonne nouvelle.*); s'~ (*Ça s'annonce mal. Elle est arrivée sans s'annoncer.*)

ANNONCIATEUR ; ~ **de** qqch. (*J'ai entendu ce matin les oies sauvages annonciatrices du printemps.*)

ANTÉRIEUR ; ~ **à** qqch. (*Il s'agit d'un projet antérieur au vôtre.*)

ANTICIPER (*N'anticipez pas, les détails nous serons fournis en temps voulu.*); ~ **sur** qqch. [entamer à l'avance] (*Anticiper sur son cachet.*); ~ **sur** qqch. [prévoir l'évolution de la situation] (*Anticiper sur un récit, sur les événements, sur des conclusions.*); ~ qqch [exécuter avant l'heure] (*Anticiper un paiement.*) ⊖ Éviter : Le comité « anticipe » d'intéressantes retombées économiques, il « anticipe » des difficultés. Dire : Le comité **prévoit** d'intéressantes retombées économiques, il **s'attend à** des difficultés.

ANTIPATHIQUE ; ~ **à** qqn (*Il m'est fort antipathique.*)

APERCEVOIR qqn ou qqch. ; s'~ **de** qqch. (*Elle ne s'est pas aperçue de son départ.*) ; ▾ Le verbe suivant la conj. **que** se construit avec l'ind. (*Je m'aperçois que je me suis trompée.*)

APITOYER qqn (*Ce chien victime de mauvais traitements nous a tous apitoyés.*) ; s'~ **sur** qqn ou qqch. (*S'apitoyer sur son sort.*)

APPARAÎTRE [se manifester] (*Le président apparut à la fenêtre. Elle apparut sur la scène, telle une sylphide. La vérité finit toujours par apparaître.*) ; ~ **à** qqn [se présenter à l'esprit] (*La logique de ce raisonnement lui apparut soudain.*) ; [sujet : chose] ~ + attribut ou ~ comme + attribut (*Cet objectif lui apparut impossible à atteindre* ou *comme impossible à atteindre.*) ; ▾ La forme impers. suivie de la conj. **que** demande l'ind. [il est évident que] (*Il apparaît que, selon les règlements, vous êtes dans vos droits.*) [voir PARAÎTRE] ; ⊖ Éviter : Il « m'apparaît » nécessaire de prendre ces mesures. Dire : Il **me paraît** nécessaire de prendre ces mesures.

APPARENTER (S') à qqn ou qqch. (*Il s'est apparenté à une famille aristocratique. Ses goûts s'apparentent aux miens.*)

APPARTENIR à qqn ou qqch. (*à une famille, à une catégorie*) ; il appartient **à** qqn **de** + inf. (*Il ne m'appartient pas de porter un jugement.*)

APPELER qqn ou qqch. (*un taxi*) ; ~ qqn **à** qqch. (*à l'aide, à son secours, au téléphone, à une fonction, à un poste*) ; ~ qqch. **sur** qqn ou qqch. (*Appeler la vengeance sur ses ennemis.*) ; ~ qqch. [entraîner] (*Cette initiative appelle des changements importants.*) ; en ~ **à** qqch. [s'en remettre à] (*J'en appelle à votre bon sens.*) ; en ~ **de** qqch. [refuser d'admettre comme définitif] (*Il en appelle de votre décision.*) ; appelé **à** qqch. [destiné à] (*Il est appelé à un grand avenir.*) ; appelé **à** + inf. (*Ce haut fait est appelé à passer dans l'histoire.*) ; appelé **à** + inf. [requis] (*Il* *a été appelé à prendre la relève.*) ; [dr.] ~ qqn **à** + inf. [assigner] (*à comparaître devant le juge*) ; en ~ **à** qqch. [solliciter l'arbitrage] (*à la Cour suprême*) ; en ~ **d'**un jugement.

APPESANTIR qqch. ; ~ qqch. **sur** qqn ou qqch. (*Pays qui appesantit sa domination sur un autre.*) ; appesanti **par** qqch. (*Yeux appesantis par le sommeil.*) ; s'~ (*Son pas s'appesantit avec le poids des ans.*) ; s'~ **sur** qqch. (*Inutile de s'appesantir sur le sujet.*)

APPLAUDIR ; ~ qqn ou qqch. (*un acteur, un discours*) ; [fig.] ~ **à** qqch. (*à une initiative, aux efforts de quelqu'un*) ; s'~ **de** qqch. [se réjouir de] (*Il s'applaudit du succès de votre initiative.*)

APPLICABLE ; ~ **à** qqn ou qqch. (*Ce règlement n'est pas applicable aux débutants. Cette exemption n'est pas applicable aux entreprises étrangères.*)

APPLIQUER qqch. ; ~ qqch. **sur** qqch. (*deux couches de peinture sur un mur*) ; [sujet : chose] s'~ **sur** qqch. (*Ce vernis s'applique facilement sur le bois.*) ; [fig.] ~ qqch. **à** qqch. (*Appliquer son esprit à l'étude. On ne peut pas appliquer ce traitement à ce genre de maladie.*) ; s'~ **à** qqn ou qqch. [se rapporter à] (*Ce règlement s'applique à tous.*) ; s'~ **à** + inf. [mettre toute son attention à] (*Il s'applique à combler tous ses désirs.*)

APPORTER qqch. ; ~ qqch. **à** qqn ou qqch. (*Apporter une bonne dose d'expérience à l'équipe. Cela apporte de l'eau à mon moulin.*)

APPOSER qqch. (*sa signature, son sceau, les scellés*) ; ~ qqch. **à** ou **sur** qqch. (*Apposer sa signature sur un contrat.*)

APPRÉCIER qqn ou qqch. [estimer, aimer] (*Il apprécie beaucoup son assistant. J'apprécie votre dévouement. J'apprécie le fait qu'il ait choisi de s'abstenir.*) ; ~ qqn ou qqch. **pour** qqch. (*On l'apprécie pour sa générosité. On apprécie cette méthode pour sa simplicité.*) ; ~ qqch. [évaluer] (*La valeur de ce bijou est difficile à apprécier.*) ; ~ qqch. **à** qqch. (*à sa juste *valeur*) ; ~ qqch. **au-dessus de**, **au-dessous de** qqch. (*au-dessus de sa valeur*) ; s'~ [prendre de la valeur] ; ▾ *Apprécier le fait* suivi de la conj. **que** demande le subj. (*J'apprécie le fait que vous ayez jugé bon de vous taire.*) ; ⊖ Éviter *apprécier que* + subj. comme dans : « J'apprécie que vous soyez venu. » Dire : **Merci d'être venu, je vous suis reconnaissant d'être venu**.

APPRÉHENDER qqn [arrêter] (*Le suspect a été appréhendé.*) ; ~ qqch. [comprendre] (*une notion, un phénomène*) ; ~ qqch. [craindre] ; ~ **de** + inf. (*J'appréhende de partir seule.*) ; ▾ Le verbe suivant la conj. **que** se construit avec le subj. [redouter qu'un événement se produise] et, dans un style plus soutenu, il est souvent précédé de la particule explétive *ne* (*Elle appréhende que le conflit ne s'élargisse.*) ; ▾ Le verbe à la forme négative suivant la conj. **que** se construit avec le subj. [redouter qu'un événement ne se produise pas] (*Elle appréhende que la livraison ne soit pas faite à temps.*)

APPRENDRE ; ~ qqch. (*le français*) ; ~ qqch. **de** qqn ou qqch. (*J'ai appris cette nouvelle de lui. J'ai appris la tolérance de mes voyages à l'étranger.*) ; ~ qqch. **par** qqn ou qqch. (*J'ai appris la nouvelle par une amie. Il a appris cela par la radio.*) ; ~ **à** + inf. (*Il a appris à lire très tôt.*) ; ~ **de** qqn ou qqch. **à** + inf. (*J'ai appris de mon père à respecter les opinions d'autrui. J'ai appris de mes nombreux voyages à l'étranger à m'adapter très vite.*) ; ▾ Le verbe suivant la conj. **que** se construit avec l'ind. (*J'ai appris qu'il avait remporté le premier prix.*) ; s'~ (*Les règles de ce jeu s'apprennent facilement.*) ; ~ qqch. **à** qqn [enseigner, informer] (*La vie m'a appris la patience. C'est elle qui m'a appris la nouvelle.*) ; ~ **à** qqn **à** + inf. (*Il m'a appris à jouer aux échecs. Les événements m'ont appris à réfléchir.*) ; ▾ Le verbe suivant la conj. **que** se construit avec l'ind. (*Je lui ai appris que sa candidature avait été retenue.*)

APPRÊTER qqch. ou qqn (*un repas, la mariée*) ; s'~ **à** qqch. [se disposer à] (*au départ*) ; s'~ **à** + inf. (*Ils s'apprêtent à partir.*) ; s'~ **pour** qqch. [se préparer] (*pour une réception*).

APPROCHER (*L'heure du départ approche.*) ; ~ qqn ou qqch. **de** qqn ou qqch. (*Approcher un fauteuil de la fenêtre.*) ; ~ **de** qqn ou qqch. ou s'~ **de** qqn ou qqch. (*On approche* ou *on s'approche de la ville, de l'été. On ne peut approcher* ou *s'approcher d'elles à moins de montrer patte blanche. La population de cette ville approche de 500 000 habitants.*) ; ~ qqn [s'avancer vers] (*Elle est de mauvaise humeur, ne l'approchez pas.*) ; ~ qqn [avoir accès à] (*Je n'ai pu approcher cette vedette.*)

APPROPRIÉ ; ~ **à** qqch. (*Recourir à des mesures appropriées à la situation.*)

APPROPRIER qqch. **à** qqn ou qqch. [adapter] (*Approprier un traitement à l'âge du malade.*) ; s'~ qqch. [se saisir de] (*L'invention qu'il s'est appropriée.*)

APPROUVER qqn ou qqch. ; ~ qqn **de** + inf. (*Je l'approuve d'adopter une position ferme.*) ; ▼ Le verbe suivant la conj. **que** se construit avec le subj. (*Il n'approuve pas qu'elle veuille agir seule.*)

APPROVISIONNER qqn ou qqch. ; ~ qqn ou qqch. **en** qqch. (*Approvisionner une ville en eau.*) ; s'~ ; s'~ **en** qqch. (*en légumes*).

APPUYER **sur** qqch. (*sur une pédale, un mot, une note*) ; ~ qqn ou qqch. ; ~ qqch. **à**, **contre**, **sur** qqch. ; s'~ **à**, **contre**, **sur** qqch.

ÂPRE ; ~ **au** gain [avide].

APTE **à** qqch. (*au travail, au service militaire*) ; ~ **à** + inf. (*Des hommes aptes à travailler.*)

ARC-BOUTER qqch. (*une voûte*) ; ~ qqch. **à** ou **contre** qqch. (*Arc-bouter ses pieds au mur* ou *contre le mur.*) ; s'~ **à** ou **contre** qqch. ; s'~ **de** qqch. **à** ou **contre** qqch. (*Il s'arc-boute des pieds à* ou *contre la porte.*)

ARGUER **de** qqch. (*d'une situation financière précaire pour obtenir un traitement de faveur*) ; ▼ Le verbe

suivant la conj. **que** se construit avec le subj. ou le cond. (*Il arguait qu'on ne l'avait pas averti et qu'il serait très difficile de tout recommencer.*)

ARGUMENTER ; ~ **avec**, **contre**, **en faveur de** qqn ; ~ **contre**, **en faveur de**, **pour**, **sur** qqch.

ARMER qqn ou qqch. ; ~ qqn ou qqch. **de** qqch. (*Il avait armé son fils d'un revolver.*) ; s'~ ; s'~ **contre** qqn ou qqch. (*S'armer contre la crise économique.*) ; s'~ **de** qqch. (*d'un revolver, d'un appareil photo, de patience*).

ARRACHER qqch. ; ~ qqn ou qqch. **à** qqn ou qqch. ; ~ qqch. **de** qqch. (*un couteau des mains d'un agresseur, une proie des griffes d'un animal*) ; s'~ qqn [se disputer la présence, l'amitié de] ; [fig.] s'~ **à** ou **de** qqch. [s'éloigner, se détacher à regret de] (*S'arracher aux douceurs de l'oisiveté. S'arracher de son lit.*)

ARRANGER qqch. ou qqn (*Arranger des fleurs dans un vase. Votre départ l'arrange.*) ; s'~ [se débrouiller] (*Ne vous inquiétez pas, je m'arrangerai.*) ; s'~ **pour** qqch. (*Arrangez-vous pour le choix d'un remplaçant.*) ; s'~ **pour** + inf. (*Je m'arrangerai pour trouver un remplaçant.*) ; ▼ Le verbe suivant la conj. **que** se construit avec le subj. (*Je m'arrangerai pour que tout soit prêt à temps.*) ; s'~ **avec** qqn [s'entendre] ; s'~ **avec** qqn **pour** qqch. (*Je vais m'arranger avec elle pour la garde des enfants.*) ; s'~ **avec** qqn **pour** + inf. (*Arrange-toi avec lui pour finir à temps.*) ; ▼ Le verbe suivant la conj. **que** se construit avec le subj. (*Arrange-toi avec elle pour que tout soit terminé à temps.*) ; s'~ **de** qqch. [se contenter] (*S'arranger du peu qu'on a.*)

ARRÊTER ; ~ qqn ou qqch. ; ~ **de** + inf. (*Arrêter de fumer. Elle n'arrête pas de parler.*) ; s'~ ; s'~ **à** (*un endroit*) ; s'~ **à** qqch. [faire attention à] (*aux détails, aux apparences*) ; ~ qqch. **sur** qqch. [fixer] (*Arrêter son attention, ses regards sur un objet.*) ; [sujet : chose] s'~ **sur** qqch. (*Son regard s'arrêta sur le nouveau*

venu. Mon choix s'est arrêté sur cette reliure en peau de chagrin.)

ARRIVER ; ~ **à** (*New York, la gare*), **dans** (*la chambre*), **en** (*Italie*), **sur** (*le pont*) ; [fig.] ~ **à** qqch. (*à ses fins, au but*) ; ~ **à** + inf. (*Elle n'arrive pas à verrouiller la porte.*) ; ~ **à** ce que + subj. (*Nous arriverons à ce que ce travail soit terminé à temps.*) ; en ~ **à** qqch. (*Comment peut-on en arriver au suicide ? Arrivons-en au fait.*) ; en ~ **à** + inf. (*J'en arrive à douter de sa bonne foi.*) ; [sujet : chose] ~ **à** qqn (*Un malheur lui est arrivé.*) ; il arrive qqch. **à** qqn (*Il lui est arrivé un malheur.*) ; il arrive **à** qqn **de** + inf. (*Il lui arrive de se tromper.*) ; ▾ La forme impers. suivie de la conj. **que** demande le subj. [action possible] ou parfois l'ind. [action réelle] (*Il arrive que nous nous rencontrions, que nous nous rencontrons.*)

ARRONDIR qqch. (*une somme, le prix*) ; ~ qqch. **à** qqch. (*la somme à 10 $*) ; s'~ [devenir rond] (*En période de grossesse, le ventre s'arrondit.*)

ARROSER qqn ou qqch. ; ~ qqn ou qqch. **de** qqch.

ASPERGER qqn ou qqch. ; ~ qqn ou qqch. **de** qqch. ; s'~ **de** qqch.

ASPIRER ; ~ qqch. ; ~ **à** qqch. [souhaiter] (*Aspirer à la médaille d'or.*) ; ~ **à** + inf. (*à être astronaute*).

ASSAILLIR qqn ou qqch. ; ~ qqn **de** qqch. (*de questions*).

ASSAISONNER qqch. ; ~ qqch. **avec** ou **de** qqch. (*Assaisonner la salade de quelques anchois.*)

ASSASSINER qqn ; [fig.] ~ qqn **de** qqch. (*de reproches*).

ASSENER ou **ASSÉNER** qqch. **à** qqn (*un coup de poing à son adversaire*).

ASSEOIR qqn **dans** (*un fauteuil*), **sur** (*une chaise*) ; s'~ ; s'~ **dans, sur** qqch. ; [fig.] ~ qqch. [établir solidement] (*Asseoir son autorité, sa réputation.*) ; ~ qqch. **sur** qqch. (*une théorie sur des faits*).

ASSERVIR qqn ou qqch. ; ~ qqn ou qqch. **à** qqch. (*Asservir ses passions à un idéal.*) ; s'~ ; s'~ **à** qqch.

(*Elle refuse de s'asservir aux tâches ménagères.*)

ASSIDU [personne] ; ~ **à** qqch. (*aux cours*) ; ~ **auprès de** qqn [empressé] (*Un mondain assidu auprès des dames.*) ; [chose] ~ (*Sa présence assidue est fort appréciée.*)

ASSIÉGER qqn ou qqch. (*Assiéger une ville, un bureau, une armée. Les flammes assiégeaient l'immeuble de toutes parts.*) ; [sujet : personne] ~ qqn **de** qqch. (*de ses assiduités*).

ASSIGNER qqch. **à** qqn (*Assigner un rôle, une tâche, une place, une résidence à quelqu'un.*) ⊖ Éviter : « Assigner » qqn à une tâche. Dire : **Affecter** qqn à une tâche ; ~ qqch. **à** qqch. (*des fonds à un paiement*) ; [dr.] ~ qqn **à** résidence.

ASSIMILABLE ; ~ **par** un être vivant (*Cet aliment n'est pas assimilable par le jeune enfant.*) ; ~ **à** qqn ou qqch. [comparable à] (*Primate assimilable à un enfant de trois ans. Son travail est assimilable à celui d'une infirmière.*)

ASSIMILER ; ~ qqn ou qqch. (*Un groupe assimile des individus. On assimile des aliments, des connaissances.*) ; ~ qqn ou qqch. **à** qqn ou qqch. [considérer comme semblable] (*On assimile souvent l'artiste au bohème.*) ; s'~ [s'intégrer] (*Au Canada, certaines ethnies s'assimilent plus facilement que d'autres.*) ; s'~ **à** qqch. (*Des immigrants qui se sont bien assimilés à la population de l'endroit.*)

ASSISTÉ (*freins assistés*) ; ~ **par** qqch. (*traduction assistée par ordinateur*).

ASSISTER qqn [aider] (*Un étudiant l'assistera dans sa recherche.*) ; se faire ~ **par** qqn ; ~ **à** qqch. [être présent à] (*Il a assisté à la réunion.*)

ASSOCIER des personnes ou des choses [rapprocher] (*Des gens que leurs intérêts associent. Peut-on associer ces couleurs ?*) ; ~ qqn ou qqch. **à** ou **avec** ou **et** qqn ou qqch. (*J'associe tout grand homme à un bourreau de travail. Peut-on associer asthme et pollution ?*) ; ~ qqn **à** qqch. [faire participer à] (*Il m'a associé à son projet. Associer les*

travailleurs aux bénéfices d'une entreprise.) ; associé **à** qqn ou qqch. [rapprocher ou faire participer à] (*Il était associé à son frère dans cette affaire. Cet employé est associé aux bénéfices de l'entreprise.*) ; s'~ ; s'~ qqn (*un collaborateur*) ; s'~ **à** qqch. (*à une entreprise criminelle, à la joie d'un enfant, aux travaux de quelqu'un*) ; s'~ **à** ou **avec** qqn ; s'~ **à** ou **avec** qqn **pour** qqch. (*pour une entreprise, pour une opération*) ; s'~ **à** ou **avec** qqn **pour** + inf. (*pour monter une entreprise*) ; [sujet : chose] s'~ **à** qqch. (*Cette odeur s'associe pour moi à celles de mon enfance.*)

ASSOIFFÉ ; ~ **de** qqch. (*de pouvoir*).

ASSOMMER qqn ; ~ qqn **avec** qqch. (*avec une poêle*) ; ~ qqn **de** qqch. (*d'un coup de poing*).

ASSORTIR des personnes ou des choses (*des convives, des vêtements*) ; qqn ou qqch. **à** qqn ou qqch. (*Assortir ses accessoires à sa robe.*) ; assorti (*des époux, des vêtements assortis*) ; s'~ (*Ces deux couleurs s'assortissent bien.*) ; s'~ **à** qqch. (*Son chapeau s'assortissait à sa robe.*) ; assorti **de** qqch. [accompagné ou fourni] (*Règle assortie de plusieurs exceptions. Boutique assortie d'un grand choix.*) ; s'~ **de** qqch. [s'accompagner] (*Son discours s'assortissait d'allusions politiques.*) ; [rare] s'~ **en** qqch. [se fournir].

ASSUJETTIR qqn ou qqch. ; ~ qqn ou qqch. **à** qqch. (*Assujettir le peuple à des lois rigoureuses. Assujettir ses désirs à ceux des autres.*) ; s'~ **à** qqch. (*aux exigences de la mode*).

ASSURER qqch. (*la sécurité des enfants*) ; ~ qqch. **à** qqn ou qqch. (*Assurer des vivres aux victimes pour trois mois. Ces critiques élogieuses vont assurer un succès durable à ce film.*) ; ~ qqn **de** qqch. (*Vous pouvez l'assurer de notre appui.*) ; ▾ Le verbe suivant la conj. **que** se construit avec l'ind. (*Il m'assure qu'il s'occupera de tout.*) ; s'~ **de** qqch. (*de la bonne foi de quelqu'un, de l'expédition d'un colis*) ; s'~ **de** + inf. [veiller à]

(*S'assurer de bien fermer la porte.*) ; ▾ Le verbe suivant la conj. **que** ou **si** se construit avec l'ind. (*Assurez-vous que tout est bien en place. Assurez-vous si la lumière est bien éteinte.*) ; ~ qqch. [prendre une assurance] (*Assurer sa maison.*) ; ~ qqch. **contre** qqch. (*Assurer sa maison contre le vol.*) ; s'~ **contre** qqch. (*contre l'incendie*) ; s'~ qqch. [se pourvoir] (*S'assurer la protection de quelqu'un, un revenu régulier.*)

ASTREINDRE qqn **à** qqch. (*Il a astreint cet enfant à une certaine discipline.*) ; ~ qqn **à** + inf. (*Il l'a astreinte à lire tous les soirs.*) ; astreint **à** qqch. ; astreint **à** + inf. (*à diminuer ses dépenses*) ; s'~ **à** qqch. (*à un régime*) ; s'~ **à** + inf. (*à suivre un régime sévère*).

ATTACHER qqch. ; ~ qqn ou qqch. **à** qqch. (*J'ai attaché le chien au poteau avec sa laisse.*) ; s'~ (*Cette veste s'attache par du velcro. Il faut s'attacher pour le décollage.*) ; [fig.] ~ qqn ou qqch. **à** qqch. (*Plus rien ne m'attache à la vie. J'attache beaucoup d'importance à la vie de famille.*) ; s'~ **à** qqn ou qqch. (*à sa vie de luxe*) ; s'~ **à** + inf. [s'appliquer à] (*à respecter l'esprit de l'auteur*).

ATTAQUER ; ~ qqn ou qqch. ; s'~ **à** qqn ou qqch. (*Le loup ne s'attaque pas à l'homme. S'attaquer à une rude tâche.*)

ATTARDER (S'); s'~ **à** (*la banque*), **chez** (*le pâtissier*), **dans** (*la salle de classe*) ; s'~ **à** qqch. (*à des détails insignifiants*) ; s'~ **sur** qqch. (*sur une question*) ; s'~ **à** + inf. (*à bavarder*).

ATTEINDRE qqn ou qqch. [parvenir] ; ~ **à** qqch. [parvenir avec effort] (*à la vérité, à la perfection*) ; ~ qqn ou qqch. [affecter physiquement ou moralement] (*Plus rien n'atteint ce pauvre homme. Cette maladie atteint les poumons.*) ; ~ qqn **dans** qqch. (*dans son amour-propre*) ; atteint **de** qqch. (*de folie, de paralysie*) ; atteint **par** qqch. [touché] (*Il est atteint par cette décision.*)

ATTELER qqch. ; ~ qqn ou qqch. **à** qqch. (*Atteler un cheval à une charrette.*

Nous avons attelé deux équipes à ce travail.) ; s'~ **à** qqch. (*à l'apprentissage d'une langue*).

ATTENANT ; ~ **à** qqch. (*La salle de bains attenante à la chambre.*)

ATTENDRE ; ~ qqn ou qqch. ; ~ qqch. **de** qqn (*J'attends une lettre de lui.*) ; ~ **de** + inf. (*de partir*) ; ▾ Le verbe suivant la conj. **que** se construit avec le subj. (*J'attends qu'il s'en aille.*) ; s'~ **à** qqch. [compter sur] (*Je m'attends à des progrès.*) ; s'~ **à** + inf. (*Il s'attend à être élu.*) ; s'~ **à** ce que [ou : que] + subj. (*Il s'attend à ce que* ou *que j'obéisse sans discuter.*)

ATTENDRIR qqn ou qqch. ; s'~ ; s'~ **sur** qqn ou qqch.

ATTENTATOIRE ; ~ **à** qqch. (*Une mesure attentatoire aux droits de la personne.*)

ATTENTER à qqch. (*à la vie de quelqu'un*).

ATTENTIF ; ~ **à** qqch. ; ~ **envers** qqn ; ~ **à** + inf. (*à ménager la susceptibilité d'un ami*).

ATTENTIONNÉ ; ~ **auprès de** ou **pour** qqn (*auprès d'une vieille tante, pour ses parents*).

ATTESTER qqch. [certifier] (*Il a attesté l'authenticité de la signature. Ce document atteste la véracité des faits. Ce fait est attesté par les étudiants et par les témoignages des personnes présentes.*) ; ▾ Le verbe suivant la conj. **que** se construit avec l'ind. (*J'atteste qu'il était présent lors de l'incident.*) ; ~ **de** qqch. [prouver] (*Ses actes attestent de sa bonne foi. Ainsi qu'en attestèrent plus tard ses collègues.*)

ATTIRER qqn ou qqch. ; ~ qqn **avec** ou **par** qqch. (*avec des promesse* ou *par des promesses*) ; ~ qqn ou qqch. **dans** (*un piège*), **sur** (*le toit*), **vers** (*la fenêtre*) ; [fig.] ~ qqch. **à** ou **sur** qqn ou qqch. (*Sa manière d'agir va lui attirer des ennuis. Il attirait sur lui l'attention de tous.*) ; s'~ qqn ou qqch. (*des ennemis, des ennuis*).

ATTRIBUABLE à qqn ou qqch. (*Cette réussite est attribuable au nouveau pdg. Cet accident est attribuable à des freins défectueux.*)

ATTRIBUER qqch. **à** qqn (*Attribuer une bourse, des qualités, une récompense, un budget de 500 $ à quelqu'un.*) ; s'~ qqch. (*la part du lion*).

ATTRISTER qqn ; s'~ **de** qqch. ; s'~ **de** + inf. (*Elle s'attriste de ne pouvoir rien faire pour lui.*)

AUGMENTER ; ~ **de** qqch. (*Son prix a augmenté de 10 $. Mes actions ont augmenté de valeur.*) ; ~ qqn ou qqch. (*Il a augmenté sa secrétaire. Il a augmenté son salaire.*) ; ~ qqch. **de** (*Il a augmenté son salaire de 50 $ par mois.*) ; s'~ **de** qqch. (*Le capital s'augmente chaque année des intérêts.*)

AUGURER (*Ces premiers résultats laissent augurer une fin d'année fructueuse.*) ; ~ **de** qqch. (*Sa grande expérience me fait bien augurer du succès de l'entreprise. J'augure bien des premiers résultats. J'augure bien du résultat final. Que faut-il augurer de son attitude ?*) ; ▼ Le verbe suivant la conj. **que** se construit avec le futur (*J'augure de ce silence qu'il ne mettra pas de bâton dans les roues.*)

AUTORISER qqch. ⊖ Éviter : « Autoriser » qqch. à qqn. Dire : **Permettre** qqch. à qqn (*On leur a permis l'accès à ce lieu.*) ; ~ qqn **à** + inf. (*Le directeur m'a autorisée à prendre un congé.*) ; autorisé **à** + inf. ; s'~ qqch. (*Je me suis autorisé un peu de repos.*) ; s'~ **à** + inf. (*à prendre quelques jours de congé*) ; s'~ **de** qqn ou qqch. **pour** + inf. (*S'autoriser de l'indulgence de quelqu'un pour prendre des libertés.*) ; [sujet : chose] ~ qqn **à** + inf. (*Notre intimité m'autorise à lui parler franchement.*)

AVANCER ; ~ **de** (*500 m, 10 min*) ; ~ qqch. ; s'~ ; ~ qqch. **à** qqn [prêter] (*Il lui a avancé 500 $.*)

AVANTAGER qqn ; ~ qqn **au détriment de**, **par rapport à** qqn.

AVANTAGEUX ; ~ **pour** qqn.

AVARE ; ~ **de** qqch. (*de compliments, de son temps*).

AVENTURER qqch. ; s'~ ; s'~ **à**, **dans**, **sur** qqch. ; s'~ **à** + inf. (*à donner une opinion contraire*).

AVERTI [au courant] (*un public averti*) ; ~ **de** qqch. (*Un spécialiste averti des dernières découvertes.*)

AVERTIR ; ~ qqn ; ~ qqn **de** qqch. (*On l'a averti de l'accident.*) ; ~ qqn **de** + inf. (*d'éviter une route verglacée*) ; ~ qqn **de** ne pas + inf. (*de ne pas croire toutes les rumeurs*) ; ▾ Le verbe suivant la conj. **que** se construit avec l'ind. ou le cond. (*Je t'avertis que ce ne sera pas facile. Je t'avertis que cela pourrait tourner mal.*)

AVEUGLER qqn ; s'~ **sur** qqch. (*sur les défauts de quelqu'un*).

AVIDE ; ~ **de** qqch. (*de compliments*) ; ~ **de** + inf. (*Avide d'apprendre.*)

AVISÉ ; bien, mal ~ **de** + inf. (*J'ai été bien avisé d'écouter ses conseils.*)

AVISER [réfléchir] ; ~ **à** qqch. (*J'aviserai à ce que je dois faire.*) ; ~ qqn **de** qqch. [faire savoir] (*Nous devrons aviser les fournisseurs de notre départ.*) ; ▾ Le verbe suivant la conj. **que** se construit avec l'ind. (*On l'a avisé qu'il devait partir.*) ; s'~ **de** qqch. [constater] (*Elle ne s'est avisée de sa présence qu'au départ.*) ; ▾ Le verbe suivant la conj. **que** se construit avec l'ind. (*Il s'avisa par la suite qu'il avait tort.*) ; s'~ **de** + inf. [avoir l'idée de] (*Ne t'avise pas de recommencer.*) ; [littér.] ~ qqn ou qqch. [apercevoir] (*Il avisa soudain un ami parmi les invités.*)

AVOIR qqn ou qqch. ; en ~ **pour** (*20 $, 10 min*) ; ~ **à** + inf. [avoir besoin de ou devoir] (*J'ai à te parler. J'ai une lettre à écrire.*) ; en ~ **après** ou **contre** qqn ou qqch. [en vouloir à] (*Elle en a après les diminutions de personnel. Il en a contre son voisin.*)

AXER qqch. **autour de** ou **sur** qqch. (*Axer une activité culturelle autour d'un grand écrivain. Axer sa vie sur sa carrière.*) ; axé **sur** qqch. (*Pierre est très axé sur l'argent. Une politique commerciale axée sur le tourisme.*)

B

BADIGEONNER qqch. ; ~ qqch. **de** qqch. (*Badigeonner un mur de chaux.*)

BADINER ; ~ **avec** qqn ou qqch. (*Il ne faut pas badiner avec l'amour.*)

BAIGNER dans qqch. (*Les cerises baignent dans un sirop épais.*) ; ~ qqn ou qqch. (*Baigner un malade. Des eaux froides baignent le littoral du Labrador.*) ; baigné **de** qqch. (*Visage baigné de sueur, de larmes.*) ; se ~ **dans** qqch.

BÂILLER ; ~ **de** qqch. (*de faim, d'ennui, de fatigue, de sommeil*).

BANNIR qqn [exiler] ; ~ qqn **de** qqch. (*Il l'a banni de sa maison.*) ; ~ qqch. [supprimer] (*un usage, l'alcool*) ; ~ qqch. **de** qqch. (*Nous avons banni ce sujet de nos conversations.*)

BARBOUILLER qqn ou qqch. ; ~ qqn ou qqch. **de** qqch. ; se ~ **de** qqch.

BARDER qqch. ; [cuisine] bardé **de** qqch. (*Un rôti bardé de lard.*) ; [fig.] bardé **de** qqch. (*Une poitrine bardée de décorations. Un candidat bardé de diplômes.*)

BASER qqch. **sur** qqch. (*Baser une affirmation sur des faits.*) ; se ~ **sur** qqch. (*Sur quoi vous basez-vous pour avancer cela ? Ce raisonnement n'est basé sur rien.*) ; [domaine militaire] basé **à**, **sur** (*Une unité de chars basée à Valcartier. Des appareils basés sur un porte-avions.*)

BATTRE de qqch. (*des mains, des ailes, des paupières*) ; ~ qqn ou qqch. ; se ~ **avec** ou **contre** qqn (*Il se bat souvent avec ses copains. Il se battait contre un ennemi invisible.*) ; se ~ **contre** qqch. (*contre certains abus*) ; se ~ **pour** qqch. (*pour la paix*) ; se ~ **pour** + inf. (*pour obtenir satisfaction*).

BÉNÉFICIER de qqch. [sujet : personne] (*Elle bénéficie de sérieux avantages.*) ; [sujet : chose] ~ **à** qqn (*Cette mesure a bénéficié aux retraités et à la classe moyenne.*)

BÉNÉFIQUE ; ~ **à** qqn ou qqch. (*Ce voyage lui a été*

bénéfique. Ces mesures sont bénéfiques à l'économie.)

BERCER qqn ; ~ qqn **de** qqch. (*de vaines paroles*) ; se ~ **de** qqch. (*d'illusions*).

BIENVEILLANT ; ~ **à l'égard de** ou **envers** qqn.

BIFFER qqch. ; ~ qqch. **de** qqch. (*un nom d'une liste*).

BIGARRÉ ; ~ **de** qqch. (*Toile bigarrée de couleurs vives.*)

BLÂMER qqch. (*Je blâme son comportement, son manque de rigueur.*) ; ⊖ Éviter : « Blâmer » la récession pour la baisse du dollar. Dire : **Attribuer** la baisse du dollar à la récession ; ~ qqn **de** ou **pour** qqch. (*de sa négligence* ou *pour sa négligence*) ; ~ qqn **de** + inf. (*Il l'a blâmé de négliger ses amis.*) ; se ~ **de** + inf. (*d'avoir cédé*) ; ⊖ Éviter : « Jeter le blâme sur » qqn. Dire : **Rendre** qqn **responsable de** qqch., **rejeter sur** qqn **la responsabilité**, **le blâme** ou **la faute**, **faire retomber sur** qqn **le blâme** ou **la faute.**

BLASÉ ; ~ **de** ou **sur** qqch. (*Il est blasé de ce genre de vie. Il est blasé sur tout.*) ; ~ **par** qqch. (*par la routine*) ; ~ **de** + inf. (*de mener la grande vie*).

BLASER qqn [sujet : chose] ; ~ qqn **de** ou **sur** qqch. (*La vie l'a blasé de tout* ou *sur tout.*) ; [sujet : personne] se ~ ; se ~ **de** qqch. (*Elle a fini par se blaser des croisières.*)

BLÊMIR ; ~ **de** qqch. (*d'épouvante*).

BLESSÉ ; ~ **à** qqch. (*à la jambe*) ; [fig.] ~ **de** ce que + subj. ou ind. [ou : que + subj.] (*Il est blessé de ce qu'on ne l'ait pas remercié* ou *de ce qu'on ne l'a pas remercié. Il est blessé qu'on ne l'ait pas remercié.*)

BLESSER qqn ou un animal ; ~ qqn ou un animal **à** qqch. (*à la tête*) ; [fig.] ~ qqn **dans** qqch. (*dans son orgueil*).

BON ; ~ **à** qqch. (*Un assistant bon à rien.*) ; ~ **pour** qqn ou qqch. (*Bon pour les enfants. Bon pour la santé.*) ; ~ **à** + inf. (*Il n'est bon qu'à débiter des clichés. Toute vérité n'est pas bonne à dire.*) ; ~ **pour** + inf. (*Tous les moyens sont bons pour ne rien faire.*) ; il est ~ **de** + inf. (*Il est bon de mettre*

les choses au clair.) ; il est ~ **pour** qqn **de** + inf. (*Il est bon pour lui d'avoir quelques moments de solitude.*) ; ▼ La forme impers. suivie de la conj. **que** demande le subj. (*Il est bon que la vérité soit connue.*) ; il fait ~ + inf. (*Il fait bon se prélasser au soleil. Il ne fait pas bon lui tenir tête.*) ; [personne] ~ **en** qqch. [doué] (*en calcul*).

BORDER qqch. ; ~ qqn **dans** qqch. (*dans son lit*) ; ~ qqch. **de** qqch. (*un mouchoir d'une dentelle*).

BORNER qqch. (*un terrain, ses désirs*) ; ~ qqch. **à** qqch. (*Il a borné son étude aux sujets de sexe masculin.*) ; se ~ **à** qqch. (*à l'étude des sujets de sexe masculin*) ; se ~ **à** + inf. (*à étudier les sujets de sexe masculin*).

BOUFFI ; ~ **de** qqch. (*Yeux bouffis de sommeil.*)

BOUILLIR ; [fig.] ~ **de** qqch. (*d'impatience, de colère*).

BOULEVERSER qqn ou qqch. ; bouleversé ; [fig.] bouleversé **de**, **par** qqch. (*Un regard bouleversé de douleur. J'ai été bouleversé par cette nouvelle.*)

BOURRER qqch. ; ~ qqn ou qqch. **de** qqch. (*On me bourrait de nourriture. Bourrer une valise de livres. Il bourrait de coups ses camarades.*) ; se ~ **de** qqch. (*de sucreries*).

BRANCHER qqch. ; ~ qqch. **sur** qqch. (*Brancher un modem sur son téléphone.*)

BRAQUER qqch. [pointer] (*Braquer un revolver.*) ; ~ une arme à feu **contre**, **sur**, **vers** qqn ou qqch. ; ~ qqch. **sur** qqn ou qqch. (*Braquer les projecteurs sur quelqu'un.*) ; ~ qqn [l'amener à s'opposer définitivement] (*Il l'a braqué par son intransigeance.*) ; ~ qqn **contre** qqn (*Il l'a braqué contre son supérieur.*) ; braqué **contre** qqn (*Il est braqué contre son père.*) ; se ~ (*Il n'écoute rien, il se braque.*) ; se ~ **contre** qqn ; ~ [en parlant de la direction d'un véhicule] (*Cette voiture braque mal. J'ai dû braquer à fond pour me garer.*) ; ~ **en direction de** (*la route*), **vers** (*la droite*).

BRILLANT ; ~ **de** qqch. (*Yeux brillants de fièvre.*)

BRILLER ; ~ **de** qqch. (*Diamant qui brille de mille feux. Elle brillait de mille attraits.*) ; ~ **par** qqch. [se faire remarquer] (*par son absence, par son courage*) ; ne pas ~ **par** qqch. (*Une politique qui ne brille pas par la clairvoyance.*)

BRISER qqn ou qqch. ; se ~ **en** des choses (*en mille morceaux*) ; se ~ **contre** ou **sur** qqch. (*Les flots se brisaient sur les rochers.*) ; ~ **avec** qqch. [renoncer à] (*Briser avec une mauvaise habitude.*) ; ~ **avec** qqn [cesser les relations] ; [fig.] brisé **de** qqch. (*Cet homme est brisé de fatigue, de chagrin.*); brisé **par** qqch. (*Voix brisée par l'émotion. Un homme brisé par les échecs.*)

BRODER qqch. ; ~ qqch. **de** qqch. ; brodé **de** qqch. (*Une nappe brodée de fleurs.*)

BROUILLER qqch. ; ~ qqch. **à** qqn (*La fumée me brouille la vue. Tu me brouilles les idées.*) ; se ~ (*Ma vue s'est brouillée.*) ; ~ des personnes [désunir] (*Cet incident a brouillé nos deux voisins.*) ; brouillé (*Ils sont brouillés à mort.*) ; brouillé **avec** qqn (*Il est brouillé avec son meilleur ami.*) ; se ~ (*Ils se sont brouillés et ne se parlent plus.*) ; se ~ **avec** qqn (*Il s'est brouillé avec son voisin.*)

BRÛLANT ; ~ **de** qqch. (*Il est brûlant de fièvre. Un sujet brûlant d'actualité.*)

BRÛLER ; ~ qqn ou qqch. ; se ~ ; se ~ qqch. (*les doigts*) ; [fig.] ~ **de** qqch. (*d'impatience*) ; ~ **de** + inf. [avoir très envie] (*Elle brûle de lui annoncer la nouvelle.*)

BUTER **contre** ou **sur** qqch. (*contre une pierre, sur une difficulté, sur un mot*) ; se ~ **à** qqch. (*à un mur d'incompréhension, à des préjugés*) ; se ~ **à** qqn [rencontrer par hasard] ; ~ qqch. [étayer] ; ~ qqn [pousser à une attitude obstinée] (*N'insistez pas, vous allez le buter.*) ; se ~ [s'entêter] (*Elle se bute dès qu'on la contrarie.*)

C

CACHER qqn ou qqch. ; ~ qqch. **à** qqn (*Il lui a caché la vérité.*) ; ▾ Le verbe suivant la conj. **que** se construit avec l'ind. (*Il lui cache qu'il n'y a plus d'espoir. Mieux vaut lui cacher que ce sera difficile.*) ; se ~ ; se ~ **dans**, **derrière**, **sous** qqch. ; se ~ **à** soi-même qqch. ; se ~ **de** qqn [agir à l'insu de] (*Il lui faut se cacher d'elle pour faire certaines choses.*) ; se ~ **de** qqch. [tenir secret] (*Je n'ai pas à me cacher de l'admiration que j'ai pour lui.*)

CADRER (*Les versions de cette affaire ne cadrent pas ensemble.*) ; ~ **avec** qqch. (*Vos explications ne cadrent pas avec les faits.*) ; [sujet : personne] ~ qqch. (*Le photographe a mal cadré son sujet.*)

CALÉ ; [fam.] ~ **en** qqch. [fort] (*Elle est calée en mathématiques.*)

CALER ; ~ **devant** qqn ou qqch. (*Il a calé devant ses concurrents.*) ; calé **dans** qqch. [bien installé] (*dans son fauteuil*).

CALQUER qqch. ; ~ qqch. **sur** qqch. (*Cet enfant calque son comportement sur celui de son père.*)

CAPABLE ; ~ **de** qqch. ; ~ **de** + inf.

CAPTIF ; [fig.] ~ **de** qqch. (*de sa passion pour les belles choses.*)

CARBURER ; [fig.] ~ **à** qqch. (*au café*).

CASSER (*Le verre a cassé en tombant.*) ; ~ qqch. ; ~ qqch. **en** des choses (*en petits morceaux, en deux*) ; se ~ ; se ~ **en** des choses (*Le verre s'est cassé en mille morceaux.*)

CAUSER [parler] ; ~ **de** qqch. ; ~ **de** qqch. **avec** qqn ; ~ qqch. [provoquer] ; ~ qqch. **à** qqn (*Cette lettre va causer des ennuis au directeur.*)

CÉDER [ne plus résister] (*Il finira bien par céder.*) ; ~ **à** qqn ou qqch. (*à l'envahisseur, à son désir*) ; ~ **devant** qqch. (*devant les menaces, devant l'insistance de ses collègues*) ; ~ **sur** qqch. (*sur un point*) ; ne le ~ en rien **à** qqn [être

égal] (*Il ne le cède en rien aux plus grands peintres.*) ; ne le ~ **à** personne **en** qqch. (*Il ne le cède à personne en intelligence.*)

CEINDRE qqch. (*Le roi, dès qu'il eut ceint la couronne, devint un tyran. Son bras ceignant ma taille.*) ; ~ qqn ou qqch. **de** qqch. (*Ceindre le jardin d'une haie.*) ; ceint **de** qqch. (*Les hanches ceintes d'un pagne.*)

CEINTURER qqch. ; ceinturé **de** qqch. (*Jardin ceinturé de murs.*)

CELER qqch. ; ~ qqch. **à** qqn.

CENTRER qqch. **sur** qqch. (*Ils ont centré la discussion sur les mesures à prendre.*) ; centré **sur** soi-même [égocentrique].

CERTAIN ; [personne] ~ **de** qqch. (*Certaine de son fait. Je suis certaine de ce que j'avance.*) ; ~ **de** + inf. (*Je suis certaine d'avoir vu cet homme.*) ; ▾ L'adj. suivi de la conj. **que** demande l'ind. ou le cond. (*Elle est certaine que tout s'arrangera. Ils sont certains qu'il aurait accepté si on le lui avait demandé.*)

CERTIFIER qqch. (*une signature*) ; ~ qqch. **à** qqn (*Il m'a certifié la validité de ce document.*) ; ▾ Le verbe suivant la conj. **que** se construit avec l'ind. (*Je vous certifie que tout est en règle.*)

CESSER ; ~ qqch. ; ~ **de** + inf.

CHAMARRER qqch. ; chamarré ; chamarré **de** qqch. (*Tissu chamarré d'or.*)

CHANGER ; ~ qqn ou qqch. ; ~ qqch. **à** qqch. (*Votre intervention ne changera rien à ma décision.*) ; ~ qqn ou qqch. **de** qqch. (*Changer quelqu'un de poste. Changer un objet de place.*) ; ~ qqch. **en** qqch. (*l'eau en vin, le doute en certitude*) ; ~ **de** qqn ou qqch. (*de dentiste, de voiture, d'air*) ; ~ **de** qqch. **avec** qqn (*Il a changé de place avec moi.*) ; changé **en** qqch. (*L'eau fut changée en vin aux noces de Cana.*) ; se ~ **en** qqn ou qqch. (*La grenouille se changea en princesse.*) ; se ~ [changer de vêtements] (*Je vais me changer pour sortir.*) ; ~ qqn ou qqch. **contre** qqn

ou qqch. [échanger] (*Changer des billets contre de la monnaie.*) ; [vieilli] ~ qqch. **pour** qqch.

CHAPEAUTER qqn ou qqch. ; chapeauté ; chapeauté **par** qqch. (*Organismes chapeautés par un même directeur général.*)

CHARGER qqn ou qqch. [pour transporter] ; ~ qqn ou qqch. **de** qqch. (*une personne de paquets, un navire de lest*) ; se ~ [porter des charges] (*Comme elle ne veut pas se charger en voyage, elle n'emporte qu'une valise.*) ; ~ qqn **de** qqch. [donner la responsabilité] (*d'une enquête*) ; ~ qqn **de** + inf. (*d'obtenir des renseignements*) ; se ~ **de** qqch. (*Elle se charge de la cuisine.*) ; se ~ **de** + inf. (*Il se charge de faire le nécessaire.*) ; ~ qqn [foncer sur] (*Charger l'ennemi.*) ; ⊖ Éviter l'anglicisme : « Charger » une somme à qqn ou à un compte. Dire : **Débiter** un client ou un compte d'une somme ou **porter** une facture à un compte. Éviter : Combien « chargez »-vous pour ce travail ? Dire : Combien **demandez**-vous ou **prenez**-vous pour ce travail ?

CHARITABLE ; ~ **envers** qqn.

CHARMANT ; ~ **avec** qqn.

CHARMER qqn ou qqch. ; charmé ; charmé **de** qqch. (*J'ai été charmé de son accueil.*) ; charmé **de** + inf. (*J'ai été charmé de vous voir.*)

CHASSER [poursuivre pour tuer ou prendre] ; ~ **à** qqch. (*Chasser au fusil.*) ; ~ un animal (*Chasser le lièvre.*) ; ~ qqn ou qqch. [pousser dehors] (*Chasser un employé, les mouches, les soucis.*) ; ~ qqn ou qqch. **de** qqch. (*Il l'a chassé de chez lui. Il a chassé de son esprit tous ces petits tracas.*) ; ~ **sur** qqch. [déraper] (*Les roues ont chassé sur la chaussée glissante. Navire qui chasse sur ses ancres.*)

CHÂTIER ; ~ qqn ou qqch. (*le coupable, une révolte*) ; ~ qqn **de** ou **pour** qqch. (*Il l'a châtié de* ou *pour son insolence.*)

CHAUSSER (*Un soulier qui chausse bien, grand, petit, étroit.*) ; ~ **du** (*40*) ; ~ qqch.

(*ses bottes, des skis*) ; ~ qqn (*Viens chausser les enfants.*) ; chaussé **de** qqch. (*de patins*) ; se ~ (*Il se chausse chez un artisan bottier.*)

CHER [aimé] ; ~ **à** qqn ou qqch. (*Les souvenirs qui lui sont chers.*)

CHERCHER qqn ou qqch. ; ~ **à** + inf. [essayer de] (*Elle cherche à me prendre en faute.*) ; ~ **à** ce que + subj. (*Il cherche à ce que chacun de nous soit heureux.*)

CHICHE ; ~ **de** qqch. (*de compliments, de paroles*).

CHIFFRER qqch. ; ~ qqch. **à** (*Chiffrer ses revenus à tant par an.*) ; se ~ **à** (*Ses dépenses se chiffrent à plusieurs milliers de dollars.*)

CHIPER [fam.] ; ~ qqch. ; ~ qqch. **à** qqn (*Il m'a chipé mon crayon.*)

CHOISIR ; ~ qqn ou qqch. ; ~ qqn **pour** [ou : comme] + attribut (*pour président, pour modèle, comme président, comme modèle*) ; ~ **de** + inf. (*J'ai choisi de rester chez moi pour élever mes enfants.*) ; ▾ Le verbe suivant la conj. **si** se construit avec l'ind. (*C'est à lui de choisir s'il partira ou non.*)

CHOQUER [offenser] ; ~ qqn ou qqch. (*Son attitude m'a choqué. Choquer le bon goût.*) ; choqué [ébranlé] ; choqué **de** ou **par** qqch. (*Je suis choqué de sa dureté. Je suis choqué par cet accident.*) ; choqué **de** + inf. (*Je suis choqué de l'entendre parler ainsi.*) ; ▾ Le part. passé suivi de la conj. **que** demande le subj. (*Je suis choqué qu'il ait approuvé cette décision.*) ; se ~ (*Elle se choque facilement.*)

CITER qqn ou qqch. ; ~ qqn **pour** qqch. (*pour sa bravoure*) ; ~ qqn **en** exemple.

CLABAUDER ; ~ **contre**, **sur** qqn ou qqch. (*C'est sur les affaires d'alcôve qu'on clabaude avec délectation.*)

CLASSER qqn ou qqch. + attribut (*On l'a classé premier. On a classé cet édifice monument historique.*) ; ~ qqch. **par** qqch. (*par ordre alphabétique, par séries*) ; ~ qqn ou qqch. **parmi** des personnes ou des choses (*On le classe parmi les grands auteurs. Cette plante est classée parmi les cactées.*) ; ~ qqn

ou qqch. **suivant** qqch. (*On a classé les élèves suivant leur âge. Ces poteries anciennes sont classées suivant leur lieu d'origine.*); se ~ + attribut (*Se classer cinquième.*); se ~ **parmi** des personnes ou des choses (*les grandes personnalités d'une époque, les grandes réussites de la technologie*).

COHABITER ; ~ **à, dans** (*Plusieurs générations cohabitent à cet endroit, dans une même maison.*); ~ **avec** qqn.

COIFFÉ ; ~ **avec** qqch. (*avec des tresses*).

COIFFER qqn ou qqch. ; ~ qqn ou qqch. **de** qqch. (*Coiffer une lampe d'un abat-jour de soie.*); coiffé ; coiffé **de** qqch. (*d'un béret*); se ~; se ~ **de** qqch. (*d'un grand chapeau à plume*).

COÏNCIDER ; ~ **avec** qqch. (*Mes vacances coïncident avec le congrès.*)

COLLABORER ; ~ **à** qqch. (*Il va collaborer au projet.*); ~ **avec** qqn (*Ils refusent de collaborer avec nous.*); ~ **avec** qqn **à** qqch. (*Ils refusent de collaborer avec nous au projet.*)

COLLER ; [sujet : personne] ~ qqch. ; ~ qqch. **à** ou **contre** qqch. (*son oreille à la porte, son visage contre la vitre*); ~ qqch. **à, sur** qqch. (*une affiche au mur, un timbre sur une enveloppe*); se ~ **à** ou **contre** qqn ou qqch. (*Se coller au mur. Un enfant se colle contre sa mère.*); [fam.] se ~ **à** qqch. (*Se coller à la corvée des planchers. Tout le monde a déguerpi, si bien que c'est moi qui m'y colle.*); [sujet : chose] ~ **à** qqch. (*La boue collait à ses souliers.*); [fig.] [sujet : personne ou chose] ~ **à** qqch. (*Ce film ne colle pas à l'intrigue du roman. Colle un peu plus à la réalité.*)

COLLETER qqn ; se ~ **avec** qqn.

COLORER qqch. ; ~ qqch. **avec** qqch. (*avec de la peinture*); ~ qqch. **en** qqch. (*en bleu*); coloré **de** qqch. (*Des réminiscences colorées de nostalgie.*)

COMBINER des choses ; ~ qqch. **avec** ou **et** qqch. (*Je dois combiner mon voyage avec* ou *et mes disponibilités.*); se ~ (*Ces couleurs se combinent bien.*); se ~

avec qqch. (*Un congrès qui se combine avec mes projets de voyage.*)

COMBLER qqch. (*un déficit, une lacune, un fossé, un désir*) ; ~ qqn [satisfaire pleinement] (*Cette nouvelle le comble.*) ; ~ qqn **de** qqch. (*de joie, d'aise, de cadeaux*).

COMMANDER (*Elle aime commander.*) ; ~ qqn (*Commander les troupes de terre.*) ; ~ qqch. (*Commander une attaque. Commander un plat. Cet acte d'héroïsme commande l'admiration.*) ; ~ qqch. **à** (*M. Côté, l'usine, la boulangerie*), **chez** (*un fournisseur, le quincaillier*) ⊖ Éviter l'anglicisme : Commander qqch. « de » qqn ; ~ **à** qqn **de** + inf. (*de se taire*) ; ~ **de** + inf. (*d'arrêter les bombardements*).

COMMENCER ; ~ **par** qqn ou qqch. (*Je commencerai par lui. Commençons par le commencement.*) ; ~ qqch. ; ~ **à** ou **de** + inf. (*à* ou *de jouer au tennis*) ; ~ **par** + inf. [faire d'abord] (*Commencez par donner le bon exemple.*)

COMMODE ; ~ **pour** qqn ou qqch. (*C'est commode pour lui, pour la campagne.*) ; ~ **à** + inf. (*à transporter*).

COMMUER qqch. **en** qqch. [dr.] (*une peine de prison en amende*).

COMMUN ; ~ **à** des personnes ou des choses (*Jardin commun à deux locataires. Mur commun à deux jardins.*)

COMMUNIQUER [transmettre] ; ~ **avec** qqn (*Veuillez communiquer avec lui.*) ; ~ **par** qqch. (*par Internet, par les gestes*) ; ~ qqch. **à** qqn (*Il n'a pas encore communiqué le dossier à son collègue.*) ; se ~ qqch. (*Ils se communiquent des renseignements.*) ; [sujet : chose] se ~ (*Une joie de vivre qui se communique.*) ; se ~ **à** qqn. (*La panique s'est communiquée à tous les passagers.*) ; ~ [être en rapport] (*Ces deux pièces communiquent.*) ; ~ **avec** qqch. (*La salle à manger communique avec la cuisine.*) ; ~ **par** qqch. (*Ces pièces communiquent par un long couloir.*)

COMPARABLE [personnes ou choses] (*Ces grands auteurs ne sont pas comparables. Des résultats comparables.*) ; [chose] ~

à, **avec** qqch. (*Une réussite comparable à celle de son père. Mes difficultés n'ont rien de comparable avec les siennes.*) ; ~ **par rapport à** qqch. (*Grandeurs comparables par rapport à une unité.*)

COMPARAÎTRE (*comme témoin*) ; ~ **devant** (*un juge, un comité de discipline*) ; ~ **en** (*justice, personne*).

COMPARER des personnes ou des choses (*Deux artistes qu'on ne peut pas comparer. Il faudrait comparer les résultats.*) ; se ~ (*Cela ne se compare pas.*) ; ~ qqn ou qqch. **à** qqn ou qqch. [rapprocher] (*Comparer l'automne à la vieillesse.*) ; se ~ **à** qqn ou qqch. (*L'automne peut se comparer à la vieillesse.*) ; ~ qqn ou qqch. **avec** qqn ou qqch. [établir les ressemblances et les différences] (*Comparer un poète avec un autre, une traduction avec une autre.*) ; se ~ **avec** qqn ou qqch. (*Son génie ne se compare avec nul autre.*)

COMPATIBLE (*ordinateur compatible, donneur compatible, caractères compatibles, médicaments compatibles*) ; ~ **avec** qqch. (*Le travail est peu compatible avec les études.*)

COMPATIR ; ~ **à** qqch. (*Je compatis à votre peine.*)

COMPÉTENT ; ~ **en**, **en matière de** qqch. (*en informatique, en la matière, en matière de finance*) ; ~ **pour** + inf. (*Son supérieur l'a déclaré compétent pour exécuter ce travail.*)

COMPLAIRE (SE) **dans** qqch. (*dans sa vie de luxe, dans son erreur*) ; se ~ **à** + inf. (*à dire à chacun ses vérités*).

COMPLAISANT ; ~ **envers** ou **pour** qqn.

COMPLICE ; ~ **de** qqch. (*d'un vol*).

COMPLIMENTER qqn ; ~ qqn **pour**, **sur** qqch. (*pour son succès, sur sa bonne mine*).

COMPLOTER ; ~ **contre** qqn ; ~ qqch. (*un soulèvement populaire*) ; ~ **de** + inf. (*d'organiser l'anniversaire de mariage de ses parents à leur insu*).

COMPOSER ; ~ qqch. (*Composer une chanson, un groupe. Des roses composaient ce bouquet.*) ;

composé **de** personnes ou **de** choses (*Un groupe composé essentiellement d'étudiants. Un plat composé de poissons méditerranéens.*) ; se ~ **de** personnes ou **de** choses (*Un jury se compose d'hommes et de femmes choisis pour rendre un verdict sur la culpabilité d'un accusé. La sonate se compose de trois ou quatre mouvements.*) ; ~ **avec** qqn ou qqch. [s'accommoder] (*Composer avec ses adversaires, avec le parti adverse. Composer avec sa conscience, avec une difficulté.*)

COMPRÉHENSIBLE ; ~ **par** qqn (*Un texte difficilement compréhensible par les enfants.*)

COMPRENDRE ; ~ qqn ou qqch. ; ~ qqch. **à** qqch. (*Il ne comprend rien à tout cela. Je n'y comprends goutte.*) ; se ~ (*Nous nous comprenons à demi-mot. Cette attitude se comprend mal.*) ; ▼ Le verbe suivant la conj. **que** se construit avec l'ind. ou le cond. [prendre conscience] (*J'ai compris que tout était fini et qu'une nouvelle tentative serait inutile.*) ou le subj. [trouver naturel] (*Je comprends que vous soyez inquiet.*)

COMPROMETTRE qqn ou qqch. (*sa réputation*) ; compromis **dans** qqch. (*dans une affaire véreuse*) ; se ~ ; se ~ **avec** qqn (*Il s'est compromis avec un avocat véreux.*) ; se ~ **dans** qqch. (*Il s'est compromis dans une vente frauduleuse.*)

COMPTER ; ~ des personnes ou des choses ; se ~ (*Ses exploits ne se comptent plus.*) ; se ~ **par** (*Les morts se comptent par centaines.*) ; ~ **parmi** des personnes ou des choses [ranger] (*Ce compositeur compte parmi les plus grands.*) ; ~ qqn **au nombre de** ou **parmi** des personnes (*Je le compte parmi mes amis.*) ; se ~ **au nombre de** ou **parmi** des personnes (*Je me compte au nombre des êtres privilégiés par le sort.*) ; ~ **avec**, **sans** qqn ou qqch. [tenir compte de] (*Il faut compter avec lui, avec la fatigue. Vous aviez compté sans les retards.*) ; ~ **pour** qqch. [être considéré] (*Elle*

ne compte pour rien dans sa famille. Cette faute compte pour deux points.) ; ~ **sur** qqn ou qqch. [tabler sur] (*Je compte sur vous. Il compte sur votre générosité.*) ; ~ **sur** qqn **pour** + inf. (*Il compte sur moi pour régler cette affaire.*) ; ▾ Le verbe suivant la conj. **que** se construit avec le futur (*Je compte qu'il viendra.*) ou le subj. si le verbe est utilisé à la forme négative ou interrogative (*Ne comptez pas qu'il admette son erreur. Comptiez-vous qu'il admette son erreur ?*) ; ~ + inf. [avoir l'intention de] (*Je compte partir demain.*)

CONCÉDER qqch. ; ~ qqch. **à** qqn (*Concéder un droit, un privilège à quelqu'un.*) ; ▾ Le verbe suivant la conj. **que** se construit avec l'ind. (*Je vous concède qu'il a raison sur ce point.*)

CONCENTRER des personnes [rassembler] (*On a concentré toutes les victimes dans un seul hôpital.*) ; ~ qqch. [faire converger] (*Concentrer son attention, son esprit, son énergie.*) ; ~ qqch. **sur** qqch. (*Concentrer tous ses efforts sur l'obtention d'un diplôme.*) ; se ~ [réfléchir] ; se ~ **sur** qqch. (*sur un seul problème*).

CONCILIABLE ; ~ **avec** qqch.

CONCILIER [harmoniser] des choses (*des opinions, des intérêts, des témoignages*) ; ~ qqch. **avec** ou **et** qqch. (*Concilier ses dépenses avec son budget* ou *et son budget.*) ; se ~ **avec** qqch. (*Votre sens des affaires se concilie fort bien avec votre générosité.*) ; [sujet : chose] ~ qqn ou qqch. **à** qqn [rallier] (*Cette initiative lui a concilié son supérieur immédiat. Ce programme lui a concilié le vote des femmes.*) ; [sujet : personne] se ~ qqn ou qqch. [obtenir] (*Il s'est concilié son directeur par ses idées novatrices. Il s'est concilié la faveur d'un personnage influent.*) ; [sujet : choses] se ~ [être compatible] (*Ces deux interprétations ne peuvent se concilier.*)

CONCLURE (*Je conclurai en disant que...*) ; ~ **par** qqch. (*Conclure un discours par une anecdote.*) ; ~ qqch. [régler] (*un contrat, un marché, un accord*) ; ~ qqch.

avec qqn (*Conclure une affaire avec quelqu'un.*) ; ~ **à** qqch. [décider après réflexion] (*Ils ont conclu à sa non-responsabilité.*) ; ~ **de** + inf. (*Ils ont conclu de s'en remettre à sa bonne foi.*) ; ▼ Le verbe suivant la conj. **que** se construit avec l'ind. [déduire] (*Il en a conclu* **que** *l'affaire était réglée.*)

CONCORDER (*Des témoignages, des dates, des renseignements concordent.*) ; ~ **avec** qqch. (*Ma version des faits concorde avec celle de la police.*)

CONCOURIR **à** qqch. [tendre vers un même but] (*Tous ont concouru au succès de ce spectacle.*) ; ~ **à** + inf. (*Tout concourt à faire de cet anniversaire un grand événement.*) ; ~ [être en compétition] (*Il a concouru avec les plus grands athlètes.*) ; ~ **pour** qqch. (*Tous les officiers concourent pour l'avancement.*)

CONCURRENTIEL ; ~ **avec** qqch. (*Ses prix ne sont pas concurrentiels avec ceux de l'industrie.*)

CONDAMNER qqn (*le coupable*) ; ~ qqn **à** qqch. (*Condamner le coupable à deux ans de prison.*) ; ~ qqn **pour** qqch. (*pour meurtre*) ; ~ qqn **à** + inf. (*On l'a condamné à restituer les biens volés.*) ; ~ qqn ou qqch. [désapprouver] (*La société condamne la bigamie.*) ; ~ qqn **de** + inf. (*Je ne peux le condamner d'avoir réagi de la sorte.*) ; ~ qqn **à** qqch. [astreindre] (*Sa maladie le condamne à l'immobilité.*) ; ~ qqn **à** + inf. (*Son métier le condamne à vivre loin de sa famille.*)

CONDESCENDRE **à** qqch. (*aux désirs de quelqu'un*) ; ~ **à** + inf. (*à discuter*).

CONDUIRE ; ~ qqn ou qqch. (*un aveugle, une affaire, une entreprise, une enquête, un pays, des fouilles*) ; ~ qqn ou qqch. **à** qqch. (*Conduire un ami et ses bagages à la gare. L'ambition l'a conduit aux plus hauts postes.*) ; ~ qqn **à** + inf. (*Cela me conduit à penser que la chose est possible.*) ; se ~ (*L'affaire se conduit rondement.*) ; se ~ bien ou mal **avec** ou **envers** qqn.

CONFÉRER avec qqn (*avec son planificateur financier*) ; ~ **avec** qqn **de** qqch. (*Conférer d'une affaire avec son conseiller juridique.*) ; ~ **sur** qqch. (*Les ministres ont longuement conféré sur la reprise des affaires.*) ; ~ qqch. **à** qqn [attribuer] (*Conférer un titre, un grade, une charge, des honneurs, des pouvoirs à quelqu'un.*) ; [sujet: chose] ~ qqch. **à** qqn (*Les privilèges que lui confère ce poste important.*)

CONFESSER qqch. (*ses torts*) ; ~ qqn (*un pénitent*) ; ~ qqch. **à** qqn (*Je dois vous confesser un oubli.*) ; ▾ Le verbe suivant la conj. **que** se construit avec l'ind. (*Il a confessé qu'il avait peur d'aller en avion.*) ; se ~ ; se ~ **à** qqn ; se ~ **de** qqch. (*de ses fautes*).

CONFIANT ; ~ **en** qqn ou qqch. (*Il est confiant en ses collègues. Je suis confiant en sa parole.*) ⊖ Éviter : Je suis « confiant de » réussir, je suis « confiant que » tout ira bien, il se disait « confiant de » la victoire de son candidat. Dire : J'ai **bon espoir de** réussir, je suis **sûr que** tout ira bien, il est **sûr de** ou **convaincu de** la victoire de son candidat.

CONFIER qqn ou qqch. **à** qqn ou qqch. (*On confia l'enfant à une gouvernante, aux soins d'une gouvernante.*) ; se ~ [faire des confidences] ; se ~ qqch. (*Ces jeunes se confiaient leurs espoirs.*) ; se ~ **à** qqn (*Elle ne se confie qu'à sa mère.*) ; se ~ **à** qqn [s'en remettre à] (*À qui peut-on se confier de nos jours ?*)

CONFINER à ou **avec** qqch. [être voisin de] (*Une passion qui confine à l'obsession. La Suisse confine avec la France.*) ; ~ qqn **dans** qqch. [reléguer] (*Un malade que le médecin a confiné dans sa chambre.*) ; [fig.] se ~ **dans** qqch. (*dans un rôle d'assistant*).

CONFIRMER qqch. (*Le témoin a confirmé l'exactitude des faits. L'exception confirme la règle.*) ; ~ qqn **dans** qqch. (*Vous me confirmez dans mon opinion.*) ; ▾ Le verbe suivant la conj. **que** se construit avec l'ind. (*Les résultats confirment que ce procédé n'est pas sans*

danger.) ; se ~ (*Leurs soupçons se sont confirmés.*)

CONFISQUER qqch. ; ~ qqch. **à** qqn.

CONFIT ; ~ **dans** qqch. (*dans du vinaigre, dans de la graisse*) ; [fig.] ~ **en** qqch. (*en dévotion*).

CONFLUER (*Le Saguenay et le Saint-Laurent confluent à l'ouest de Tadoussac.*) ; ~ **avec** qqch. (*Le Richelieu conflue avec le Saint-Laurent.*)

CONFONDRE des personnes ou des choses (*des dates*) ; ~ qqn ou qqch. **avec** ou **et** qqn ou qqch. (*Je l'ai confondu avec sa sœur. Il ne faut pas confondre bonté et faiblesse.*) ; [sujet : chose] se ~ (*Deux voix se confondaient.*) ; se ~ **avec** qqch. (*Son numéro se confond avec le mien.*) ; se ~ **en** qqch. (*À l'horizon, les deux silhouettes se confondaient en une seule.*) ; ~ qqn [déconcerter] (*Son insouciance me confond.*) ; [sujet : personne] confondu **de** qqch. (*J'en suis resté confondu.*) ; confondu **de** + inf. (*Il est confondu de la voir agir ainsi.*) ; se ~ **en** des choses [exprimer abondamment] (*en remerciements, en excuses*) ; [littér.] ~ qqn [démasquer] (*Confondre un accusé.*)

CONFORME [orthodoxe ou identique] (*Avoir des opinions conformes. Des copies conformes.*) ; ~ **à** qqch. (*à la morale, aux règlements, à ses besoins, aux intérêts de quelqu'un*).

CONFORMER qqch. **à** qqch. (*Conformer son attitude aux attentes de son entourage.*) ; se ~ **à** qqch. (*aux règles, à la loi, aux convenances, à la volonté de quelqu'un*).

CONFRONTER des personnes ou des choses (*deux témoins, deux versions des faits*) ; ~ qqn ou qqch. **à** ou **avec** qqn ou qqch. (*des témoins à l'accusé, la copie avec l'original*) ; confronté **à** ou **avec** qqn ⊖ Emploi critiqué : « Être confronté à » une difficulté, un problème. Dire : Le premier ministre **se heurte à** de grandes difficultés, **se trouve devant** un problème.

CONFUS ; ~ **de** qqch. [gêné] (*Je suis confus de mon erreur.*) ; ~ **de** + inf. (*Je suis*

confuse de devoir partir si tôt.)

CONJUGUÉ (*Leurs efforts conjugués ont assuré leur succès.*) ; ~ **à** ou **avec** qqch. (*Le dynamisme conjugué à* ou *avec la compétence lui ont obtenu ce poste important.*)

CONJUGUER des choses [combiner] (*Nous avons conjugué nos efforts pour assurer la réussite du projet.*) ; ~ qqch. **à** ou **avec** qqch. (*Il sait conjuguer le bon sens à* ou *avec l'imagination.*) ; [ling.] ~ qqch. **à** qqch. (*un verbe au présent, à la forme passive*) ; se ~ (*Ce verbe se conjugue avec l'auxiliaire* avoir.)

CONJURER qqch. [écarter] (*le sort, le péril*) ; ~ qqch. [comploter] (*la perte, la mort du tyran*) ; ~ qqn **de** + inf. [supplier] (*Je vous conjure de garder le silence.*) ; se ~ **contre** qqn [s'allier dans une conjuration] ; [fig.] se ~ **pour** + inf. (*Les circonstances se conjurèrent pour causer la faillite de l'entreprise.*)

CONNAÎTRE qqn ou qqch. ; ne pas ~ grand-chose **à** qqch. (*à la physique*) ; ne rien ~ **à** qqch. (*Il ne connaît rien à la physique. Il n'y connaît rien.*) ; s'y ~ **en** qqch. (*en œuvres d'art, en menuiserie*) ; se ~ (*« Connais-toi toi-même. »*) ; se ~ (*Ces deux personnes se connaissent.*)

CONNECTER des choses (*plusieurs réseaux*) ; ~ qqch. **à** qqch. (*un ordinateur à une unité centrale*).

CONNEXE ; ~ **à** qqch. (*Discipline connexe à une autre.*)

CONNU (*Il est connu comme chef de file dans le domaine de l'électronique* ou *en tant que défenseur des droits des animaux.*) ; ~ **de** qqn (*Un parc connu de tout le monde.*) ; ~ **pour** qqch. (*pour son militantisme*) ; ~ **pour** + inf. (*Riel est connu pour avoir dirigé la résistance des métis.*)

CONSACRER qqn ou qqch. ; ~ qqn ou qqch. **à** qqn ou qqch. (*un enfant à Dieu, une chapelle à la Vierge, toute sa journée à la lecture,*) ; se ~ **à** qqn ou qqch. (*à ses enfants, à une œuvre*).

CONSCIENT [lucide] ; ~ **de** qqch. (*du danger*) ; ~ **de** + inf. (*d'appartenir à*

une minorité privilégiée) ; ▾ L'adj. suivi de la conj. **que** demande l'ind. ou le cond. (*Êtes-vous conscient que vous êtes un obstacle à sa réussite ? Il est conscient que ce fol espoir pourrait être déçu.*)

CONSÉCUTIF (*Trois années consécutives.*) ; ~ **à** qqch. (*Les dégâts consécutifs à l'inondation.*)

CONSENTIR ; ~ qqch. ▾ Ne s'emploie plus guère qu'avec certains termes : consentir un prêt, un délai, une remise, un sacrifice ; ~ qqch. **à** qqn (*Les prérogatives que lui avait consenties le président.*) ; ~ **à** qqch. (*au départ d'un employé*) ; ~ **à** + inf. (*à céder sa place*) ; ~ **à** ce que + subj. (*Je consens à ce qu'il vienne.*) ; [arch.] ~ **de** + inf.

CONSÉQUENT [qui agit avec logique] ; ~ **avec** qqch. (*avec ses principes*) ; ~ **dans** qqch. (*dans ses décisions*).

CONSIGNER qqch. ; ~ qqch. **à** qqch. [enregistrer] (*une remarque au procès-verbal*) ; ~ qqch. **sur** qqch. [noter] (*une observation sur un carnet*) ; ~ qqch. **à** qqn [interdire] (*Elle lui a consigné sa porte.*) ; ~ qqn à qqch. [interdire de sortir] (*Consigner un enfant à sa chambre.*)

CONSISTER dans ou **en** qqch. (*Sa supériorité consiste dans sa force. Son héritage consiste en deux immeubles.*) ; ~ **à** + inf. (*Ce programme consiste à aider les petites entreprises.*)

CONSOLER qqn (*Il a consolé l'enfant. Cette nouvelle l'a consolé.*) ; ~ qqn **de** qqch. (*de son chagrin*) ; se ~ ; se ~ **de** qqch. (*d'un échec*) ; se ~ **de** + inf. (*Elle ne se console pas d'avoir raté cette belle occasion.*)

CONSPIRER (*Marie Stuart conspira toute sa vie.*) ; ~ **contre** qqn ou qqch. (*contre le roi, contre la monarchie*) ; [vieilli] ~ qqch. (*Conspirer la mort du président.*) ; [littér.] [sujet : chose] ~ **à** + inf. [concourir à] (*Tout conspire à le rendre malheureux.*)

CONSTELLÉ ; ~ **de** qqch. (*de pierreries, de taches*).

CONSTITUER qqch. ; constitué ; constitué **de** personnes ou **de** choses (*Une

équipe constituée de bénévoles. Appartement constitué de six pièces.)

CONSULTER ; ~ **pour** qqch. (*Devrais-je consulter pour cette affaire ?*) ; ~ qqn ou qqch. (*un spécialiste, ses notes*) ; ~ qqn **au sujet de** ou **sur** qqch.

CONSUMER qqn ou qqch. (*Les flammes ont consumé 100 hectares de forêt.*) ; consumé ; consumé **par** qqch. (*L'immeuble a été consumé par les flammes.*) ; se ~ (*Le bois de chêne se consume lentement.*) ; [fig.] consumé **de** qqch. (*de douleur*) ; consumer **par** qqch. (*Cet homme est consumé par l'ambition.*) ; se ~ **de** ou **en** qqch. (*de douleur, en vains espoirs*).

CONTAMINER qqn ou qqch. ; contaminé ; contaminé **par** qqch. (*Un puits contaminé par des bactéries.*)

CONTEMPORAIN ; ~ **de** qqn ou qqch.

CONTENT ; ~ **de** qqn ou qqch.

CONTENTER qqn ou qqch. (*ses parents, sa curiosité, un besoin, l'oreille*) ; se ~ **de** qqch. ; se ~ **de** + inf. [se limiter à] (*En réponse, il se contenta de hocher la tête.*)

CONTER qqch. ; ~ qqch. **à** qqn ; en ~ **à** qqn [tromper] (*Il ne s'en laisse pas conter. Il ne faut pas lui en conter.*)

CONTESTER qqch. ; ~ qqch. **à** qqn (*Personne ne lui conteste son autorité. On lui conteste le droit de voir ses enfants.*) ; ▼ Le verbe suivant la conj. **que** se construit avec le subj. (*Elle conteste qu'il ait agi de la sorte. Je ne conteste pas qu'il ait raison.*) ou l'ind. [l'indicatif insiste sur la réalité du fait en cause] (*Je ne conteste pas qu'il a raison.*) ou le cond. (*Je ne conteste pas qu'il pourrait réussir.*)

CONTIGU ▼ Féminin : contiguë ; ~ **à** qqch. (*Une maison contiguë à une autre. Un domaine de recherche contigu à un autre.*)

CONTINUER ; ~ qqch. ; ~ **à** ou **de** + inf. (*Il continue à espérer* ou *d'espérer.*)

CONTRAINDRE qqn **à** qqch. (*au silence*) ; ~ qqn **à** + inf. (*On l'a contraint à démissionner.*) ; contraint **à** qqch. (*J'ai été contraint à*

ce compromis.) ; contraint **à** + inf. **par** qqn (*Il a été contraint par son patron à se charger de ce dossier.*) ; contraint **de** + inf. (*Il a été contraint de démissionner.*) ▾ Lorsqu'il y a but, intention délibérée ou complément d'agent, on utilise *contraint **à*** + inf., sinon on utilise *contraint* **de** + inf. ; se ~ **à** + inf. (*à se lever de bonne heure*) ; se ~ [se retenir] ; se ~ **devant** qqn.

CONTRAIRE ; ~ **à** qqch. (*à ses principes*).

CONTRARIER qqn ou qqch. ; contrarié ; contrarié **de** ou **par** qqch. (*Je suis contrarié de ce manque d'égards. Je suis contrarié par ces rumeurs.*) ; contrarié **de** ce que + ind. [ou : que + subj.] (*Elle parut contrariée de ce que je ne voulais rien dire à ce sujet. Je suis contrarié qu'il ait oublié notre rendez-vous.*)

CONTRASTER [sujet : choses] (*Des couleurs qui contrastent. Toutes ces teintes vives contrastent entre elles.*) ; [sujet : chose] ~ **avec** qqch. (*Son calme apparent contraste avec sa nature anxieuse.*) ; [sujet : personne] ~ des choses (*Contraster les couleurs, les caractères des personnages d'un roman.*)

CONTREVENIR **à** qqch. (*à la loi, au règlement*).

CONTRIBUER **à** qqch. (*Nous avons pour une grande part contribué au succès de l'entreprise. La chance a contribué à son succès.*) ; ~ **à** + inf. (*Tous ont contribué à assurer la bonne marche de l'entreprise. La publicité a contribué à faire connaître ce produit.*)

CONVAINCRE qqn ; ~ qqn **de** qqch. (*d'un danger imminent*) ; ~ qqn **de** + inf. (*de rester*) ; ▾ Le verbe suivant la conj. **que** se construit avec l'ind. ou le cond. (*Je l'ai convaincu qu'il devait rester. J'essaie de le convaincre qu'il devrait rester.*) ; ~ qqn **de** qqch. [donner des preuves de sa faute] (*Convaincre quelqu'un de trahison.*) ; convaincu **de** qqch. [reconnu coupable] (*d'homicide involontaire*).

CONVAINCU [certain] ; ~ **de** qqch. (*de la bonne foi d'un employé*) ; ~ **de** + inf. (*d'être sur la bonne voie*) ;

▼ L'adj. suivi de la conj. **que** demande l'ind. (*Je suis convaincu que ce projet aboutira.*)

CONVENIR [agréer] (*Cela ne convient pas.*) ; ~ **à** qqn (*Cela ne me convient pas.*) ; ~ **à** qqn ou qqch. [être approprié] (*Ce traitement ne me convient pas* ou *ne convient pas à ce genre de maladie.*) ; il convient **de** + inf. (*Il convient parfois de se taire.*) ; ▼ La forme impers. suivie de la conj. **que** demande le subj. (*Il convient que les rénovations soient exécutées dans les plus brefs délais.*) ; se ~ [être approprié l'un à l'autre] (*Ces deux caractères ne se conviennent pas.*) ; ~ **de** qqch. [avouer] (*Elle ne veut pas convenir de son erreur.*) ; ~ + inf. (*Je conviens l'avoir dit.*) ; ▼ Le verbe suivant la conj. **que** se construit avec l'ind. ou le cond. (*Il a convenu que j'avais raison. Je conviens que cela aurait dû être fait plus tôt.*) ; ~ **de** qqch. [s'entendre sur] (*Ils ont convenu d'un prix.*) ; ~ **de** + inf. (*Ils ont convenu de se revoir dans une semaine.*) ▼ La forme utilisée avec le verbe *être* est vieillie ou littéraire (*Ils sont convenus de se revoir dans huit jours.*) ; ▼ La forme impers. suivie de la conj. **que** demande l'ind. (*Il est convenu qu'ils se reverront.*)

CONVERGER (*Un hall où convergent trois couloirs. Nos opinions convergent.*) ; ~ **vers** qqch. (*Les deux chemins convergent vers le village. Nos initiatives convergent vers un même objectif.*)

CONVERSER ; ~ **avec** qqn.

CONVERTIR qqn ; ~ qqn **à** qqch. (*au christianisme*) ; se ~ ; se ~ **à** qqch. (*au bouddhisme*) ; ~ qqch. **en** qqch. [transformer] (*l'eau en vin, des dollars en euros, ses biens en espèces*) ; ~ qqch. [réaliser sur le plan financier] (*Convertir une rente, un titre.*) ; ~ qqch. **en** qqch. (*Il a converti ses valeurs mobilières en immeubles.*)

CONVIER qqn **à** qqch. (*Je vous convie à une soirée. Le ciel étoilé me conviait à la rêverie.*) ; ~ qqn **à** + inf.

(*On m'a convié à prendre la parole.*)

CONVOLER ; ~ **avec** qqn ; ~ **en** de justes noces.

COOPÉRER ; ~ **avec** qqn ; ~ **avec** qqn **à** qqch. (*Coopérer avec un collègue à la rédaction d'un rapport.*) ; ~ **à** qqch. (*à l'exécution d'un projet*).

COORDONNER des choses (*Il faudra coordonner nos mouvements.*) ; ~ qqch. **à** ou **avec** ou **et** qqch. (*Il leur faudra coordonner leurs mouvements aux vôtres. Il faudra coordonner nos travaux avec ceux de l'autre équipe. Coordonner une chemise et une cravate.*)

COPIER ; ~ qqn ou qqch. ; ~ qqch. **chez** qqn (*chez tel auteur*), **dans** qqch. (*dans une encyclopédie*) ; ~ **sur** qqn (*Il copie sur elle pour son devoir.*) ; copié ; copié **sur** qqch.

CORRECT ; [personne] ~ **avec** qqn.

CORRÉLATIF (*Les obligations corrélatives des époux.*) ; ~ **à** qqch. (*Un fait corrélatif à un autre.*)

CORRESPONDRE ; ~ **avec** qqn [s'écrire] ; ~ **par** qqch. [communiquer] (*par signes, par courriel*) ; ~ **à** qqch. [être conforme à] (*Les résultats ne correspondent pas toujours à l'effort investi.*)

CORRIGER qqn ou qqch. ; ~ qqn **de** qqch. (*d'une manie*) ; se ~ ; se ~ **de** qqch. (*d'une mauvaise habitude*).

COSTUMER qqn **en** (*Colombine*) ; se ~ ; se ~ **en** (*sorcière*).

COTISER ; ~ **à** qqch. (*à un club, à la sécurité sociale*).

COUDRE ; ~ qqch. ; ~ qqch. **à** qqch. (*à la main, à la machine, à grands points*) ; ~ qqch. **à** ou **sur** qqch. (*un bouton à* ou *sur une robe*).

COUPABLE ; ~ **de** qqch. (*d'un délit, d'une faute*) ; ~ **envers** qqn ; ~ **de** + inf. (*Il est coupable d'avoir utilisé la force.*)

COUPER qqch. ; ~ qqn **à** qqch. (*Elle a coupé sa sœur au bras.*) ; ~ qqch. **en** des choses (*en morceaux, en quatre*) ; se ~ **à** qqch. (*au doigt*) ; se ~ **en** des choses (*en morceaux, en deux*) ;

[fig.] se ~ **de** qqn ou qqch. (*Se couper de ses amis. Se couper de la réalité.*) ; ~ qqch. **à** qqn [supprimer] (*On lui a coupé la parole. On leur a coupé les vivres.*) ; [fam.] ~ **à** qqch. [éviter] (*à une corvée*).

COUPLER qqch. **à** qqch. (*une imprimante à un ordinateur*).

COURBER [ployer] ; ~ qqch. ; se ~ **en** (*deux*) ; se ~ **devant** qqn [s'incliner] ; ~ qqn **sous** qqch. [assujettir] (*sous sa loi, sous sa volonté*).

COURIR ; ~ **à** qqch. [affluer] (*Les gens courent à ce film.*) ; ~ **à** qqch. [aller vers] (*Courir à la faillite, à un échec, à sa perte.*) ; ~ **après** qqn [poursuivre pour attraper] (*Courir après un voleur.*) ; ~ **après** qqn [poursuivre de ses assiduités] (*Il court après ma cousine.*) ; ~ **après** qqch. [aspirer à] (*Courir après la fortune, après le succès.*) ; ~ **sur** qqch. [s'approcher de] (*Courir sur ses 20 ans.*) ; ~ qqch. [poursuivre] (*Il ne faut pas courir deux lièvres à la fois.*) ; ~ qqch. [disputer une course] (*Courir le 100 mètres.*) ; ~ qqn ou qqch. [rechercher] (*Courir les filles, les honneurs.*) ; ~ qqch. [fréquenter assidûment] (*Courir les soldes, les magasins, les concerts.*) ; ~ qqch. [parcourir fréquemment] (*Courir le monde, les mers.*) ; ~ qqch. [s'exposer] (*Courir un risque, un danger.*)

COURONNER qqn ou qqch. (*Un turban couronnait sa tête. Ce grand succès couronne un travail de longue haleine.*) ; couronné (*Eugénie a été couronnée impératrice.*) ; couronné [récompensé par un prix] (*Un roman couronné. Il vient d'être couronné champion du monde.*) ; couronné **par** qqn ou qqch. (*Lauréat, ouvrage couronné par l'Académie française.*) ; [fig.] couronné **de** qqch. (*Démarche couronnée de succès.*)

COURROUCER qqn ; se ~ ; se ~ **contre** qqn ou qqch.

COÛTER qqch. (*10 $/kg, les yeux de la tête*) ; ~ qqch. **à** qqn (*Cela lui a coûté 20 $. Ce travail m'a coûté de grands efforts. Cet accident lui a coûté la vie.*) ;

~ **à** qqn **de** + inf. (*Cela lui a beaucoup coûté de tout laisser.*) ; il en coûte **à** qqn **de** + inf. (*Il m'en coûte de te refuser ce plaisir.*) ; il en coûte **de** + inf. (*Il en coûte de ne pas respecter les règlements.*)

COÛTEUX ; ~ **en** qqch. (*en énergie*).

COUTURÉ ; [fig.] ~ **de** qqch. (*Une page couturée de ratures.*)

COUVRIR qqn ou qqch. ; ~ qqch. ou qqn. **de** qqch. (*Couvrir un mur de graffitis. Couvrir de gloire un personnage.*) ; couvert ; couvert **de** qqch. (*Un meuble couvert de poussière. Un athlète couvert de lauriers.*) ; se ~ **de** qqch. ; couvert **contre** qqch. [assuré] (*contre le vol*) ; couvert **par** qqn ou qqch. [protégé] (*par son supérieur, par une assurance*).

CRAINDRE **pour** qqn ou qqch. (*pour ses enfants, pour la vie de quelqu'un*) ; ~ qqn ou qqch. ; ~ **de** + inf. (*Il craint de ne pas être à la hauteur.*) ; ▼ Le verbe suivant la conj. **que** se construit avec le subj. (*Je crains qu'il fasse une gaffe.*), dans un style soutenu la particule explétive *ne* est utilisée (*Je crains qu'il ne fasse une gaffe.*)

CRAMPONNER (SE) ; se ~ **à** qqch. (*au cou de quelqu'un, à un espoir*).

CRÉDITER qqch. **de** qqch. (*Créditer un compte d'une certaine somme.*) ; ~ qqn **de** qqch. (*On peut le créditer d'une grande intégrité.*)

CREVER ; ~ **de** qqch. (*d'orgueil, de rire*) ; ~ qqch. (*un ballon*).

CRIBLER qqch. [passer au crible] ; ~ qqn ou qqch. **de** qqch. [percer de trous] (*Cribler une cible de flèches.*) ; criblé **de** qqch. (*de balles, de coup*) ; [fig.] ~ qqn **de** qqch. (*Cribler quelqu'un d'injures, de critiques.*) ; criblé **de** qqch. (*de dettes*).

CRIER (*Il criait comme un fou.*) ; ~ **contre** qqn ou qqch. (*contre les injustices de ce monde*) ; ~ **de** qqch. (*de joie, de douleur*) ; ~ qqch. (*un ordre*) ; ~ qqch. **à** qqn (*Il lui a crié des injures.*) ; ~ **à** qqn **de** + inf. (*Elle lui a crié de se mettre à l'abri.*) ; ~ **à** qqn ou qqch. [appeler] (*Crier au voleur, au feu, au secours.*) ; ~ **à**

qqch. [dénoncer] (*Crier au génocide, au scandale.*) ; ~ **après** qqn [gronder fort, protester] (*Sa mère crie constamment après cet enfant.*) ; ~ qqch. [se plaindre] (*Crier famine. Crier misère.*)

CRITIQUE [négatif] (*Les spectateurs se sont montrés très critiques.*) ; ~ **à l'égard de** ou **envers** qqn.

CROIRE ; ~ qqn ou qqch. ; ~ qqn ou qqch. + attribut (*On l'a cru noyé. On croit cette entreprise au bord de la faillite.*) ; ~ **à** qqn (*Croire aux anges, aux fantômes, aux voyantes. Ne croire ni à Dieu ni à diable.*) ; ~ **à** qqch. (*au progrès, à la parole de quelqu'un, à l'astrologie, à l'efficacité d'un remède*) ; ~ **en** qqn ou qqch. (*Croire en Dieu, en l'homme. Je ne crois plus en lui, en sa parole.*) ▾ *Croire en* exprime un abandon plus confiant que *croire à* ; ~ + inf. (*Il croit pouvoir partir demain.*) ; ▾ Le verbe suivant la conj. **que** se construit avec l'ind. (*Elle croit qu'elle peut tout se permettre.*) ; se ~ + attribut (*très malin*).

CROÎTRE ; ~ **en** qqch. (*en beauté, en sagesse*).

CROUPIR ; ~ **dans** qqch. (*dans une prison étrangère*).

CUIRASSÉ ; ~ **contre** qqch. (*contre les coups du sort*).

CUMULER des choses (*Cumuler deux revenus, un emploi à temps plein et un autre à temps partiel.*) ; se ~ **avec** qqch. (*Ce congé peut se cumuler avec le suivant.*)

CURIEUX ; ~ **de** qqch. ; ~ **de** + inf. (*de voir, d'apprendre, de connaître*).

D

DANSER ; ~ **avec** qqn. ; ~ qqch. (*la rumba*) ; ~ qqch. **avec** qqn (*Il faut danser le tango avec un Argentin.*)

DARDER qqch. **sur** qqn ou qqch. (*Elle dardait sur lui un regard plein de haine. Le soleil dardait ses rayons brûlants sur la dune.*)

DATER ; ~ **de** (*du* XVII*e siècle, de loin*) ; ~ qqch. (*des ossements*) ; ~ qqch. **de** (*Dater un document d'une fausse date. Une lettre datée du*

6 juin.) ; ~ **dans** qqch. [faire date] (*L'alunissage de Neil Armstrong et Buzz Aldrin datera dans l'histoire.*) ; **à ~ de** [à compter de] (*Votre pension vous sera versée à dater de janvier.*)

DAUBER sur qqn [littér.] (*sur un camarade*) ; ~ qqn ou qqch.

DÉBARQUER ; ~ **à** (*Montréal*) ; ~ **de** qqch. (*du train, de l'avion, du* Queen Elizabeth II) ▾ Dire : **Descendre** de voiture, de bicyclette, de cheval.

DÉBARRASSER qqn ou qqch. ; ~ qqn ou qqch. **de** qqn ou qqch. (*Son arrivée m'a débarrassé de ce bavard. Débarrasser un invité de sa valise. Débarrasser la table des restes du dîner.*) ; se ~ **de** qqn ou qqch. (*Se débarrasser d'un importun. Se débarrasser d'une infection.*)

DÉBATTRE qqch. ou **de** qqch. (*Débattre une question. Débattre de la peine de mort.*) ; se ~ (*Cette question se débat en ce moment.*) ; se ~ [lutter] ; se ~ **contre** qqch. (*contre le courant, contre la misère*) ; se ~ **dans** qqch. (*dans les problèmes financiers*).

DÉBITER qqch. [découper] ; qqch. [prononcer] ; ~ qqn [mettre une dépense au débit de qqn] (*Débiter un client.*) ; ~ qqn **de** (*20 $*) ; ~ qqch. **de** (*Débiter un compte de 200 $.*)

DÉBLATÉRER contre qqn ou qqch. ; ~ qqch. (*des injures*).

DÉBORDER [s'échapper] ; ~ **de** qqch. (*L'eau a débordé du vase.*) ; ~ **de** qqch. [surabonder] (*Un texte déborde de fautes. Une personne déborde de vie, d'imagination, de reconnaissance.*) ; ~ qqch. [aller au-delà] (*La question déborde mes compétences.*)

DÉBOUCHER de qqch. **dans**, **sur** qqch. (*Un tunnel qui débouche dans la campagne. Déboucher de la rue sur une place.*) ; [fig.] ~ **sur** qqch. (*Ces discussions n'ont débouché sur rien.*)

DÉBOUTER qqn [dr.] ; ~ qqn **de** qqch. (*Le tribunal l'a débouté de sa demande. Débouter un plaideur de son appel, d'une plainte, d'une requête.*)

DÉBUTER (*Il a débuté comme acteur.*) ; ~ **dans** qqch. (*dans sa carrière, dans*

la vie, dans le monde); ~ **par** qqch. (*Il débuta par une longue introduction.*); ⊖ Éviter : « Débuter » la journée, les travaux, sa carrière, car ce n'est pas un verbe transitif. Dire : **Commencer**, **amorcer** la journée, **commencer**, **entreprendre** les travaux, **débuter dans** sa carrière.

DÉCERNER qqch. **à** qqn (*Décerner un prix, une médaille à quelqu'un.*)

DÉCHAÎNER qqch. (*les passions, l'hilarité générale*); ~ qqch. **contre** qqn (*Cette déclaration déchaîna contre lui l'opinion publique.*); se ~; se ~ **contre** qqn ou qqch. (*Leur haine se déchaîna contre lui.*)

DÉCHARGER qqn ou qqch. [débarrasser]; ~ qqn ou qqch. **de** qqch. (*Décharger un employé d'une lourde responsabilité. Décharger un camion de ses marchandises.*); ~ qqch. **sur** qqn (*Décharger sa colère sur ses collaborateurs.*); déchargé **de** qqch. (*de toute responsabilité*); se ~; se ~ **de** qqch. (*de certains travaux*); se ~ **de** qqch. **sur** qqn (*Il s'est déchargé de cette tâche sur son nouvel assistant.*); ~ [faire partir] une arme **contre** ou **sur** qqn.

DÉCHOIR; ~ **de** qqch. (*de son rang, de son poste*).

DÉCHU; ~ **de** qqch. (*de ses droits, de ses privilèges*).

DÉCIDER; ~ qqch.; ~ **de** qqch. (*Il décidera des mesures à prendre.*); ~ qqn **à** + inf. (*Je l'ai décidé à partir. Cela m'a décidé à agir.*); ~ **de** + inf. (*Décider de prendre sa retraite.*); ▼ Le verbe suivant la conj. **que** ou **si** se construit avec l'ind. (*Elle a décidé que c'était la meilleure chose à faire. C'est lui qui décide si elle partira ou non.*); décidé **à** qqch. (*à tout*); décidé **à** + inf. (*Il est décidé à tenir bon.*); décidé **à** ce que + subj. (*Je suis bien décidé à ce qu'il parte.*); se ~; se ~ **à** qqch. (*à une opération*); se ~ **pour** qqch. (*Elle s'est décidée pour le* statu quo.); se ~ **à** + inf. (*Il ne peut se décider à quitter la campagne.*)

DÉCLAMER; ~ qqch. (*des vers*); [littér.] ~ **contre** qqn ou qqch. [parler avec violence contre] (*Déclamer contre le matérialisme.*)

DÉCLARER qqch. ; ~ qqch. **à** qqn (*Il m'a déclaré ses intentions.*) ; ▼ Le verbe suivant la conj. **que** se construit avec l'ind. (*Il a déclaré que sa décision était finale.*) ; se ~ + attribut (*Il se déclare lésé dans cette affaire.*) ; se ~ **contre**, **pour** qqch. (*Se déclarer contre l'avortement.*) ; se ~ [déclarer son amour] ; se ~ [commencer à se manifester en parlant d'un phénomène dangereux] (*incendie, épidémie, fièvre, grippe, maladie*).

DÉCOMPOSER qqch. [séparer en éléments] ; ~ qqch. **en** des choses (*Décomposer une phrase en propositions.*)

DÉCONNECTER qqch. **de** qqch. ; déconnecté ; déconnecté **de** qqch. (*Une imprimante déconnectée de l'ordinateur. Déconnecté de l'actualité, du monde.*)

DÉCONSEILLER qqch. **à** qqn (*On m'a déconseillé ce placement.*) ; ~ **à** qqn **de** + inf. (*Je lui déconseille de se faire opérer.*)

DÉCORER qqch. ; ~ qqch. **de** qqch. (*Décorer une salle de guirlandes et de fleurs.*) ; ~ qqn [remettre une décoration] ; ~ qqn **de** qqch. (*Il a été décoré de la Légion d'honneur*).

DÉCOULER de qqch. [résulter] (*Il apprécie tous les avantages qui découlent de la situation.*)

DÉCOUPER ; ~ qqch. ; ~ qqch. **en** des choses (*en tranches*) ; se ~ **sur** qqch. [se détacher] (*sur un ciel couleur d'azur*).

DÉCOURAGER qqn ou qqch. ; ~ qqn **de** qqch. (*d'une entreprise dangereuse*) ; ~ qqn **de** + inf. (*de se lancer dans une entreprise risquée*) ; se ~.

DÉCOUVRIR qqn ou qqch. ; ~ qqch. **à** ou **chez** qqn (*On lui a découvert une tumeur.*) ; ~ qqch. **par** qqch. (*par l'observation, par des calculs*) ; ▼ Le verbe suivant la conj. **que** se construit avec l'ind. (*Elle a découvert qu'on lui avait menti.*) ; se ~ ; se ~ **à** qqn [se confier].

DÉCROCHER [abandonner] ; ~ **de** qqch. (*d'un parti*) ; ~ qqch. [ôter du crochet] ; ~ qqch. **de** qqch. (*Il a*

décroché cette peinture du mur qu'elle ornait depuis vingt ans.)

DÉCROÎTRE ; ~ **en** qqch. (*en violence*).

DÉÇU (*Personne déçue. Amour, espoir déçu.*) ; ~ **de** qqch. (*Il est déçu de votre refus.*) ; ~ **par** qqn ou qqch. (*On est souvent déçu par ceux qu'on a portés au pouvoir. Ses espoirs ont vite été déçus par la victoire de son rival.*)

DÉDAIGNER qqn ou qqch. ; ~ **de** + inf. (*Elle ne dédaigne pas de participer aux fêtes populaires.*)

DÉDAIGNEUX ; ~ **de** qqch. (*Un homme politique dédaigneux des bains de foule.*) ; [littér.] ~ **de** + inf. (*de plaire*).

DÉDICACER qqch. ; ~ qqch. **à** qqn (*Dédicacer un livre à un ami.*)

DÉDIER qqch. **à** qqn (*Dédier un livre à sa mère. Dédier une église à un saint.*)

DÉDIRE (SE) de qqch. [se rétracter] (*d'une affirmation*) ; se ~ **de** qqch. [manquer à] (*Se dédire d'une promesse, d'un engagement.*)

DÉDOMMAGER qqn ; ~ qqn **de** qqch. (*d'une perte*) ; dédommagé **de** qqch. **par** qqn ou qqch. (*Elles ont été largement dédommagées de leurs efforts par sa grande générosité.*) ; se ~ ; se ~ **de** qqch. (*de ses pertes*).

DÉDUIRE qqch. [retrancher] ; ~ qqch. **de** qqch. (*J'ai déduit ces frais de la somme que je vous dois.*) ; ▼ Le verbe suivant la conj. **que** se construit avec l'ind. ou le cond. [conclure] (*J'en déduis que vous êtes d'accord et qu'il n'y aura pas d'opposition.*) ; se ~ **de** qqch. [découler] (*Son opinion personnelle ne peut se déduire de ses paroles.*)

DÉFAILLIR ; ~ **de** qqch. (*de joie*).

DÉFAIRE qqch. ; se ~ **de** qqn ou qqch. [congédier, se débarrasser] (*d'un employé, d'objets inutiles*).

DÉFALQUER qqch. (*ses frais*) ; ~ qqch. **de** qqch. (*Défalquer les acomptes du montant d'une facture.*)

DÉFAVORABLE ; ~ **à** qqn ou qqch. (*Se montrer défavorable à un projet. Les taux d'intérêt sont défavorables*

à la création d'une nouvelle entreprise.)

DÉFENDRE qqn ou qqch. ; ~ qqn ou qqch. **contre**, **de** qqn ou qqch. (*Son frère le défend contre ses ennemis. Le mur défend le village contre toute attaque. Son ciré le défend de la pluie.*) ; se ~ (*Il n'avait d'autre choix que de se défendre. Un argument qui se défend.*) ; se ~ **à** qqch. (*Il se défend bien aux échecs.*) ; se ~ **contre**, **de** qqch. (*contre les attaques de ses ennemis, du froid et de la pluie*) ; se ~ **en** qqch. (*Il se défend bien en affaires.*) ; ~ qqch. **à** qqn [interdire] (*Défendre le tabac aux jeunes.*) ; ~ **à** qqn **de** + inf. (*Ses parents lui défendent de fumer.*) ; se ~ **de** + inf. (*Elle ne put se défendre de rire.*) ; [littér.] se ~ **de** + inf. [nier] (*Il se défend d'avoir influencé son frère.*)

DÉFÉRENT **à l'égard de** ou **envers** qqn (*Un jeune qui a des attitudes déférentes à l'égard de son grand-père* ou *qui se montre déférent envers les personnes âgées.*)

DÉFÉRER qqn ou qqch. **à** qqch. [dr.] [soumettre] (*Déférer un coupable à la justice, une affaire au tribunal.*) ; ~ **à** qqch. [s'en remettre à] (*à l'appréciation, au verdict de quelqu'un*).

DÉFIER qqn ou qqch. (*Il ne cesse de défier son père. Des prix défiant toute concurrence.*) ; ~ qqn **à** qqch. (*aux échecs, à la course*) ; ~ qqn **de** + inf. (*Je le défie de faire mieux.*) ; se ~ **de** qqn ou qqch. [se méfier].

DÉFRAYER qqn [rembourser] ⊖ Éviter : « Défrayer » les dépenses [on défraie une personne et non une chose] ; ~ qqn **de** tout ⊖ Éviter le pléonasme : « Vous serez défrayé de vos frais » ou « de vos dépenses ». Dire : **Vos frais** ou **vos dépenses vous seront remboursés** ; [fig.] ~ la chronique, la conversation [faire parler de soi, faire grand bruit].

DÉGAGER qqn ou qqch. [retirer] ; ~ qqn ou qqch. **de** qqch. (*Dégager quelqu'un d'une voiture en flammes. Il a dégagé sa main de la mienne.*) ; ~ qqn **de** qqch. (*d'une dette,*

d'une obligation, de sa promesse) ; se ~ ; se ~ **de** qqch. (*d'une étreinte, d'un piège, d'une affaire, d'une obligation*) ; [sujet : chose] ~ qqch. [émettre] (*L'usine dégageait une odeur nauséabonde.*) ; se ~ (*La tendresse qui se dégage d'une lettre.*) ; se ~ **de** qqch. (*Une épaisse fumée se dégageait du toit.*)

DÉGÉNÉRER ; ~ **en** qqch. (*Les taquineries ont dégénéré en querelle.*)

DÉGOÛTER qqn ; ~ qqn **de** qqch. (*La visite d'un abattoir l'a dégoûté de la viande.*) ; ~ qqn **de** + inf. (*Cela l'a dégoûté de rendre service.*) ; se ~ **de** qqn ou qqch. (*des sucreries*).

DÉGOUTTER ; ~ **de** qqch. (*La sueur lui dégoutte du front.*) ; ~ **de** qqch. (*Cheveux qui dégouttent de pluie.*)

DÉGRINGOLER [tomber] ; ~ **dans** qqch. (*Il est* ou *il a dégringolé dans l'escalier.*) ; ~ **de** qqch. (*Il est* ou *il a dégringolé de l'arbre.*) ; ~ qqch. [descendre rapidement] (*Dégringoler un escalier.*)

DÉGUISER qqn ou qqch. (*sa voix*) ; ~ qqn **en** (*clown*) ; se ~ ; se ~ **en** (*lapin*).

DÉJEUNER ; ~ **de** qqch. (*d'un sandwich*).

DÉLECTER (SE) ; se ~ **à** ou **de** qqch. (*Il se délecte à la vue de ce magnifique panorama. Il se délecte de ces débats philosophiques.*) ; se ~ **à** ou **de** + inf. (*Elle se délecte à le contredire* ou *de le contredire.*)

DÉLÉGUER (*Il faut savoir déléguer.*) ; ~ qqn (*J'ai délégué mon frère pour me représenter.*) ; ~ qqn **à** qqch. (*à une assemblée, à un congrès*) ; ~ qqn **auprès de** qqn (*Il a délégué un expert auprès du comité.*) ; ~ qqch. **à** qqn (*Déléguer ses pouvoirs, son autorité à quelqu'un.*)

DÉLESTER qqn ou qqch. (*une femme lourdement chargée, un navire*) ; ~ qqn ou qqch. **de** qqch. (*une femme de ses paquets, un camion de son lourd chargement*) ; se ~ **de** qqch. (*de sa valise*).

DÉLIBÉRER avec qqn **de** ou **sur** qqch. (*Il a délibéré avec nous des solutions possibles.*) ; ~ **de** ou **sur**

qqch. (*Délibérer des* ou *sur les mesures à prendre.*)

DÉLIER qqch. ; ~ qqn **de** qqch. (*d'une promesse*) ; se ~ **de** qqch. (*d'un serment*).

DÉLIVRER qqn ; ~ qqn **de** qqn ou qqch. (*de ses ennemis, d'un danger, d'une obligation*) ; se ~ **de** qqch. (*de ses incertitudes*) ; ~ qqch. [remettre] (*un passeport, un permis, un certificat*) ; se ~ (*Le bureau où se délivrent les passeports.*)

DÉLOGER (*Déloger de chez soi.*) ; ~ qqn ou qqch. (*un locataire, un chat installé sur un fauteuil*) ; ~ qqn ou qqch. **de** qqch. (*Déloger un rival du premier rang, un oiseau de son nid.*)

DÉLOYAL (*un employé, un projet déloyal*) ; [personne] ~ **envers** qqn ou qqch. (*envers un ami, envers une cause*).

DEMANDER qqn ou qqch. ; ~qqch. **à** qqn ; ~ **à** + inf. (*J'ai demandé à voir l'original.*) [Les deux verbes ont le même sujet : le même sujet demande et veut voir.] ; ~ **à** qqn **de** + inf. (*Je lui ai demandé de venir.*) [Les deux verbes n'ont pas le même sujet : un sujet demande et l'autre vient.] ; ▾ Le verbe suivant la conj. **que** se construit avec le subj. (*Je demande que chacun fasse sa part.*) ; ▾ Le verbe suivant la conj. **si** se construit avec l'ind. ou le cond. (*Je lui ai demandé s'il était possible de finir un peu plus tôt. Je lui ai demandé si nous pourrions partir plus tôt.*)

DÉMARQUER qqch. [supprimer la marque] (*Démarquer un chandail pour le solder.*) ; se ~ **de** qqn ou qqch. [se distinguer] (*des concurrents, de son milieu*).

DÉMÊLER qqch. (*les cheveux, une intrigue*) ; ~ qqch. **de** qqch. (*le vrai du faux*).

DÉMETTRE qqn **de** qqch. (*de son emploi, de ses fonctions*) ; se ~ **de** qqch. [démissionner] (*d'un poste important*) ; se ~ qqch. [disloquer] (*Se démettre une épaule.*)

DÉMISSIONNER ; ~ **de** qqch. (*de son poste*) ; ~ **devant** qqn ou qqch. (*Il démissionne devant son père. Démissionner devant les difficultés.*) ; [ironique] ~

qqn (*On m'a démissionné parce que j'étais devenu gênant.*)

DÉMONTRER qqch. (*Démontrer un théorème. Un geste qui démontre sa bonne volonté.*) ; ~ qqch. **à** qqn (*Il lui a démontré son erreur.*) ; ▾ Le verbe suivant la conj. **que** se construit avec l'ind. (*Je lui ai démontré par des arguments convaincants que la chose était possible.*)

DÉMORDRE de qqch. (*Elle dit qu'il a tort et ne veut pas en démordre.*)

DÉMUNIR qqn **de** qqch. (*Démunir quelqu'un de ses provisions, de ses chances.*) ; démuni ; démuni **de** qqch. (*de tout*) ; se ~ **de** qqch. (*Il ne faut pas se démunir de son passeport.*)

DÉNIER qqch. [nier] (*Il a dénié sa responsabilité dans cette affaire.*) ; ~ qqch. **à** qqn [refuser injustement d'accorder] (*On lui a dénié le droit de se défendre.*)

DÉNONCER qqn ou qqch. [faire connaître] (*le coupable, des abus*) ; ~ qqn **à** qqn (*Dénoncer ses complices à la police.*) ; se ~ **à** qqn (*à la police, aux autorités*) ; ~ qqch. [annoncer la rupture de] (*Dénoncer un contrat, un traité.*)

DÉNUÉ de qqch. (*de tact, de scrupules*).

DÉPARTIR (SE) de qqch. (*de ses biens, de son calme*).

DÉPÊCHER qqn [envoyer] (*On a dépêché un lobbyiste à Ottawa.*) ; ~ qqn **auprès de** qqn (*On a dépêché un avocat auprès de lui.*) ; ~ qqn **auprès de** qqn **pour** + inf. (*On a dépêché un avocat auprès de lui pour négocier une entente.*) ; se ~ [se hâter] ; se ~ **de** + inf. (*de rentrer*).

DÉPENDANT (*un drogué dépendant*) ; ~ **de** qqn (*Beaucoup de jeunes adultes sont encore dépendants de leurs parents.*) ; [personnes, choses] ~ l'un **de** l'autre.

DÉPENDRE qqch. [décrocher] ; ~ **de** qqn ou qqch. [reposer sur] (*Il dépend financièrement de ses parents. Cela dépend de vous. Cela dépend des circonstances.*)

DÉPÊTRER qqn ou qqch. **de** qqch. (*Dépêtrer quelqu'un d'une mauvaise affaire.*) ; se ~ **de** qqch. (*des mailles*

d'un filet, de ses mensonges).

DÉPITÉ ; ~ **de** qqch. (*du succès d'un rival*).

DÉPITER qqn (*Mon refus l'a dépité.*) ; se ~ **contre** qqch. (*un matérialisme envahissant*).

DÉPLACER qqn ou qqch. ; ~ qqch. **de... à** (*d'un endroit à un autre*) ; se ~.

DÉPLAIRE ; ~ **à** qqn ; n'en déplaise **à** qqn ; ne vous en déplaise ; il déplaît ou ne déplaît pas **à** qqn **de** + inf. ; se ~ **à** (*la campagne*), **dans** (*cette maison*), **en** (*Afrique*).

DÉPLORER qqch. ; ~ **de** + inf. (*Je déplore d'avoir à vous quitter.*) ▾ Le verbe suivant la conj. **que** se construit avec le subj. (*On déplore qu'il ait fait faillite.*)

DÉPORTER qqn ; ~ qqn **au** (*Canada*), **en** (*Allemagne*) ; ~ qqn ou qqch. **sur**, **vers** [faire dévier] (*La bourrasque déporte sa Jeep sur le bas-côté de la route. La chaussée glissante a déporté le camion vers la gauche.*)

DÉPOSSÉDER qqn **de** qqch. (*Arrivé au pouvoir, le parti déposséda certains citoyens de leurs biens, certains autres de leur charge.*)

DÉPOUILLER qqn ou qqch. (*Le voleur a dépouillé sa victime. Dépouiller le courrier.*) ; ~ qqn ou qqch. **de** qqch. (*Dépouiller quelqu'un de ses vêtements, de ses droits.*) ; se ~ ; se ~ **de** qqch. (*Le ginkgo se dépouille de ses feuilles en quelques heures à peine. Se dépouiller de ses biens en faveur de ses enfants.*)

DÉPOURVU ; ~ **de** qqch. (*de ressources, de charme*) ; prendre qqn au ~.

DÉPUTER qqn (*un ambassadeur*) ; ~ qqn **à** qqch. (*des représentants à une assemblée*).

DÉRIVER [s'écarter] (*Un bateau, une politique peuvent dériver.*) ; ~ qqch. [détourner] (*une rivière*) ; ~ **de** qqch. [provenir] (*Mot qui dérive du latin.*)

DÉROBER qqch. [voler ou cacher] (*un bijou, la vue*) ; ~ qqch. **à** qqn ou qqch. (*Dérober sa montre à un camarade. Ce mur nous dérobait la vue de la mer.*) ; se ~ **à** qqn ou qqch. [se soustraire]

(*aux regards, à son devoir*) ; se ~ **sous** qqn ou qqch. (*Le sol s'est dérobé sous lui, sous ses pas.*)

DÉROGER ; ~ **à** qqch. (*à la loi, aux règles, à ses habitudes*).

DÉROUTER qqn **par** qqch. (*Il m'a dérouté par ses remarques.*)

DÉSACCOUTUMER qqn **de** qqch. (*du tabac*) ; ~ qqn **de** + inf. (*de fumer*) ; se ~ **de** qqch. (*Il s'est désaccoutumé du tabac par l'acupuncture.*) ; se ~ **de** + inf.

DÉSAGRÉABLE ; ~ **à** qqn (*Cela lui est désagréable.*) ; ~ **à** qqch. (*au goût*) ; ~ **à l'égard de** ou **pour** qqn (*Il a souvent des paroles désagréables à l'égard de son collègue* ou *pour son collègue.*) ; ~ **à** + inf. (*à voir, à entendre, à faire*) ; [personne] ~ **avec** ou **envers** qqn (*Il se montre souvent désagréable avec* ou *envers son associé.*)

DÉSAVANTAGEUX ; ~ **pour** qqn (*Des mesures économiques désavantageuses pour les petites entreprises.*)

DESCENDRE [aller de haut en bas] ; ~ **de** qqch. (*du grenier, d'une échelle*) ; ~ **par** qqch. (*par l'ascenseur*) ; [fig.] ~ **de** qqn ou qqch. (*On dit que l'homme descend du singe.*) ; ~ qqn ou qqch. [transporter de haut en bas] (*On a descendu tous les patients et leurs effets au rez-de-chaussée.*) ; ~ qqn [tuer par balle] ; ~ qqn **de** qqch. (*d'un coup de revolver*) ; ~ **en** flammes [critiquer violemment].

DÉSENCHANTER qqn ou qqch. ; désenchanté ; désenchanté **de** qqch. (*de tout*).

DÉSENSIBILISER qqn ou qqch. ; ~ qqn ou qqch. **à** ou **sur** qqch. (*La fréquence des crises alimentaires a désensibilisé le grand public à* ou *sur la famine dans le Tiers-Monde.*)

DÉSESPÉRER ; ~ qqn (*Cet enfant me désespère. Sa froideur le désespère.*) ; ~ **de** qqch. (*Je désespère de son insouciance.*) ; ~ **de** + inf. (*Il ne faut pas désespérer de s'en sortir.*) ; ▾ Le verbe suivant la conj. **que** se construit avec le subj. (*Il désespère que son projet voie le jour.*) ; se ~ **de** + inf. (*de n'avoir pas*

réussi son examen) ; ▾ Le verbe suivant la conj. **que** se construit avec le subj. (*Il se désespère qu'on n'ait pas approuvé son projet.*) ; se ~ **à** la pensée que + futur ou cond. (*Il se désespère à la pensée qu'on n'approuvera pas* ou *qu'on pourrait ne pas approuver son projet.*)

DÉSHABITUER qqn **de** qqch. (*de sa vie bien réglée de militaire*) ; ~qqn **de** + inf. (*de fumer dans les restaurants*) ; se ~ **de** qqch. (*de l'alcool*).

DÉSIGNER qqn ou qqch. (*le coupable, un endroit*) ; ~ qqn ou qqch. **à** qqn (*On lui a désigné les candidats choisis. Elle a pris le siège qu'on lui a désigné.*) ; [fig.] ~ qqn **à** qqch. (*à l'attention, à l'admiration de quelqu'un, à la vindicte publique*) ; ~ qqn **pour** qqch. [nommer, destiner] (*On l'a désigné pour cette mission.*) ; ~ qqn **pour** + inf. (*pour mettre de l'ordre dans le service*).

DÉSINTÉRESSER qqn ; se ~ ; se ~ **de** qqn ou qqch. (*de son fils, de la politique*).

DÉSINVESTIR dans qqch. (*La société a désinvesti dans le secteur public.*) ; se ~ **de** qqch. (*de son travail, d'une relation amoureuse*).

DÉSIREUX de qqch. (*de gloire*) ; ~ **de** + inf. (*de plaire*).

DÉSISTER (SE) ; se ~ **en faveur de** qqn (*d'un autre candidat*) ; se ~ **de** qqch. [renoncer] (*Elle s'est désistée de tout au profit de ses enfants.*)

DÉSOBÉIR ; ~ **à** qqn ou qqch. (*à un ordre, à un règlement*).

DÉSOLÉ ; [personne] ~ **de** qqch. (*Je suis désolé de cette erreur.*) ; ~ **de** + inf. (*Je suis désolé d'apprendre que vous démissionnez.*) ; ▾ L'adj. suivi de la conj. **que** demande le subj. (*Je suis désolé qu'ils soient obligés de revenir.*)

DÉSOLER qqn (*Cette situation le désole.*) ; se ~ ; se ~ **de** + inf. (*Elle se désole de ne pouvoir l'aider.*)

DÉSOLIDARISER (SE) d'avec ou **de** qqn (*d'avec* ou *de ses collègues*).

DESSAISIR qqn ou qqch. **de** qqch. [dr.] (*une société de*

ses propriétés, un tribunal d'une affaire) ; se ~ **de** qqch. (*de documents compromettants*).

DESTINER qqn ou qqch. **à** qqn ou qqch. (*Il destine chaque année de grosses sommes aux œuvres de charité. Son talent le destine à une grande carrière.*) ; se ~ **à** qqn ou qqch. (*Il se destine au journalisme.*) ; se ~ **à** + inf. (*Il se destine à poursuivre l'œuvre de son père.*)

DESTITUER qqn (*un chef d'État*) ; ~ qqn **de** qqch. (*un magistrat de ses fonctions, un officier de son commandement*).

DÉTACHER qqn ou qqch. ; ~ qqn ou qqch. **de** qqn ou qqch. (*Détacher quelqu'un d'un groupe. Il a tout fait pour détacher son fils de sa mère. Détacher son regard du paysage.*) ; se ~ ; se ~ **de** qqn ou qqch. ; ~ qqn **à** qqch. [envoyer] (*un fonctionnaire à un autre service*) ; ~ qqn **auprès de** qqn (*un fonctionnaire auprès d'un ministre*) ; se ~ **sur** qqch. [ressortir] (*Les pins se détachaient sur un ciel bleu.*)

DÉTEINDRE (*Cette chemise risque de déteindre au lavage.*) ; ~ **sur** qqn ou qqch. (*Cette chemise a déteint sur les autres vêtements. Sa femme déteint sur lui.*) ; ~ qqch. (*Le soleil déteint les tissus.*)

DÉTERMINÉ (*Un air déterminé. Un homme déterminé.*) ; ~ **dans** qqch. (*Un homme déterminé dans ses intentions.*)

DÉTERMINER qqch. ; ~ qqn **à** qqch. (*à l'action*) ; ~ qqn **à** + inf. (*Cette réussite l'a déterminé à continuer.*) ; déterminé **à** + inf. (*à réussir*).

DÉTOURNER qqch. (*une rivière, le courrier, un avion, des fonds*) ; ~ qqn ou qqch. **de** qqch. (*Il a détourné son fils de ce projet. Détourner un autocar de son itinéraire.*) ; se ~ ; se ~ **de** qqch. (*Ce ruisseau s'est détourné de son cours. Se détourner du droit chemin.*)

DÉVERSER qqch. ; ~ qqch. **dans**, **sur** qqch. ou **sur** qqn (*Le fleuve déverse ses eaux dans la mer. Le camion déverse son chargement sur le quai. Il déverse sa rage sur son entourage.*) ; se ~ ;

se ~ **dans**, **sur** qqch. ou **sur** qqn.

DÉVIER [s'écarter de sa route] (*La balle a dévié. La tempête a fait dévier le bateau. La conversation a dévié.*) ; ~ **de** qqch. (*de son chemin, de ses principes*) ; ~ qqch. [détourner de sa direction, de son itinéraire normal] (*Dévier un coup, des rayons, la circulation, une route, un train, un convoi.*)

DEVOIR qqch. ; ~ qqch. **à** qqn ou qqch. ; ~ **à** qqn **de** + inf. (*Je lui dois d'être encore en vie, d'avoir réussi.*) ; ~ + inf. [être obligé] (*Il a dû partir rapidement.*) ; se ~ **à** qqn [être obligé moralement] (*à ses enfants*) ; se ~ **de** + inf. (*Je me dois de donner le bon exemple.*)

DÉVOLU **à** qqn (*Ce rôle qui lui est dévolu par le sort.*)

DÉVORER qqch. ; ~ qqn ou qqch. **des** yeux, **du** regard ; dévoré **de** qqch. (*de curiosité, d'ambition, de remords*) ; dévoré **par** qqch. (*par les moustiques*).

DÉVOUER qqch. **à** qqn ou qqch. (*Dévouer sa vie à ses enfants.*) ; dévoué ; dévoué **à** qqn ou qqch. (*Ce secrétaire lui était tout dévoué. Il est entièrement dévoué à sa cause.*) ; se ~ ; se ~ **pour** + inf. (*Elle s'est dévouée pour faire la cuisine.*) ; [vieilli] se ~ **à** qqn ou qqch. (*à ses enfants, à une cause*).

DICTER qqch. (*des ordres, des recommandations*) ; ~ qqch. **à** qqn (*Dicter une lettre à la secrétaire. Je n'ai pas à lui dicter sa conduite.*)

DIFFÉRENCIER des personnes, des choses ; ~ qqn ou qqch. **de** qqn ou qqch. (*Ce qui différencie l'homme de l'animal. Il est parfois difficile de différencier le bien du mal.*) ; se ~ (*Ces jumelles se différencient mal.*) ; se ~ **de** qqn ou qqch. (*Elle voudrait se différencier de sa jumelle. Un produit qui se différencie mal d'un autre.*) ; se ~ **par** qqch. (*Ces athlètes se différencient par leurs maillots.*)

DIFFÉRENT ; ~ **de** qqn ou qqch. (*Il est différent de son père. Mon opinion est différente de la vôtre.*)

DIFFÉRER [être différent] (*Lui et moi différons beaucoup,*

du tout au tout. Leurs opinions diffèrent.) ; ~ **de** qqn ou qqch. (*Elle diffère beaucoup de sa sœur. Sa méthode diffère de celle de ses confrères.*) ; ~ **de** qqn ou qqch. **par** qqch. (*Ils diffèrent de leurs collègues par leur grande rigueur. Ces animaux diffèrent entre eux par la taille.*) ; ~ **en** (*un point*), **par** (*ce trait*), **sur** (*tous les points*) ; [sujet : personne] ~ **à propos de** ou **sur** qqch. [avoir une opinion différente] (*Ils diffèrent sur beaucoup de points.*) ; ~ qqch. [remettre à plus tard] (*son départ, sa réponse, une affaire, un paiement*) ; [littér.] ~ **à, de** + inf. [tarder] (*de répondre à son courrier*).

DIFFICILE ; ~ **pour** qqn ; ~ **à** + inf. (*Travail difficile à exécuter pour les débutants.*) ; il est ~ **de** + inf. (*de plaire à tout le monde*).

DIGNE ; ~ **de** qqn ou qqch. (*de son mentor, d'attention*) ; ~ **de** + inf. (*Digne de se voir confier ce mandat.*)

DIMINUER ; ~ **de** qqch. (*Le porc a diminué de prix. Les recettes ont diminué de moitié.*) ; ~ qqn ou qqch. (*Sa maladie l'a beaucoup diminuée. Il faut diminuer le chauffage.*) ; ~ qqn [abaisser].

DÎNER ; ~ **de** qqch. (*d'une petite salade*).

DIRE qqch. ; ~ qqch. **à** qqn (*Dire des mots d'amour à quelqu'un.*) ; ~ qqch. **de** qqn (*Dire du bien d'un ami.*) ; ~ qqch. **sur** qqn ou qqch. (*Il y a peu à dire sur lui. Que dire sur cet article ?*) ; ~ + inf. (*Il dit ne pas pouvoir rester.*) ; ~ **à** qqn de + inf. (*Je lui ai dit de venir me voir.*) ; ▼ Le verbe suivant la conj. **que** se construit avec l'ind. (*Il a dit que j'étais parti.*) ; se ~ + attribut (*Elles se disent prêtes à tout.*)

DISCONVENIR [en emploi négatif] ; ne pas ~ **de** qqch. (*Je n'en disconviens pas.*) ; ne pas ~ **de** + inf. ; ▼ Le verbe suivant la conj. **que** se construit avec le subj., ou l'ind. si on veut mettre l'accent sur la réalité (*Je ne disconviens pas que la tâche soit lourde. Je ne disconviens pas que la tâche est en réalité très lourde.*)

DISCOURIR ; ~ **de** ou **sur** qqch. (*Discourir des effets de la*

radioactivité. Discourir sur la politique étrangère.)

DISCRIMINATOIRE ; ~ **contre** qqn ou qqch. (*Mesures discriminatoires contre une catégorie de travailleurs.*)

DISCULPER qqn ; ~ qqn **de** qqch. (*des accusations portées contre lui*) ; se ~ ; se ~ **auprès de** qqn, aux yeux de qqn.

DISCUTER ; ~ **de** ou **sur** qqch. (*de politique* ou *sur la politique*) ; ~ **de** ou **sur** qqch. **avec** qqn ; ~ qqch. ; ~ qqch. **avec** qqn.

DISPARAÎTRE ; ~ **à** (*l'horizon*), **dans** (*la foule, le brouillard*), **de** (*la circulation, son domicile*), **derrière** (*les nuages*), **en** (*mer*), **sous** (*la verdure*).

DISPENSER qqch. [accorder] (*des bienfaits*) ; ~ qqch. **à** qqn (*des soins à un malade*) ; ~ qqn **de** qqch. [exonérer] (*On l'a dispensé des formalités habituelles.*) ; ~ qqn **de** + inf. (*Dispensez-moi d'en dire plus.*) ; se ~ **de** qqch. (*d'une corvée*) ; se ~ **de** + inf. (*Je me dispenserais bien d'y aller !*)

DISPONIBLE [vacant] (*Cet appartement est disponible. Il y a encore deux sièges disponibles.*) ; ~ [personne] [accessible] (*Un professeur toujours disponible.*) ; ~ **pour** qqch. (*Il dit ne pas être disponible pour la rencontre de ce soir.*) ; ~ **pour** + inf. (*Il est toujours disponible pour dépanner ses amis.*)

DISPOSÉ à + inf. ; être bien ou mal ~ **à l'égard de** ou **envers** qqn.

DISPOSER [décider] (*L'homme propose, Dieu dispose.*) ; ~ [partir] (*Vous pouvez disposer.*) ; ~ qqch. [arranger] ; ~ qqn **à** qqch. [préparer psychologiquement] (*Disposer les clients au changement. La solitude me disposait à la réflexion.*) ; ~ qqn **à** + inf. (*à parler à la presse*) ; ~ qqn **en faveur de** qqn (*Les événements l'ont disposé en ma faveur.*) ; ~ **de** qqch. [avoir l'usage de] (*d'une voiture*) ; ~ **de** qqn [utiliser] (*Il dispose de ses employés de manière abusive.*) ; ⊖ Éviter l'anglicisme : « Disposer de » ses détritus, d'un argument, d'une affaire. Dire : **Se débarrasser de** ses détritus,

réfuter un argument, **régler** une affaire ; se ~ **à** + inf. [se mettre en état de] (*Je me disposais à sortir quand elle est arrivée.*)

DISPUTER qqch. (*un match*) ; ~ qqch. **à** qqn (*Disputer un poste, un titre, à des rivaux.*) ; se ~ qqch. (*Ils se disputaient la gloire de cette invention. Ils se disputent la première place.*) ; ~ **de** ou **sur** qqch. [discuter] (*Disputer de* ou *sur un sujet intéressant.*) ; ~ **de** ou **sur** qqch. **avec** qqn ; se ~ [se quereller] ; se ~ **à** qui (*aura la plus grande part*) ; se ~ **au sujet de** qqn ou qqch. (*au sujet du loyer*) ; se ~ **avec** qqn ; [littér.] le ~ **à** qqn ou qqch. **en** qqch. [rivaliser] (*Il n'est point de spectacle qui puisse le disputer en magnificence à celui-ci.*)

DISSERTER sur qqch. (*les méfaits de la pollution*).

DISSIMULER ; ~ qqch. ; ~ qqch. **à** qqn (*Il lui a dissimulé sa maladie.*) ; ▼ Le verbe suivant la conj. **que** se construit avec l'ind. (*Je ne lui ai pas dissimulé que l'aventure était risquée.*) ; se ~ (*Il tenta de se dissimuler dans la foule. La jalousie se dissimule derrière ses belles paroles.*) ; se ~ qqch. (*Elle se dissimule la vérité.*) ; ▼ Le verbe suivant la conj. **que** se construit avec l'ind. (*Il ne se dissimule pas qu'il est perdu.*)

DISSUADER qqn (*Dissuader l'ennemi.*) ; ~ qqn **de** + inf. (*de partir*).

DISTANT [réservé] ; ~ **de** [loin de] (*Villes distantes l'une de l'autre d'environ 100 km. Événements distants de trois mois.*)

DISTINCT ; ~ **de** qqch. (*C'est un problème distinct du précédent.*)

DISTINGUER qqn ou qqch. [sujet : personne] [reconnaître] (*Distinguer un homme dans la foule, une nuance de dépit dans la réponse de quelqu'un.*) ; ~ qqn ou qqch. **d'avec** ou **de** qqch. (*Il est facile à distinguer d'avec son frère jumeau. Distinguer le vrai du faux. Seule leur mère peut distinguer ces jumeaux l'un de l'autre.*) ; se ~ ; se ~ **de** qqn ou qqch. ; se ~ **par** qqch. (*Cet artisan se distingue par son habileté. Le safran*

se distingue du paprika par la couleur.) ; [sujet : chose] ~ qqn ou qqch. **de** qqn ou qqch. [permettre de reconnaître] (*Ce qui distingue l'homme des animaux, un produit d'un autre.*) ; [sujet : personne] se ~ **dans, en** qqch. [briller] (*dans les sports, dans le domaine des sciences, en français*).

DISTRAIRE qqn ou qqch. (*ses camarades, l'attention des spectateurs*) ; ~ qqn **de** qqch. (*de son chagrin*) ; se ~ ; se ~ **de** qqch. (*de ses soucis*).

DIVERGER (*Nos intérêts divergent.*) ; ~ **sur** qqch. (*Leurs versions des faits divergent sur un point.*)

DIVERTIR qqn [amuser] ; se ~ ; se ~ **à** + inf. (*à taquiner un ami*) ; se ~ **de** qqch. (*Comment ne pas se divertir de ces maladresses.*) ; ~ qqch. [s'approprier] (*une partie d'une succession*).

DIVISER qqch. ; ~ qqch. **en** des choses (*Diviser un terrain en plusieurs parcelles.*) ; ~ des personnes **en** des choses (*en trois équipes*) ; ~ qqch. **entre** des personnes (*Diviser une tâche entre plusieurs employés.*) ; se ~ (*C'est ici que la route se divise, que le groupe s'est divisé.*) ; se ~ **en** des choses (*Les étudiants se sont divisés en deux équipes. Le texte se divise en quatre parties.*) ; [math.] se ~ **par** (*Ce chiffre se divise par trois.*) ; [fig.] divisé (*L'opinion publique est divisée.*) ; divisé **sur** qqch. (*Les membres du comité sont divisés sur ce point.*) ; se ~ **sur** qqch. (*Les membres du comité se sont divisés sur cette question.*)

DIVORCER ▾ Le verbe se conjugue avec l'auxiliaire *avoir* si l'on exprime l'action et avec l'auxiliaire *être* si l'on exprime l'état résultant de l'action (*Ils ont divorcé il y a trois ans. Ils sont divorcés depuis trois ans.*) ; ~ **avec** ou **d'avec** ou **de** qqn ; ⊖ Éviter : Le juge « les a divorcés », ils « se sont divorcés » récemment. Dire : Le juge **a prononcé leur divorce**, ils **ont divorcé** récemment.

DOCUMENTER qqn ; ~ qqch. (*Il a fort bien documenté cet article.*) ; ~ qqn **sur** qqch. (*sur une question*) ; se ~ ; se ~ **sur** qqch.

DOMMAGEABLE ; ~ **à** qqn ou qqch. (*Ces erreurs leur sont dommageables. Le tabagisme est dommageable à la santé.*)

DONNER ; ~ qqch. (*Le poirier n'a rien donné cette année.*) ; ~ qqn ou qqch. **à** qqn (*Elle lui a donné un fils. Il m'a donné sa place.*) ; ~ qqch. **à** + inf. **à** qqn (*Je lui ai donné un texte à réviser.*) ; ~ qqch. **contre**, **pour** qqch. [céder en échange] (*une rose pour un baiser*) ; ~ qqn **pour** + attribut [présenter comme] (*On le donne pour coupable. Je vous donne ce renseignement pour ce qu'il vaut.*) ; ~ **dans** qqch. [tomber dans] (*Son roman donne dans le mélodrame.*) ; ~ **de** qqch. [cogner] (*Ne plus savoir où donner de la tête.*) ; ~ **sur** qqch. [avoir vue sur] (*Une porte donnait sur le parc.*) ; ~ **à** + inf. [permettre] (*Cela donne à réfléchir.*) ; se ~ qqch. (*du mal, du bon temps*) ; se ~ **à** qqn ou qqch. [se consacrer] (*à ses enfants, à une cause*) ; se ~ **pour** [affecter d'être] (*Se donner pour un artiste, pour ce qu'on n'est pas.*)

DOPER qqn ou un animal ; se ~ ; se ~ **à** qqch. (*aux amphétamines*).

DOTER qqn ou qqch. (*sa fille, un hôpital*) ; [fig.] ~ qqn **de** qqch. (*d'un pouvoir, d'une autorité*) ; ~ qqn ou qqch. **de** qqch. (*Doter une armée d'un équipement moderne. Doter un bureau de nouveaux ordinateurs.*) ; doté **de** qqch. (*Cet enfant est doté d'un grand talent.*)

DOUBLER (*Son chiffre d'affaires a doublé.*) ; ~ **de** qqch. (*de volume*) ; ~ qqch. (*Doubler ses recettes. Doubler les effectifs.*) ; ~ qqch. [mettre une doublure] (*Doubler un manteau.*) ; ~ qqch. **de** qqch. (*Doubler de fourrure un manteau.*) ; ~ un film [faire le doublage] ; se ~ **de** qqch. [s'accompagner] (*Ce dispositif se double d'un système d'alarme.*)

DOUÉ ; ~ **de** qqch. (*d'une grande ténacité*) ; ~ **en** ou **pour** qqch. (*en musique, pour les mathématiques, pour le piano*) ; ~ **pour** + inf. (*pour interpréter les rêves*).

DOUTER ; ~ **de** qqn ou qqch. (*Je doute de ses capacités.*) ;

~ **de** + inf. (*Je doute d'y arriver sans aide.*) ; ▾ Le verbe suivant la conj. **que** se construit avec le subj. ou le cond. (*Je doute qu'il soit parti. Je doute qu'ils accepteraient de partir.*), à la forme négative il se construit avec le subj. (*Je ne doute pas que vous ayez raison.*) ou l'ind. [pour insister sur la réalité] (*Je ne doute pas que tout ira bien.*) ou le cond. [si le fait est hypothétique] (*Je ne doute pas qu'elle viendrait si cela était nécessaire.*) ; se ~ **de** qqch. ; ▾ Le verbe suivant la conj. **que** se construit avec l'ind. ou le cond. (*Je me doute qu'il est au courant. Il ne se doutait pas alors qu'on le congédierait.*)

DOUX ; ~ **à** qqch. (*au toucher*).

DRAPER qqch. ; se ~ **dans** qqch. (*dans un grand châle, dans sa dignité, sa vertu*).

DRESSER qqch. (*la table, une carte, un acte, un contrat, un procès-verbal, une contravention*) ; ~ un animal [former] (*un chien*) ; ~ un animal **à** + inf. (*Dresser un chien à attaquer.*) ; ~ qqn **contre** qqn [mettre en opposition] (*Elle lui a mis des idées en tête et l'a dressé contre sa famille.*) ; se ~ [se mettre droit, s'élever] ; se ~ **contre** qqn ou qqch. [s'opposer].

DUR ; [personne] ~ **à l'égard de** ou **avec** ou **envers** ou **pour** qqn ; ~ **à** qqch. (*au mal, à la tâche*) ; ~ **en** affaires ; ~ **pour** qqch. (*pour les faiblesses, les fautes d'autrui*) ; [chose] ~ **à** + inf. (*Un robinet dur à fermer. Un refus dur à accepter.*)

E

ÉBAHIR qqn (*Voilà une nouvelle qui m'ébahit.*) ; ébahi ; ébahi **de** qqch. (*Je suis ébahi de son ignorance.*) ; ébahi **de** + inf. (*Je suis ébahi d'être si mal compris.*) ; s'~ **de** qqch. (*de son succès*) ; s'~ **de** + inf. (*de le voir encore là*).

ÉBLOUIR qqn ; ~ qqn **par** qqch. (*par ses promesses, par son train de vie luxueux*).

ÉBLOUISSANT ; ~ **de** qqch. (*Teint éblouissant de fraîcheur.*)

ÉCARTER qqn ou qqch. ; ~ qqn ou qqch. **de** qqn ou qqch. (*Il a écarté tous ses rivaux de son chemin.*) ; s'~ **de** qqn ou qqch. (*La foule s'écarta de lui. S'écarter des règles.*)

ÉCHANGER ; ~ des choses (*Nous avons échangé des timbres.*) ; ~ des choses **avec** qqn (*J'ai échangé des timbres avec mon frère.*) ; ~ qqch. **contre** qqch. (*J'ai échangé des dollars contre des euros. J'ai échangé ma montre contre celle de mon frère.*)

ÉCHAPPER à qqn ou qqch. (*à ses créanciers, à une corvée, à son destin*) ; [sujet : chose] ~ **à** qqn (*Son nom m'échappe. Le pouvoir lui échappe.*) ; [sujet : personne ou chose] s'~ (*Mon horaire me permet de m'échapper. Le gaz s'échappe.*) ; s'~ **de** qqch. (*S'échapper de prison. Un cri s'échappa de ses lèvres.*) ; s'~ **par** qqch. (*par la fenêtre*) ; [vieilli] ~ qqch. [laisser tomber] ; ▾ On peut dire : l'échapper belle.

ÉCHELONNER qqch. ; ~ qqch. **sur** qqch. (*des paiements sur un an*).

ÉCHINER (S') à qqch. (*à la tâche*) ; s'~ **à** + inf. (*à travailler de longues heures*).

ÉCHOIR à qqn [être dévolu par le sort] (*Le rôle qui lui échoit ne lui plaît guère.*) ; ~ **à** qqn **de** + inf. [revenir à] (*C'est à vous qu'échoit l'honneur de nous représenter.*) ; ~ [arriver à échéance] (*Le paiement échoit lundi prochain.*) ; ▾ Ce verbe est employé seulement à la troisième personne du singulier et du pluriel ; échu (*Le délai est échu.*)

ÉCHOUER (*Le navire a échoué. Tous mes efforts ont échoué.*) ; ~ **contre**, **sur** qqch. (*Le navire a échoué contre un récif, sur la côte.*) ; s'~ (*Le navire s'est échoué.*) ; s'~ **sur** qqch. (*sur un récif*) ; ~ **à** (*l'hôtel du coin*), **chez** (*des amis*), **dans** (*un bar*) [se retrouver par hasard] ; ~ **à** qqch. [rater] (*Échouer à un examen.*)

ÉCLATER ; [sujet : chose] ~ **en** des choses (*Éclater en*

mille morceaux.); [sujet: personne] ~ **de** qqch. (*Ils ont éclaté de rire.*); ~ **en** des choses (*Éclater en sanglots. L'assistance éclata en applaudissements.*)

ÉCOPER qqch. [vider l'eau de]; ~ [être atteint, puni] (*C'est toujours lui qui écope.*); ~ **de** qqch. (*Ce contrevenant a écopé d'une forte amende.*); ▾ On écope une chaloupe, mais on écope **d'**une amende.

ÉCRASER qqn ou qqch.; ~ qqn **de** qqch. (*de son mépris, de son luxe*); écrasé **de** qqch. (*de sommeil, de travail*); s'~ [être en foule] (*On s'écrasait hier dans les magasins.*)

ÉCRIRE; ~ **sur** qqch. (*sur du papier, sur un sujet*); ~ qqch.; ~ qqch. **à** qqn; ~ **à** qqn **de** + inf. (*Je lui ai écrit de rentrer au plus tôt.*); ▾ Le verbe suivant la conj. **que** se construit avec l'ind. (*Elle lui a écrit que tout allait bien.*); s'~ (*Cela ne s'écrit pas. Ils s'écrivent tous les jours.*); s'~ qqch. (*Ils s'écrivent tous les jours de longues lettres.*)

ÉCUMER [se couvrir d'écume] (*Mer qui écume.*); ~ les mers [exercer la piraterie]; ~ la confiture [ôter l'écume]; [fig.] ~ **de** qqch. (*de rage*)

EFFACER; ~ qqch.; ~ qqn ou qqch. **de** qqch. (*Effacer un nom d'une liste.*); s'~; s'~ **de** qqch. (*de la mémoire*); s'~ **devant** qqn ou qqch. [céder le pas] (*S'effacer devant une dame pour la laisser passer. Ses craintes s'effaçaient devant la promesse d'un avenir meilleur.*); s'~ **derrière** qqn ou qqch. [disparaître] (*L'acteur s'efface derrière son personnage.*)

EFFORCER (S') à qqch. (*à la bonne humeur*); s'~ **de** + inf. (*de maigrir*).

EFFRAYER qqn (*Tout l'effraie.*); effrayé; effrayé **de** qqch. (*de sa nouvelle responsabilité*); effrayé **de** + inf. (*d'apprendre que tout était perdu*); s'~; s'~ **de** qqch. (*Il s'effraie de ce surcroît de travail.*)

ÉGAL; ~ **à** qqn ou qqch.

ÉGALER qqn ou qqch.; ~ qqn ou qqch. **en** qqch. (*en beauté*).

ÉGOSILLER (S'); s'~ **à** + inf. (*à répéter dix fois la même chose*).

ÉLEVER qqch. (*un mur, le taux d'escompte, la voix*) ; ~ qqn **à** qqch. (*au pouvoir, aux plus hautes charges*) ; ~ qqch. **de** qqch. (*Élever la maison d'un étage. Élever le salaire minimum d'un dollar.*) ; s'~ ; s'~ **à** (*Mon compte s'élève à 10 $.*) ; s'~ **au-dessus de** qqch. (*au-dessus de la piste, au-dessus de sa condition, au-dessus des préjugés*) ; s'~ **de** (*La température s'est élevée de 10 °C.*) ; ~ qqn ou un animal [éduquer ou nourrir] (*ses enfants, des moutons*) ; s'~ **contre** qqch. [protester] (*contre des mesures injustes*).

ÉLIMINER qqn ou qqch. ; ~ qqn **de** qqch. (*d'une liste, d'un groupe, d'une activité*) ; ~ qqch. **de** qqch. (*la pollution d'une ville*).

ÉLOIGNER qqn ; ~ qqn ou qqch. **de** qqn ou qqch. (*On l'a éloigné de sa mère. On a éloigné la table de la fenêtre.*) ; s'~ ; s'~ **de** qqn ou qqch. (*de ses parents, de son lieu de travail*).

ÉMAILLER qqch. [recouvrir d'émail] ; [fig.] ~ qqch. **de** qqch. (*un texte de citations*) ; émaillé de qqch. (*Lettre émaillée de fautes.*)

ÉMANER **de** qqn ou qqch. (*Un charme indéfinissable émanait de sa personne. Cet ordre émane du quartier général. Le parfum délicat qui émane de la rose.*)

ÉMARGER **à** qqch. [toucher un traitement] (*Ces conseillers émargent au budget des fonds secrets.*)

EMBALLER qqch. [envelopper] ; ~ qqch. **dans** qqch. ; ~ qqn [enthousiasmer] (*Ce voyage ne m'emballe pas.*) ; emballé ; emballé **par** qqch. (*Elle est emballée par ce nouveau projet.*) ; s'~ (*Marie s'emballe facilement.*) ; s'~ **pour** qqch. (*Elle s'est emballée pour ce nouveau projet.*) ; s'~ [s'emporter, dans le cas des chevaux].

EMBARQUER ou s'~ **dans, sur** qqch. [monter à bord] ⊖ Éviter : « Embarquer dans » une voiture. Dire : **Monter dans** une voiture ; ~ qqn ou qqch. ; ~ qqn ou qqch. **dans** (*un avion, le train*), **sur** (*le* Queen Elizabeth II) ; ~ qqn ou qqch. **pour** (le Maroc) ; [fig.] s'~ **dans** qqch. (*dans une affaire louche*).

EMBARRASSER qqch. [encombrer] ; ~ qqn **pour** + inf. (*Tous ces paquets l'embarrassaient pour courir.*) ; embarrassé **par** qqch. (*Une table embarrassée par des piles de livres.*) ; s'~ **de** qqn ou qqch. (*d'un compagnon, d'un parapluie, de scrupules*) ; ~ qqn [gêner] (*Son insistance m'embarrasse.*) ; ~ qqn **par** qqch. (*Il nous embarrasse beaucoup par ce genre de plaisanterie.*) ; embarrassé **par** qqch. (*Je suis embarrassée par un tel manque de courtoisie.*) ; embarrassé **de** + inf. (*Je serais bien embarrassé de vous dire qui va gagner.*) ; s'~ **de** + inf. (*Il ne s'embarrasse guère de dire ce qu'il pense.*) ; s'~ **dans** qqch. [être pris dans] (*dans sa jupe, dans ses mensonges*).

EMBOURBER qqch. (*Embourber sa jeep.*) ; s'~ ; s'~ **dans** qqch. (*dans les marais, dans les mensonges*).

EMBRANCHER qqch. ; ~ qqch. **à** qqch. ; s'~ ; s'~ **à** qqch. (*Une route qui s'embranche à une autre.*)

EMBROUILLER qqn ou qqch. ; s'~ **dans** qqch. (*dans ses souvenirs*).

ÉMERGER ; ~ **de** qqch. (*de l'ombre, de la brume*).

ÉMERVEILLER qqn ; s'~ ; s'~ **de** ou **devant** qqch. (*Il s'émerveille de la beauté des lieux. Il s'émerveille devant tant de virtuosité.*) ; s'~ **de** + inf. (*d'avoir des étudiants aussi assidus*) ; ▼ Le verbe suivant la conj. **que** se construit avec le subj. (*Il s'émerveille qu'elle soit encore prête à l'aventure.*)

ÉMIGRER ; ~ **au** (*Canada*), **en** (*Amérique*).

EMMENER qqn ; ~ qqn **à** (*l'épicerie, New York*), **chez** (*le médecin*), **dans** (*la cave*), **en** (*Italie*), **sur** (*un voilier*) ▼ On emmène qqn ou un animal **chez** une personne (*chez le dentiste, chez le vétérinaire*), on emmène qqn ou un animal **à** un endroit (*au restaurant, à l'école, à Canadian Tire, à Londres*), on conduit sa voiture au garage.

EMMITOUFLER qqn ; ~ qqn **dans** qqch. (*dans une couverture*) ; s'~ ; s'~ **dans**

qqch. (*dans une longue pelisse*).

ÉMOUVANT ; ~ **de** qqch. (*de recueillement*).

EMPARER (S') **de** qqch. ou qqn (*S'emparer du ballon. Le désespoir s'empara d'elle.*)

EMPÊCHER qqch. ; ~ qqn **de** + inf. (*de tomber*) ; s'~ **de** + inf. (*de rire*) ; ▼ Le verbe suivant la conj. **que** se construit avec le subj., parfois accompagné de la particule explétive *ne* (*Il empêche qu'on ouvre les fenêtres. La pluie empêche qu'on parte* ou *qu'on ne parte.*)

EMPÊTRER qqn (*Sa jupe trop longue l'empêtre.*) ; empêtré **dans** qqch. ; s'~ **dans** qqch. (*dans des vêtements trop grands, dans des explications*).

EMPIÉTER ; ~ **sur** qqch. (*sur le terrain de quelqu'un, sur les droits de quelqu'un*).

EMPIFFRER (S') ; s' ~ **de** qqch. (*de gâteaux*).

EMPLIR qqch. ; ~ qqch. **de** qqch. (*Le jasmin emplissait la pièce de sa douce odeur.*)

EMPLOYER qqn ou qqch. (*Employer sa cousine comme secrétaire. Mal employer son temps.*) ; ~ qqch. **à** qqch. (*Employer ses économies à l'achat d'une moto, toutes ses énergies à une tâche.*) ; ~ qqn ou qqch. **à** + inf. (*Elle a employé toute la matinée à naviguer sur Internet.*) ; ~ qqch. **pour** + inf. (*Il a employé tous les moyens pour me convaincre.*) ; s'~ **à** qqch. [s'appliquer à] (*Ils se sont employés à la recherche d'une solution.*) ; s'~ **à** + inf. (*Ils s'emploient depuis des mois à trouver des fonds.*)

EMPORTER qqch. ; l'~ [gagner] (*Le coureur français l'a emporté haut la main.*) ; l'~ **par** (*Cette équipe l'a emporté par quatre buts à un.*) ; l'~ **sur** qqn ou qqch. [avoir la supériorité] (*Le débat télévisé a permis à ce candidat de l'emporter sur son rival.*)

EMPRESSÉ ; ~ **auprès de** qqn (*Il fait l'empressé auprès de son supérieur.*) ; ~ **à** + inf. (*Il ne se montre guère empressé à nous prêter son concours.*)

EMPRESSER (S') auprès de qqn [montrer du zèle] (*auprès des jolies femmes*) ; s'~ **à** + inf. (*Il s'empressait à combler ses moindres désirs.*) ; s'~ **de** + inf. [se hâter] (*S'empresser de répondre à une lettre.*) ; [sujet : personnes] s'~ **autour de** qqn (*Les passants s'empressèrent autour de la victime.*)

EMPRUNTER ; ~ qqch. ; ~ qqch. **à** qqn ou qqch. (*Elle a emprunté 10 $ à son frère. J'emprunte ces données au dernier rapport.*)

ÉNAMOURER (S') de qqn ; énamouré **de** qqn.

ENCADRER qqn ou qqch. ; encadré ; encadré **de** qqch. (*Un visage encadré de cheveux noirs.*)

ENCEINTE de (*trois mois*) ; ~ **de** qqn (*Elle est enceinte d'un deuxième enfant. Elle est enceinte d'un autre que son mari.*)

ENCHANTÉ ; ~ **de** qqch. ; ~ **de** + inf.

ENCHÂSSER qqch. **dans** qqch. (*des pierres précieuses dans une tiare*).

ENCHÉRIR sur qqn [faire une enchère plus élevée] (*Il a enchéri sur moi dans trois cas.*) ; ~ **sur** qqch. [aller au-delà de ce qui a été dit ou fait] (*sur un prix, une offre*).

ENCHEVÊTRER des choses [emmêler] ; s'~ ; s'~ **dans** qqch. (*dans les branchages, dans ses idées*).

ENCLAVER qqch. (*Le parc national enclave une route.*) ▼ Un territoire, un terrain, un pays en enclave un autre ; enclavé **dans** qqch. (*Une ville enclavée dans un pays voisin.*) ; enclavé **entre** des choses (*Un verger enclavé entre des champs, entre un bois et une vigne.*) ; s'~ **dans** qqch. (*Ce terrain s'enclave dans le domaine de mon voisin.*)

ENCLIN à qqch. (*à la paresse, à la pitié*) ; ~ **à** + inf. (*Il est enclin à remettre à plus tard ce qu'il doit faire.*)

ENCOMBRER qqn ou qqch. ; ~ qqn ou qqch. **avec** ou **de** qqch. ; s'~ **de** qqn ou qqch. (*d'enfants, de bagages, de scrupules*).

ENCOURAGER qqn ou qqch. ; ~ qqn **à** qqch. (*à la patience*) ; ~ qqn **de** qqch.

(*d'un sourire*) ; ~ qqn **à** + inf. (*à persévérer*).

ENCROÛTER qqch. ; encroûté **dans** qqch. (*dans ses habitudes, dans ses préjugés*) ; s'~ ; s'~ **dans** qqch. (*dans sa routine*).

ENDUIRE qqch. ; ~ qqch. **de** qqch. (*un moule de beurre*) ; s'~ qqch. **de** qqch. (*le corps de crème hydratante*) ; s'~ **de** qqch. (*de crème solaire*).

ENDURCIR qqn ; ~ qqn **à** qqch. ; endurci ; endurci **à** qqch. (*au froid*) ; s'~ (*Son cœur s'est endurci.*)

ENFERRER (S') dans qqch. (*dans ses raisonnements*).

ENFILER qqch. [mettre sur soi] ; ~ qqch. [s'engager dans] (*Il enfila un long tunnel.*) ; ~ qqch. **dans** qqch. [engager dans] (*un furet de dégorgement dans un tuyau*) ; ~ qqch. [mettre sur un fil] (*des perles*) ; ~ qqch. **sur** qqch. (*des anneaux sur une tringle*).

ENFLAMMER qqch. ; s' ~ ; s'~ **pour** qqch. (*pour une cause, une idée*).

ENFLER ; enflé ; [fig.] enflé **de** qqch. (*d'orgueil*).

ENFONCER qqch. ; ~ qqch. ou qqn **dans** qqch. (*Enfoncer un clou dans un mur. Le chagrin l'a enfoncé dans la neurasthénie.*) ; s'~ ; s' ~ qqch. **dans** qqch. (*S'enfoncer un clou dans le pied.*) ; s'~ **dans** qqch. (*dans la vase, dans les idées sombres*).

ENFUIR (S') ; s'~ **à** (*Paris*), **chez** (*sa mère*), **dans** (*un autre pays*) ; s'~ **de** (*la maison*) ; s'~ **en** (*bateau*) ; s'~ **par** (*le toit*).

ENGAGER qqn ou qqch. (*un employé, une discussion, des dépenses*) ; ~ qqch. **dans** qqch. (*la clé dans la serrure, des fonds dans une aventure*) ; ~ qqn **dans** qqch. (*un collègue dans une affaire*) ; ~ qqn **à** qqch. [exhorter] (*à la patience*) ; ~ qqn **à** + inf. (*Il l'a engagé à restreindre les dépenses.*) ; s'~ [commencer] (*La discussion s'engage mal.*) ; s'~ **dans** qqch. [entrer] (*dans un tunnel, dans une nouvelle aventure*) ; s'~ **envers** qqn [promettre] ; s'~ **à** + inf.

ENGLOBER qqn ou qqch. (*Ce total englobe toutes les personnes inscrites. À cette époque, la carte de*

la France n'englobait pas l'Alsace. Cet ouvrage englobe tous les sujets d'actualité.) ; ~ qqn ou qqch. **dans** qqch., **parmi** des personnes ou des choses. (*On a englobé ce peintre dans le mouvement surréaliste. J'ai englobé mes collègues parmi mes amis. J'ai englobé ce voyage parmi mes meilleurs souvenirs.*)

ENGLOUTIR qqch. ; ~ qqch. **dans** qqch. (*sa fortune dans une entreprise à risque*) ; englouti **dans** qqch. ; s'~ ; s'~ **dans** qqch. (*dans la mer*).

ENGONCER ; engoncé ; engoncé **dans** qqch. (*dans son manteau*).

ENGOUER (S') de ou **pour** qqn ou qqch. (*d'un nouveau romancier, pour une nouvelle mode*) ; ▼ Mais on dit : Avoir un engouement **pour** un artiste.

ENGOUFFRER qqch. (*des pâtisseries*) ; ~ qqch. **dans** qqch. (*Il a engouffré des millions dans cette entreprise.*) ; [sujet : personne ou chose] s'~ **dans** qqch. (*dans une station de métro*).

ENGUIRLANDER qqch. ; enguirlandé ; enguirlandé **de** qqch. (*Colonne enguirlandée de pampre.*)

ENHARDIR qqn (*Son succès l'a enhardi.*) ; ~ qqn **à** + inf. (*Ce premier congé obtenu l'a enhardi à en demander un second.*) ; s'~ ; s'~ **jusqu'à** + inf. (*jusqu'à demander une augmentation de salaire*).

ENIVRER (*Une boisson qui enivre.*) ; ~ qqn ; ~ qqn **avec** qqch. (*avec du champagne*) ; enivré **par** qqch. (*par un vin, un parfum*) ; s'~ ; s'~ **avec** qqch. (*avec du champagne*) ; [fig.] ~ qqn (*Ces éloges l'ont enivré.*) ; ~ qqn **de** qqch. (*Cette nouvelle m'enivra de joie.*) ; enivré **de** qqch. (*de bonheur*) ; enivré **par** qqch. (*par son succès*) ; s'~ **de** qqch. (*Il s'enivre de ses succès.*)

ENJOINDRE à qqn **de** + inf. (*Il lui a enjoint de quitter les lieux.*)

ENJOLIVER qqch. (*une robe, un récit*) ; ~ qqch. **de** qqch. (*Enjoliver sa robe d'un foulard de soie.*) ; s'~ ; s'~ **avec** qqch. (*Elle s'enjolivait avec des fards.*) ; [fig.]

s'~ **de** qqch. (*Les balcons s'enjolivaient de fleurs.*)

ENLEVER qqn ou qqch. ; ~ qqn ou qqch. **à** qqn ou qqch. (*Enlever ses enfants à une mère. Un peu de sucre enlève aux tomates leur acidité.*) ; ~ qqch. **de** qqch. (*Enlever un meuble d'une pièce. Enlever une statue de son piédestal.*)

ENNUYER qqn [lasser] (*La télévision m'ennuie.*) ; ~ qqn **avec** qqch. (*Elle m'ennuie avec ses jérémiades.*) ; s'~ ; s'~ **de** qqch. (*Elle s'ennuie de tout.*) ; s'~ **à** + inf. (*Je m'ennuie à toujours faire le même travail.*) ; [vieilli] s'~ **de** qqn ou qqch. [souffrir de l'absence de].

ENORGUEILLIR (*Réussite qui enorgueillit.*) ; s'~ **de** qqch. (*de ses succès*) ; s'~ **de** + inf. (*d'avoir décroché le premier prix*).

ENQUÉRIR (S') de qqch. (*de la santé d'un ami*) ; s'~ **de** qqch. **auprès de** qqn (*Il s'est enquis de sa santé auprès d'un ami.*) ; s'~ **de** qqn [prendre des nouvelles] (*Elles se sont enquises de vous.*) ; ▼ Le verbe suivant la conj. **si** se construit avec l'ind. (*Je dois m'enquérir s'ils ont bien reçu mes instructions.*)

ENQUÊTER ; ~ **pour** qqn (*pour le directeur d'une entreprise, pour* Le Soleil) ; ~ **sur** qqn ou qqch. (*La police enquête sur cet individu, sur un scandale.*)

ENRAGER ; ~ **de** + inf. (*de devoir attendre*) ; [sujet : chose] ~ qqn (*Son attitude m'enrage.*)

ENRICHIR qqn ou qqch. ; ~ qqch. **de** qqch. (*Il a enrichi sa collection de deux timbres rares.*) ; ~ qqch. **par** qqch. (*une terre par des engrais, une langue par des néologismes*) ; s'~ ; s'~ **de** qqch. (*La langue s'enrichit de néologismes.*)

ENROBER qqch. **dans** ou **de** qqch. (*Enrober des truffes dans du cacao. Enrober ses critiques de paroles lénifiantes.*)

ENRÔLER qqn ; ~ qqn **dans** qqch. (*dans un parti, un groupe*) ; s'~ ; s'~ **dans** qqch. (*dans un parti*).

ENROULER qqch. **autour de**, **sur** qqch. (*autour du cou, sur une bobine*) ; ~ qqn **dans** qqch. (*dans une couverture*) ; s'~ **autour**

de, **dans** qqch. (*Boa qui s'enroule autour d'une branche. S'enrouler dans une couverture.*)

ENSEIGNER (*Enseigner à l'université.*); ~ qqch. (*la géographie*); ~ qqch. **à** qqn (*C'est moi qui lui ai enseigné la géographie.*); ~ **à** + inf. (*Le malheur enseigne à profiter des bons moments.*); ~ **à** qqn **à** + inf. (*Il m'a enseigné à toujours faire mieux. Cet incident lui a enseigné à être plus prudent.*); ▾ Le verbe suivant la conj. **que** se construit avec l'ind. (*L'expérience nous enseigne que la patience vient à bout de tout.*); [sujet : chose] enseigné **par** qqn (*Ces matières sont enseignées par des spécialistes.*); s'~ (*La physique s'enseigne.*); s'~ **à** qqn (*Le partage s'enseigne aux enfants.*); ⊖ Éviter : Enseigner qqn [vieilli].

ENTACHER qqch. ; entaché ; entaché **de** qqch. (*Élection entachée de fraude.*)

ENTENDRE ; ~ qqn ou qqch. ; ~ qqch. **de** qqn ou ~ dire qqch. **par** qqn (*Je l'ai entendu d'un collègue. Je l'ai entendu dire par un collègue.*); ▾ Le verbe suivant la conj. **que** se construit avec l'ind. ou le cond. (*J'ai entendu d'un ami qu'un poste était vacant. J'ai entendu dire par un ami que ce poste serait vacant d'ici peu.*); ~ + inf. [vouloir] (*J'entends être obéi.*); ▾ Le verbe suivant la conj. **que** se construit avec le subj. (*J'entends qu'on m'obéisse.*); s'~ [se mettre d'accord] ; s'~ **avec** qqn (*Il s'est entendu avec son client pour le règlement de la facture.*); s'~ **avec** qqn **sur** qqch. ; s'~ **sur** qqch. (*Ils s'entendent sur ce point.*); s'~ **avec** qqn **pour** + inf. (*Il s'est entendu avec son concurrent pour régler ce conflit à l'amiable.*); s'~ **pour** + inf. (*Ils se sont entendus pour partir demain.*); s'y entendre **pour** + inf. [être habile] (*Il s'y entend pour maintenir l'ordre.*)

ENTÊTER (S') dans qqch. (*dans son refus, dans son erreur, dans ses opinions*); s'~ **à** + inf. (*à vouloir partir*).

ENTHOUSIASMER qqn (*Votre idée m'enthousiasme.*);

s'~ ; s'~ **pour** qqn ou qqch. (*Il s'enthousiasme pour tout ce qu'il entreprend.*)

ENTICHER (S') de qqn (*de sa coéquipière*) ; entiché **de** qqch. (*de sport, de politique*).

ENTOURÉ de qqn ou qqch. (*Être entouré d'ennemis. Une femme entourée de prévenances.*) ; ~ [soutenu] (*Elle était très entourée.*)

ENTOURER qqn ou qqch. [ceindre] (*La police entoura les manifestants. Une épaisse forêt entourait le lac.*) ; ~ qqn ou qqch. **de** personnes ou **de** qqch. (*Entourer l'immeuble d'un cordon de policiers. On a entouré la piscine d'une clôture de deux mètres.*) ; entouré **de**, **par** des personnes ou qqch. (*Il est entouré de gens peu sympathiques. Des manifestants entourés par la police. Jardin entouré de haies.*) ; s'~ **de** personnes ou **de** qqch. (*de gens intéressants, de tout le confort moderne*).

ENTRAÎNER qqch. [avoir pour conséquence] (*La hausse du prix du pétrole a entraîné celle du coût de la vie.*) ; ~ qqn [faire acquérir la pratique de] ; ~ qqn **à** qqch. (*des recrues au maniement des armes*) ; s'~ [faire l'apprentissage] ; s'~ **à** qqch. (*à la course*) ; s'~ **à** + inf. (*à parler distinctement*) ; ~ qqn **à** qqch. [pousser] (*Entraîner quelqu'un au jeu, à de grandes dépenses.*) ; ~ qqn **dans** qqch. (*dans une affaire louche*) ; ~ qqn **à** + inf. (*Je l'ai entraîné à suivre un cours.*)

ENTRECOUPER qqch. **de** qqch. (*sa récitation de longs silences*) ; entrecoupé ; entrecoupé **de** qqch. (*Voix entrecoupée de sanglots.*)

ENTRELARDER qqch. (*une volaille*) ; [fig.] ~ qqch. **de** qqch. (*son discours de statistiques*).

ENTREMÊLER des choses (*des fruits secs et des fruits frais*) ; s'~ **dans** qqch. (*Tous ses souvenirs s'entremêlent dans sa tête.*) ; ~ qqch. **de** qqch. [insérer] (*Entremêler son discours de citations latines.*) ; entremêlé **de** qqch. (*Récit entremêlé de sanglots.*)

ENTREMETTRE (S') pour qqn **auprès de** qqn (*Ce fonctionnaire va-t-il

s'entremettre pour son ami auprès du ministre ?) ; s'~ **dans** qqch. [s'ingérer] (*Il s'entremet dans les querelles de famille.*)

ENTREPRENDRE qqch. ; ~ **de** + inf. ; ~ qqn [essayer de convaincre ou de séduire] ; ~ qqn **sur** un sujet [commencer à lui parler d'un sujet] (*Quand il vous entreprend sur le sujet qui lui tient à cœur, vous en avez pour une heure.*)

ENTRER **dans** qqch. (*dans un magasin*) ; ~ **en** qqch. (*en scène, en transe, en convalescence, en ébullition, en fermentation, en action, en religion, en guerre, en vigueur, en service, en fonction, en possession de quelque chose, en concurrence avec quelqu'un, en compétition, en rapport avec quelqu'un, en relation avec quelqu'un, en communication, en conversation, en politique*) ; ~ qqch. **dans** qqch. (*la clé dans la serrure*) ; [fig.] ~ **dans** qqch. [partager] (*Entrer dans les vues, les idées, les sentiments, les combines de quelqu'un.*)

ENTRETENIR qqn ou qqch. [maintenir] (*une famille, un feu*) ; ~ qqn **dans** qqch. (*dans une idée, dans une erreur, dans son désir de vengeance*) ; [sujet : personne] s'~ **de** qqch. (*Elle s'entretient d'espoirs chimériques.*) ; [sujet : chose] s'~ **par** qqch. (*L'amitié s'entretient par de petits gestes.*) ; [sujet : personne] ~ qqn **de** qqch. [parler] (*Il aime m'entretenir de ses problèmes.*) ; s'~ [converser] (*S'entretenir par Internet.*) ; s'~ **avec** qqn (*Je l'ai vue s'entretenir avec le maire.*)

ENVELOPPER qqn ou qqch. ; ~ qqn ou qqch. **dans** qqch. (*Envelopper un cadeau dans du beau papier, un enfant dans une courtepointe.*) ; [fig.] ~ qqn ou qqch. **de** qqch. (*Envelopper quelqu'un de sa sollicitude. Envelopper un récit de mystère.*) ; [fig. ou non] s'~ **dans**, **de** qqch. (*S'envelopper dans le silence. S'envelopper de mystère.*)

ENVIER qqn ou qqch. (*Il envie son collègue. Elle envie son ardeur au travail.*) ;

~ qqch. **à** qqn (*Je lui envie son insouciance.*)

ENVIEUX ; ~ **de** qqn ou qqch. (*Envieux du bonheur des autres.*)

ENVIRONNER qqn ou qqch. (*Tous ceux qui environnent le président. La campagne qui environne le manoir.*) ; environné **de** personnes ou **de** choses (*Artiste environné d'admiratrices. Maison environnée de fleurs.*) ; s'~ **de** personnes ou **de** choses (*d'intellectuels, d'objets d'art*).

ENVISAGER qqch. (*Envisager des réparations. Envisager un problème sous tous ses angles.*) ; ~ **de** + inf. (*de léguer ses biens à une œuvre de bienfaisance*).

ENVOYER qqn ou qqch. ; ~ qqch. **à** qqn (*Il m'a envoyé un paquet.*) ; ~ qqn **à** ou **chez** qqn (*Le médecin l'a envoyé à un spécialiste* ou *chez un spécialiste.*) ; ~ qqn **à** (*New York*), **dans** (*la cuisine*), **en** (*province, mission*), **sur** (*le toit*) ; ~ qqch. **par** qqch. (*par avion*).

ÉPARGNER qqn ou qqch. (*un ennemi, la susceptibilité d'un ami*) ; ~ [ne pas dépenser] ; ~ **sur** qqch. (*sur les loisirs*) ; ~ qqch. (*sa peine, ses forces*) ; ~ qqch. **à** qqn [éviter] (*Il veut lui épargner ce surcroît de travail.*) ; s'~ qqch. (*des soucis, des efforts*).

ÉPILOGUER ; ~ **sur** qqch.

ÉPOUMONER (S') ; s'~ **à** + inf. (*Il s'époumone à nier les faits.*)

ÉPRENDRE (S') de qqn ; s'~ **de** qqch. **pour** qqn ou qqch. (*Il s'éprit pour elle d'une grande passion. S'éprendre d'un grand amour pour la justice.*)

ÉPRIS de qqn ; ~ **de** qqch. (*de liberté, de son métier*).

ÉPROUVÉ ; ~ **par** qqch. (*Un homme éprouvé par la maladie. Une région éprouvée par la crise économique.*)

ÉPUISER qqn ou qqch. ; s'~ ; s'~ **à** qqch. (*à la tâche*) ; s'~ **en** qqch. (*en efforts inutiles*) ; s'~ **à** + inf. (*à tout vouloir faire soi-même.*)

ÉQUIDISTANT de qqch. (*Ces villes sont équidistantes de Montréal.*)

ÉQUIPER qqn ou qqch. ; ~ qqn ou qqch. **de** qqch. (*une école d'ordinateurs*) ; ~ qqn ou qqch. **pour** qqch. (*Il l'a équipé pour

la plongée sous-marine.); équipé; équipé **de** qqch. (*Il est parti équipé de son matériel d'alpiniste. Une école équipée d'ordinateurs. Un pays équipé d'un réseau ferroviaire.*); équipé **pour** qqch. (*Pierre est équipé pour la chasse. Un hôpital équipé pour les soins aux grands brûlés.*); équipé **pour** + inf. (*Jean est équipé pour prendre des photos sous-marines. Un hôtel équipé pour accueillir des congrès.*); s'~; s'~ **contre** qqch. (*contre le froid*); s'~ **de** qqch. (*d'un ordinateur*); s'~ **pour** qqch. (*pour le ski*).

ÉQUIVALENT (*deux parts équivalentes*); ~ **à** qqch. (*Une indemnité équivalente à une perte. Le prix de vente est équivalent au prix de revient.*)

ÉQUIVALOIR à qqch. (*Votre réponse équivaut à un refus. Le* statu quo *salarial équivalant à une perte en période d'inflation, le syndicat a proposé la grève.*); s'~ (*Ces deux choses s'équivalent.*)

ÉRADIQUER qqch. **dans** qqch. (*une maladie épidémique dans une région*).

ÉREINTER qqn [épuiser] (*Ce travail l'éreinte.*); s'~; s'~ **à** + inf. (*Elle s'éreinte à désherber son jardin. Je m'éreinte à vous le répéter!*)

ÉRIGER qqch. [construire]; ~ qqn ou qqch. **en** qqn ou qqch. [élever au rang de] (*Ériger un pirate informatique en héros. Ériger en culte la mémoire d'une vedette.*); s'~ **en** (*juge*).

ESCLAVE de qqch. (*Il est esclave de ses habitudes.*)

ESCRIMER (S') sur qqch. (*Un élève qui s'escrime sur sa composition française.*); s'~ **à** + inf. (*à faire démarrer sa moto*).

ESCROQUER qqn; ~ qqch. **à** qqn.

ESPÉRER; ~ **en** qqch. (*en l'avenir, en des temps meilleurs*); ~ qqn ou qqch. [attendre ou prévoir, envisager] (*On ne vous espérait plus! Peut-on espérer d'ici peu une reprise de l'activité économique?*); ~ qqch. **de** qqn (*Je n'espère de lui aucune idée constructive.*);

~ + inf. (*Il espère partir demain.*) ; ▾ Le verbe suivant la conj. **que** se construit avec le futur et non le subj. sauf à la forme négative où il est possible (*J'espère qu'il comprendra. Je n'espère pas qu'il comprendra* ou *qu'il comprenne.*)

ESSAYER qqn ou qqch. (*un nouveau cordonnier, un produit, une robe*) ; ~ **de** + inf. (*d'améliorer ses connaissances*) ; s'~ **à** qqch. (*à la planche à voile*) ; s'~ **à** + inf. (*à traduire un poème*).

ESSENTIEL ; ~ **à** qqn ou qqch. [vital] (*L'amour est essentiel au bonheur.*) ; ~ **pour** qqch. [obligatoire] (*Ce certificat est essentiel pour votre inscription.*)

ESSOUFFLER qqn ; s'~ ; s'~ **à force de** + inf. (*à force de crier*) ; [fig.] s'~ **à** + inf. (*à toujours répéter la même chose*).

ESTIMER qqch. [donner un prix, une valeur] ; ~ qqch. **à** sa juste valeur, **au-dessus**, **au-dessous** de sa valeur ; ~ qqn [respecter] ; estimé (*C'est un auteur très estimé.*) ; estimé **de** qqn (*Il est estimé de ses collègues.*) ; ~ + inf. [considérer] (*J'estime avoir fini mon devoir.*) ; ▾ Le verbe suivant la conj. **que** se construit avec l'ind. (*S'il estime que la chose est possible, je suis d'accord.*) ; s'~ + attribut [se juger] (*Je m'estime heureuse d'être sortie indemne de cet accident.*)

ÉTINCELANT ; ~ **de** qqch. (*de blancheur*).

ÉTONNER ; ~ **par** qqch. (*Elle étonne par sa candeur.*) ; ~ qqn ; ~ qqn **par** qqch. (*Cet enfant étonnait son entourage par sa précocité.*) ; étonné ; étonné **de** ou **par** qqch. (*Je suis étonné de* ou *par son absence.*) ; étonné **de** + inf. (*Il a été étonné d'apprendre que vous étiez parti.*) ; ▾ Le part. passé suivi de la conj. **que** demande le subj. (*Je suis étonné qu'il soit en retard.*) et suivi de la conj. **si** demande l'ind. (*Ne soyez pas étonné si ce projet tombe à l'eau.*) ; s'~ **de** qqch. (*Je ne m'étonne plus de rien.*) ; s'~ **de** + inf. (*S'étonner d'être obligé de s'expliquer.*) ; ▾ Le verbe suivant la conj. **que** se construit avec le subj. (*Je*

m'étonne qu'il ne soit pas à l'heure.)

ÉTOURDIR qqn ou qqch. (*Cela étourdit l'esprit.*) ; ~ qqn **de** qqch. (*d'un coup de poing*) ; étourdi ; étourdi **de** qqch. (*de gloire*) ; étourdi **de** + inf. passé (*d'avoir dansé trop longtemps*) ; s'~ ; s'~ **de** qqch. (*de paroles*) ; s'~ **en** + part. prés. (*en menant joyeuse vie*).

ÉTRANGER ; ~ **à** qqn ou qqch. (*La notion du bien et du mal lui est étrangère. Être étranger à la compassion, à une affaire.*)

ÊTRE ; ~ **à** qqn ou qqch. (*Ce livre est à moi.*) ; ~ **contre**, **pour** qqch. (*Je suis contre l'installation d'un nouveau casino.*) ; ~ **dans** qqch. (*dans les affaires, dans la finance*) ; ~ **de** (*Je ne suis pas de Montréal.*) ; ~ **de** (*Je suis de ceux pour qui la qualité de la vie est essentielle. Il est des nôtres.*) ; ~ **à** + inf. (*Voici notre dernière offre, c'est à prendre ou à laisser. Il a soulevé une question qui sera à discuter. Cette maison est à vendre.*) ; ~ **en train de** + inf. (*Elle est en train de dépouiller son courrier.*) ; ~ **sur le point de** + inf. (*Je suis sur le point de partir.*) ; en ~ **à** qqch. (*à la moitié du chemin*) ; en ~ **de** qqch. (*de sa poche*) ; en ~ **pour** qqch. (*pour sa peine, pour son argent*) ; en ~ **à** + inf. (*J'en suis à ne plus savoir quoi faire.*) ; c'est **à** qqn **de** + inf. (*C'est à elle de décider.*) ; [sujet : personne] ~ **à** + inf. [en train de] (*Il était toujours là à l'attendre. Elle est toujours à se plaindre.*)

ÉVACUER qqn ou qqch. (*tous les réfugiés, l'eau des tuyaux*) ; ~ qqn ou qqch. **à** (*On a évacué les habitants à la ville voisine.*) ; ~ qqn ou qqch. **de** qqch. (*la population d'une région sinistrée, l'eau d'un réservoir*).

ÉVADER (S') ; s'~ **de** qqch. (*de prison*) ; s'~ **par** qqch. (*par la fenêtre*) ; [fig.] s'~ **de** qqch. **par** qqch. (*S'évader par le sport de ses tracas journaliers.*) ; s'~ **par** qqch. (*Elle s'évade par le rêve.*)

ÉVALUER qqch. ; ~ qqch. **à** (*On évalue son chiffre d'affaires à environ un million de dollars. On évalue cette distance à 100 km.*) ; évalué

à (*Les dégâts sont évalués à plus de 150 000 $.*)

ÉVANOUIR (S') ; s'~ **de** qqch. (*d'émotion, d'épuisement*).

ÉVERTUER (S') à + inf. (*Elle s'évertue à lui faire plaisir.*)

ÉVINCER qqn ; ~ qqn **de** qqch. (*d'un poste, d'une liste de candidats*).

ÉVITER qqn ou qqch. (*Éviter un importun. Tâchez d'éviter les ennuis.*) ; ~ qqch. **à** qqn (*Je voudrais lui éviter cette fatigue. Cette précaution lui évitera des ennuis.*) ; ~ **à** qqn **de** + inf. (*Elle m'a évité de faire la même erreur.*) ; ~ **de** + inf. (*J'éviterai de faire la même erreur.*) ; ▾ Le verbe suivant la conj. **que** se construit avec le subj. (*Évitez qu'il lui en parle* ou *évitez qu'il ne lui en parle.*) ; s'~ qqch. (*des tracas*) ; s'~ [sens passif] (*La faillite pourrait s'éviter.*)

EXACT ; [personne] ~ [ponctuel] ; ~ **à** qqch. (*au rendez-vous*).

EXCÉDER qqn [agacer] ; excédé ; excédé **par** qqch. (*Je suis excédé par ces jérémiades.*)

EXCELLER (*Il excelle dans son domaine.*) ; ~ **à** qqch. (*au bridge*) ; ~ **en** qqch. (*en mathématiques*) ; ~ **à** + inf. (*Il excelle à improviser des excuses.*)

EXCITER ; ~ qqn ou qqch. (*L'idée de ce voyage m'excite. Exciter la foule. Exciter l'appétit, l'admiration.*) ; ~ qqn **à** qqch. (*la foule à la révolte*) ; ~ qqn **contre** qqn (*Il excitait ses camarades contre le professeur.*) ; ~ qqn **par** qqch. (*par son charme, ses caresses*) ; excité **par** qqch. ; excité **à** l'idée de + inf. (*Il est excité à l'idée de la revoir.*) ; s'~ (*Tu n'as pas besoin de t'exciter.*) ; s'~ **sur** qqch. (*sur un projet*).

EXCLURE qqn ou qqch. ; ~ qqn ou qqch. **de** qqch. ; s'~ (*La beauté et l'intelligence ne s'excluent pas.*) ; [sujet : personne] s'~ **de** qqch. (*Il fait tout pour s'exclure de son milieu.*) ; s'~ **par** qqch. (*par son comportement*).

EXCLUSIF ; ~ **de** qqch. (*Présenter un produit sous une forme exclusive de toute imitation.*)

EXCUSABLE (*Il est excusable vu les circonstances. C'est*

une faute excusable.); [personne] ~ **de** + inf. (*d'avoir oublié un détail sans importance*).

EXCUSER qqn ou qqch. ; ~ qqn **de** qqch. (*de son absence*) ; ~ qqn **de** + inf. (*Excusez-moi de ne pas vous avoir prévenu à temps.*) ; s'~ ; s'~ **auprès de** qqn ; s'~ **de** qqch. (*d'un oubli*) ; s'~ **auprès de** qqn **de** + inf. (*Il s'est excusé auprès de ses amis de devoir remettre ce voyage. Il s'est excusé auprès de ses collègues de ne pas avoir prévu ce contretemps.*) ; s'~ **de** + inf. (*Elle s'est excusée d'avoir oublié leur rendez-vous.*)

EXEMPT de qqch. (*Être exempt du service militaire. Un homme exempt de toute mesquinerie. Une vie exempte de soucis. Un produit exempt de droits de douane.*)

EXEMPTER qqn ou qqch. **de** qqch. (*Exempter quelqu'un d'une obligation, d'impôts.*) ; s'~ **de** qqch. (*d'une corvée*).

EXERCER qqch. (*la médecine, des fonctions, son autorité*) ; ~ qqch. **contre** qqn ou qqch. (*Exercer sa méchanceté contre quelqu'un.*) ; ~ qqch. **sur** qqn ou qqch. (*Exercer un contrôle sur la presse, une influence sur les décisions.*) ; ~ qqn ou qqch. **à** + inf. (*Exercer les patineurs à synchroniser leurs mouvements. Exercer sa mémoire à retenir les noms.*) ; s'~ (*Athlète qui s'exerce.*) ; s'~ **à** qqch. (*au piano*) ; s'~ **à** + inf. (*à jouer du piano*) ; s'~ **contre**, **dans**, **sur** qqn ou qqch. [se faire sentir] (*Le ressentiment des travailleurs s'est exercé contre leur employeur. Son influence s'exerce dans bien des domaines. Sa rage s'exerçait alors sur son entourage.*)

EXHORTER qqn **à** qqch. (*au calme*) ; ~ qqn **à** + inf. (*Elle l'a exhorté à oublier ses ressentiments. Cet accident devrait l'exhorter à respecter les consignes.*)

EXIGEANT (*Un supérieur exigeant. Un travail exigeant.*) ; [personne] ~ **à l'égard de** ou **envers** qqn (*Il est exigeant envers ses employés.*) ; ~ **sur** qqch. (*sur la ponctualité*).

EXIGER qqch. *Ces responsabilités exigent une certaine*

compétence.) ; ~ qqch. **de** qqn (*Cela exige beaucoup d'abnégation de sa part.*) ; ~ **de** + inf. (*Ce client exige d'être remboursé.*) ; ▾ Le verbe suivant la conj. **que** se construit avec le subj. (*Ils ont exigé qu'elle parte immédiatement.*)

EXONÉRER qqch. [ne pas taxer] (*Exonérer certains revenus, certaines marchandises.*) ; ~ qqch. **de** qqch. (*Exonérer des produits de taxes.*) ; ~ qqn **de** qqch. [relever de ses obligations financières] (*Exonérer quelqu'un d'impôts.*) ; [vieilli] ~ qqn **de** qqch. [libérer] (*de ses obligations*).

EXPÉDIER qqch. **à** qqn [envoyer] (*J'expédierai dès demain ce colis à mon client.*) ; ~ qqch. **à** (*New York*), **en** (*Afrique*) ; ~ qqch. **en** (*recommandé*), **par** (*le train, la poste, avion, camion*) ; ~ qqn [se débarrasser de] ; ~ qqn **à**, **dans** (*Expédier un enfant à, dans sa chambre.*)

EXPÉRIMENTÉ ; ~ **dans** ou **en** qqch. (*dans la politique, en politique*).

EXPERT ; ~ **dans** qqch. (*Il est expert dans le domaine de la fibre optique. Elle est experte dans l'art de travestir la réalité.*) ; ~ **en** qqch. (*Technicien expert en micro-informatique. Il est expert en la matière.*)

EXPLIQUER ; ~ qqch. ; ~ qqch. **à** qqn ; ▾ Le verbe suivant la conj. **que** se construit avec l'ind. (*Il faut lui expliquer que c'est possible.*) ; [sujet : chose] s'~ (*Ce phénomène s'explique.*) ; s'~ **par** qqch. (*Cette négligence s'explique par la fatigue.*) ; [sujet : personne] s'~ qqch. (*Je ne m'explique pas son refus. Je ne m'explique pas comment cela a pu se produire.*) ; s'~ **avec** qqn [se justifier] (*Je me suis expliquée avec la directrice.*) ; s'~ **sur** qqch. [donner une explication] (*Il s'est expliqué sur son comportement.*) ; ▾ Le verbe suivant la conj. **que** se construit avec le subj. [comprendre la raison] (*Je m'explique maintenant qu'elle n'ait rien entendu.*)

EXPOSER qqch. (*Exposer ses tableaux dans une galerie. Exposer les faits en détail.*) ; s'~ qqch. (*Ils se sont exposé leurs plans d'action.*) ; ~ qqch. **à**

qqch. [orienter] (*Exposer un immeuble au sud. Exposer son dos au soleil.*) ; ~ qqn ou qqch. [mettre en péril] (*la vie des soldats, sa réputation*) ; ~ qqn ou qqch. **à** qqch. (*au danger, aux intempéries*) ; s'~ ; s'~ **à** qqch. (*au danger, aux critiques, à un refus*).

EXPRIMER qqch. ; ~ qqch. **à** qqn ; s'~ ; s'~ **par** qqch. (*Ne pouvant se comprendre, ils s'exprimaient par gestes. L'orgueil s'exprime souvent par le mépris des autres.*)

EXPULSER qqn ; ~ qqn **de** qqch. (*d'un appartement*).

EXTASIER (S') ; s'~ **sur** qqch. (*sur la beauté des lieux*).

EXTÉNUER qqn (*Ce travail l'a exténué.*) ; exténué ; exténué **de** qqch. (*Exténué de fatigue.*) ; exténué **par** qqch. (*par une longue marche, par son genre de vie*) ▼ *Exténué de* marque l'état, tandis que *exténué par* marque la cause ; [sujet : personne] s'~ ; s'~ **à** + inf. (*à mener de front plusieurs affaires*).

EXTÉRIEUR ; ~ **à** qqch. (*Ce sont là des considérations extérieures au sujet qui nous intéresse.*)

EXTIRPER qqch. ; ~ qqch. **à** qqn (*On a du mal à lui extirper des renseignements.*) ; ~ qqn ou qqch. **de** qqn ou qqch. (*Extirper un adolescent de son lit. Extirper les mauvaises herbes d'une plate-bande. On a du mal à lui extirper la vérité.*) ; s'~ **de** qqch. (*d'une pile de coussins*).

EXTORQUER qqch. ; ~ qqch. **à** qqn (*Extorquer de l'argent à un client. On a fini par lui extorquer la vérité.*)

EXTRADER qqn ; ~ qqn **vers** (*le pays requérant*).

EXTRAIRE qqch. (*une dent*) ; ~ qqch. **à** qqn (*On lui a extrait une balle de la jambe.*) ; ~ qqn ou qqch. **de** qqch. (*Extraire les blessés des décombres. Extraire un passage d'un texte.*) ; s'~ **de** qqch. (*de sa lecture*).

EXULTER ; ~ **de** + inf. (*de voir ses prévisions se réaliser*).

F

FABRIQUER qqch. ; ~ qqch. **avec** qqch. (*Fabriquer un abri avec des planches.*)

FÂCHÉ [navré]; ~ **de** qqch. (*de ce contretemps*) ; ~ **de** + inf. (*de ne pas pouvoir partir plus tôt*) ; ▾ L'adj. suivi de la conj. **que** demande le subj. (*Il est fâché que ce travail ne soit pas terminé.*) ; ~ **avec** qqn [brouillé avec] ; ~ **contre** qqn [en colère].

FÂCHER qqn (*Il ne veut pas fâcher son père.*) ; se ~ (*Il ne se fâche jamais.*) ; se ~ **avec** qqn [se brouiller avec] (*avec son voisin*) ; se ~ **contre** qqn [se mettre en colère].

FACILE ; ~ **à** + inf. (*Une règle de grammaire facile à expliquer.*) ▾ Mais on dit : Il est facile **d'**expliquer cette règle de grammaire.

FACILITER qqch. ; ~ qqch. **à** qqn (*Essaie de lui faciliter la tâche.*) ; se ~ la vie.

FAILLIR **à** qqch. (*à ses promesses, à son devoir*) ; ~ + inf. [manquer de] (*Il a failli tomber.*)

FAIRE qqch. (*Faire la cuisine. Faire de l'escrime. Faire de l'embonpoint.*) ; ~ qqn + attribut (*La nature les a faits intelligents.*) ; ~ qqch. **à** qqn (*Faire une mauvaise blague à quelqu'un.*) ; ~ qqn ou qqch. **de** qqn ou qqch. (*Il voulait faire de lui un musicien. Elle va faire de cette pièce un bureau.*) ; ~ + inf. qqn ou qqch. (*Faire trébucher quelqu'un.*) ; ~ + inf. **à** qqn (*Il lui a fait faire du mauvais sang.*) ; ▾ Le verbe suivant la conj. **que** se construit avec l'ind. ou le subj. (*Tout cela fait que je n'y comprends plus rien. Faites que cela soit vite fait.*) ; se ~ + attribut (*Se faire humble.*) ; se ~ qqn ou qqch. (*des amis, de l'argent*) ; se ~ **à** qqn ou qqch. [s'habituer] (*On se fait à tout !*) ; le ~ **à** qqch. [en général pour abuser qqn] (*Le faire au bluff.*)

FALLOIR [nécessiter] (*Il faut 10 hommes et 10 jours pour faire ce travail.*) ▾ Ce verbe ne s'emploie qu'à la forme impers. ; il faut qqch. **à** qqn (*Il lui faut du courage.*) ; ▾ Le verbe suivant la conj. **que**

se construit avec le subj. (*Il faut qu'il vienne.*)

FAMILIARISER qqn **avec** qqch. (*Le professeur familiarise ses élèves avec l'ordinateur.*) ; se ~ **avec** qqch. (*Il ne s'est pas encore familiarisé avec cet ordinateur.*)

FAMILIER ; [chose] ~ **à** qqn (*L'usage de l'ordinateur lui est devenu familier.*) ; [personne] ~ **avec** qqn [désinvolte] (*Cet étudiant est très familier avec son professeur.*) ⊖ Éviter : « Je ne suis pas familier avec cet ordinateur. » Dire : **Cet ordinateur ne m'est pas familier.**

FANATIQUE ; ~ **de** qqch. (*de sports*).

FARCI ; [fig. et péj.] ~ **de** qqch. (*Texte farci d'anglicismes.*)

FARCIR qqch. **avec** qqch. (*une dinde avec de la chair à saucisse*) ; se ~ **avec** qqch. (*La dinde peut se farcir avec de la mie de pain.*) ; [fig.] ~ qqch. **de** qqch. (*Farcir son discours de citations.*)

FATAL ; ~ **à** ou **pour** qqn ou qqch. (*Ces excès lui ont été fatals. Ces excès auraient pu être fatals à* ou *pour sa santé.*)

FATIGUÉ ; ~ **de** qqch. [lassé] (*des voyages*) ; ~ **de** + inf. (*d'attendre*).

FATIGUER (*Le moteur fatigue dans la montée.*) ; ~ qqn ou qqch. (*Cette randonnée l'a fatigué. Ces excès fatiguent le cœur.*) ; ~ qqch. **à** qqn (*L'ordinateur me fatigue les yeux.*) ; ~ qqn **de** qqch. (*de ses questions*) ; ~ qqn **par** qqch. (*par des plaintes répétées*) ; se ~ ; se ~ **de** qqch. [en avoir assez] (*d'un travail routinier*) ; se ~ **de** + inf. (*de toujours manger la même chose*) ; se ~ **à** + inf. [s'évertuer à] (*Je me fatigue à vous le répéter.*)

FAUFILER (SE) ; se ~ **à travers** (*la foule*), **dans** (*la foule*), **entre** (*les pierres*), **par** (*la porte arrière*).

FAVORABLE ; ~ **à** qqn ou qqch. (*L'opinion publique ne lui est pas favorable. Il est favorable à ma proposition. La conjoncture politique n'est pas favorable au redressement économique.*) ; ~ **pour** + inf. (*Le moment n'est pas favorable pour rouvrir le débat.*)

FAVORISER qqn ; ~ qqn **de** qqch. (*La nature l'a favorisé de ses dons.*)

FÉCOND ; ~ **en** des choses (*Affaire féconde en rebondissements.*)

FEINDRE ; ~ qqch. (*l'indifférence*) ; ~ **de** + inf. (*de comprendre*).

FÉLICITER qqn ; ~ qqn **de** ou **pour** qqch. (*de son succès* ou *pour son succès*) ; ~ qqn **de** + inf. (*d'avoir su prévoir*) ; se ~ **de** qqch. [se réjouir] (*Il se félicite de sa prévoyance.*) ; se ~ **de** + inf. passé (*Se féliciter d'être resté calme.*)

FERMÉ [fig.] (*Un esprit fermé.*) ; ~ **à** qqch. [insensible] (*Un esprit fermé à toute idée nouvelle. Cet homme fermé aux changements.*)

FERMER qqch. ; ~ qqch. **à** qqn (*Elle lui a fermé sa porte. La maladie lui a fermé cette carrière.*)

FERRÉ **en**, **sur** qqch. [expert] (*Être ferré en mécanique, sur un sujet, sur une question.*)

FERTILE ; ~ **en** des choses (*Sous-bois fertile en champignons. Style fertile en métaphores.*)

FÉRU **de** qqch. (*d'archéologie*).

FIANCER qqn **à** ou **avec** qqn (*Les parents ont fiancé leur fille à ce jeune homme.*) ; fiancé ; fiancé **à** ou **avec** qqn (*Elle a été fiancée à lui* ou *avec lui pendant deux ans.*) ; se ~ (*Ils se sont fiancés hier. Elle s'est fiancée l'année dernière.*) ; se ~ **à** ou **avec** qqn (*Il s'est fiancé avec une jeune vietnamienne.*)

FICHER qqch. **dans** qqch. [enfoncer] (*Ficher des poteaux dans le sol.*)

FIDÈLE ; ~ **à** qqn ou qqch. (*Être fidèle à soi-même, à ses engagements, à sa parole, au poste. Un récit fidèle à la réalité.*)

FIER (SE) **à** qqn ou qqch. ; se ~ **à** qqn **pour** + inf. (*Je me fie à vous pour régler cette affaire.*) ; [vieilli] se ~ **sur**.

FIER ; ~ **de** qqn ou qqch. (*de ses enfants, de son jardin*) ; ~ **de** + inf. (*Fier de pouvoir se débrouiller seul. Fier d'avoir réussi son examen.*) ; ▼ L'adj. suivi de la conj. **que** demande

le subj. (*Je suis fier qu'il ait obtenu son diplôme.*)

FIGURER dans (*une cérémonie, le dictionnaire*) ; ~ **parmi** (*les vainqueurs*) ; ~ **sur** (*une liste, une carte*) ; ~ qqch. **par** qqch. [représenter] (*Figurer la paix par une colombe.*) ; se ~ qqch. [imaginer] (*Figurez-vous une grande belle fille du genre mannequin.*) ; se ~ + inf. (*Il se figure pouvoir gagner sa cause.*) ; ▼ Le verbe suivant la conj. **que** se construit avec l'ind. (*Elle se figure qu'il va réussir, que tout va bien.*)

FINIR ; ~ **par** qqch. (*par le commencement*) ; ~ qqch. ; ~ qqch. **par** qqch. (*Finir un discours par une citation.*) ; ~ **de** + inf. (*de rédiger une lettre*) ; ~ **par** + inf. (*Je finirai bien par le convaincre.*) ; en ~ (*Il n'en finit plus. Finissons-en.*) ; en ~ **avec** qqn ou qqch. (*Il faut en finir avec ce prétentieux, avec cette affaire.*) ; n'en pas, plus ~ **de** + inf. (*Elle n'en finit plus de raconter ses malheurs. La neige n'en finit pas de tomber.*)

FIXER qqn ou qqch. [regarder fixement] ; ~ qqch. [déterminer] (*une date, un jour, des conditions, un prix*) ; se ~ qqch. (*un objectif*) ; ~ qqch. **à**, **dans**, **sur** qqch. [immobiliser ou arrêter] (*Fixer une étagère au mur, un souvenir dans sa mémoire, les yeux sur un objet. Fixer son choix sur une chose.*) ; [sujet : chose] se ~ **sur** qqch. (*Mon choix s'est fixé sur ce modèle.*) ; [sujet : personne] se ~ **à** [s'établir] (*à l'étranger, à Montréal*) ; ~ qqn **sur** qqch. [renseigner] (*Il ne m'a pas encore fixé sur ses intentions.*)

FLATTER qqn ou qqch. (*Attention à ceux qui nous flattent. Ce costume le flatte. Cela flatte son amour-propre.*) ; flatté ; flatté **dans** qqch. (*dans son orgueil*) ; flatté **de** qqch. (*Il est flatté de l'attention qu'on lui porte.*) ; flatté **de** + inf. (*d'être invité chez Untel*) ; ▼ Le part. passé suivi de la conj. **que** demande le subj. (*Il est flatté qu'on l'ait invité.*) ; se ~ **de** + inf. (*de tout comprendre, d'avoir compris*) ; [littér.] se ~ [s'illusionner] (*La*

jeunesse se flatte.); se ~ **de** + inf. [aimer à croire]; ▾ Le verbe suivant la conj. **que** se construit avec l'ind. (*Je me flatte que ma dernière œuvre saura plaire au grand public.*)

FLIRTER; ~ **avec** qqn ou qqch. (*Elle flirte avec tous les hommes. Un pays flirte avec un autre.*)

FOISONNER (*Le gibier foisonne dans cette région. Voilà une œuvre où les idées foisonnent.*); ~ **de** ou **en** personnes ou choses (*Une époque qui foisonne de* ou *en jeunes artistes. Le texte foisonne de* ou *en fautes de frappe.*)

FONCER [aller de l'avant]; ~ **dans** qqch. (*dans la mêlée*); ~ **sur** qqn ou qqch. [se jeter sur]; ~ qqch. [rendre plus foncé] (*Foncer une teinte.*); ~ qqch. [garnir] (*un moule à gâteau*); ~ qqch. **de** qqch. (*une terrine de tranches de lard fumé*).

FONCTIONNER (*Cette machine fonctionne bien. Je ne comprends pas comment Marie fonctionne.*); ~ **à** qqch. (*Un moteur qui fonctionne à l'essence. Jean fonctionne au café.*)

FONDER qqch. [former] (*un foyer, une société*); ~ qqch. **sur** qqn ou qqch. (*Il fonde de grands espoirs sur son fils* ou *sur ce nouveau projet.*); fondé [légitime] (*Un reproche fondé.*); fondé **sur** qqch. [assisté] (*Conclusion fondée sur des preuves mal étayées.*); [sujet: personne] fondé **à** + inf. [avoir de bonnes raisons pour] (*Être fondé à croire, à prétendre que ses détracteurs ont tort.*); [sujet: personne ou chose] se ~ **sur** qqch. [s'appuyer sur] (*Sur quoi se fonde-t-il pour affirmer cela ? Sur quoi se fonde votre affirmation ?*)

FONDRE (*La neige a fondu. Son pécule a fondu comme neige au soleil.*); ~ **de** qqch. (*Elle a fondu de 10 kg. Il a fondu de pitié devant une telle misère.*); ~ **devant** qqch. (*Elle a fondu devant sa gentillesse.*); ~ qqch. (*Le soleil a fondu la neige.*); ~ **sur** qqch. [assaillir] (*L'aigle a fondu sur sa proie.*); ~ qqch. **avec** ou **dans** qqch. [amalgamer] (*Fondre un chapitre avec* ou *dans un autre.*); se ~ **dans**, **en** qqch. (*Le cambrioleur se*

fondit dans la foule. Tous les sons se fondaient en un seul.)

FORCER [fournir un grand effort] (*Il a beaucoup forcé pour ouvrir la porte.*) ; ~ qqch. [exagérer] (*Forcer la dose.*) ; ~ qqn ou qqch. [obliger] (*Il est parti, mais on ne l'a pas forcé.*) ; ~ qqn **à** + inf. (*On l'a forcé à démissionner.*) ; forcé **de** + inf. (*Il a été forcé de démissionner.*) ▼ Lorsqu'il y a but, intention délibérée ou complément d'agent, on utilise *forcé* ***à*** + inf., sinon on utilise *forcé* ***de*** + inf. ; se ~ (*Pourquoi te forcer ?*) ; se ~ **à** + inf. (*Il s'est forcé à manger.*) ; se ~ **pour** + inf. [faire un effort] (*Il doit se forcer pour garder son calme.*) ; [fam.] ~ **sur** qqch. [exagérer] (*Il force sur les épices.*)

FORFAIRE **à** qqch. [littér.] (*à l'honneur*).

FORMALISER (SE) ; se ~ **de** qqch. (*Il ne se formalise guère du manque d'intérêt pour son œuvre.*) ; se ~ **de** + inf. (*Il se formalise de ne pas être sur la liste des invités.*) ; se ~ **de** ce que + ind. (*Il s'est formalisé de ce qu'on l'a averti trop tard.*) ; ▼ Le verbe suivant la conj. **que** se construit avec le subj. [vieilli] (*Elles se sont formalisées qu'on ne les ait pas averties plus tôt.*)

FORMER qqch. (*un projet*) ; se ~ (*Une nouvelle association vient de se former.*) ; se ~ **avec**, **en** qqch. (*Les phrases se forment avec des mots. Les invités se formèrent en cortège.*)

FORT ; ~ **à** (*la pétanque*), **dans** (*sa partie*), **en** (*thème*), **sur** (*un sujet*) ▼ On utilise *fort* ***à*** dans le cas d'un jeu ; ~ **pour** + inf. (*Il est très fort pour critiquer.*) ; ~ **de** qqch. [gros] (*Elle est forte des hanches.*) ; ~ **de** qqch. [aidé] (*Forts de votre encouragement, nous allons poursuivre nos efforts.*) ; se faire ~ **de** + inf. [s'engager à] (*Elle se fait fort d'obtenir ce contrat.*) ▼ Dans cette expression *fort* est invariable.

FORTIFIER qqn ou qqch. (*Donner des vitamines à un enfant pour le fortifier. L'absence fortifie le désir.*) ; ~ qqn **dans** qqch. (*dans sa résolution*).

FOU ; ~ **de** qqn ou qqch. (*Elle est folle de lui. Il est fou de joie.*)

FOURMILLER (*Un jardin où fourmillent les moustiques.*) ; ~ **de** qqn ou qqch. (*La ville fourmillait de touristes. Sa dictée fourmille de fautes.*)

FOURNIR qqch. (*des vivres, des preuves, les renseignements nécessaires*) ; ~ qqch. **à** qqn ou qqch. (*du travail à des étudiants, du courant à une usine*) ; ~ qqn ou qqch. **en** qqch. (*Cet agriculteur nous fournit en légumes. Fournir un restaurant en gibier.*) ; se ~ **en** qqch. **à** (*la boulangerie*), **chez** (*le boulanger*), **dans** (*ce magasin*) ; ~ **à** qqch. [contribuer à] (*Fournir à la dépense, à l'entretien.*)

FOURRÉ [garni d'une fourrure] ; ~ **de** ou **en** qqch. (*Manteau fourré de lapin* ou *en lapin.*) ; [cuisine] ~ **à** qqch. (*Chocolats fourrés à la pâte d'amande.*)

FRACTIONNER qqch. (*On a fractionné la propriété entre les héritiers.*) ; ~ qqch. **en** des choses (*un terrain en quatre lots*) ; se ~ (*Le texte ne peut pas se fractionner.*) ; se ~ **en** des choses (*L'assemblée s'est fractionnée en trois groupes.*)

FRAGMENTER qqch. ; ~ qqch. **en** des choses (*un roman en quatre épisodes pour la télévision*).

FRAPPER ; ~ qqn ou qqch. ; ~ qqn ou qqch. **avec** qqch. (*avec un couteau*) ; ~ qqn ou qqch. **de** qqch. (*d'un coup de couteau*) ; frappé ; frappé **de** qqch. (*de paralysie, de stupeur, d'interdiction de séjour*) ; frappé **par** qqch. (*par la mort d'un ami proche*) ; frappé **de** + inf. (*Je suis frappé de constater qu'il ne se trompe jamais.*) ; se ~ [s'inquiéter outre mesure].

FRATERNISER (*Le rêve serait que tous les peuples fraternisent.*) ; ~ **avec** qqn (*Il est difficile de fraterniser avec les sots.*)

FRAYER (*Le saumon remonte les cours d'eau pour frayer.*) ; ~ **avec** qqn [fréquenter] (*Il frayait peu avec ses collègues.*) ; ~ un chemin, la voie **à** qqn ou qqch. [tracer] (*Il lui frayait un chemin en écartant les branches. Ce changement

fraie la voie à toutes sortes d'abus.) ; se ~ un chemin ; se ~ un chemin **à travers** (*la foule*), **dans** (*la salle*), **jusqu'à** (*la porte du théâtre*).

FRÉMIR ; ~ **de** qqch. (*d'indignation*).

FRÉMISSANT ; ~ **de** qqch. (*de colère, de désir*).

FRÉTILLER ; ~ **de** qqch. (*de la queue, d'impatience*).

FRIAND ; ~ **de** qqch. (*de gibier, de compliments*).

FRISSONNANT ; ~ **de** qqch. (*de froid*).

FRISSONNER ; ~ **de** qqch. (*de plaisir*).

FROISSER qqch. (*du papier*) ; ~ qqn [vexer] ; se ~ ; se ~ **de** qqch. (*Elle s'est froissée de cette remarque.*) ; se ~ **de** ce que + ind. [ou : que + subj.] (*Ils se sont froissés de ce qu'on ne les a pas remerciés. Ils se sont froissés qu'on ne les ait pas remerciés.*)

FROTTER ; ~ qqn ou qqch. ; ~ deux choses l'une **contre** l'autre ; ~ qqn ou qqch. **de** qqch. (*de pommade, d'ail*) ; frotté **de** qqch. (*Pain frotté d'ail.*) ; se ~ ; se ~ **de** qqch. (*d'huile solaire*) ; se ~ **à** qqn [fréquenter] (*Mieux vaut ne pas se frotter à ces gens-là.*)

FRUSTRER qqch. (*l'espoir de ses parents*) ; ~ qqn **dans** qqch. (*dans ses aspirations*) ; ~ qqn **de** qqch. [déposséder] (*Frustrer un actionnaire de ses dividendes.*) ; ~ qqn **de** qqch. [priver d'une satisfaction] (*On l'a frustré de tous les petits bonheurs de l'enfance.*) ; frustré (*Elle se sent frustrée.*)

FUIR ; ~ **de** qqch. (*Fuir de chez soi. L'eau fuit du réservoir.*) ; ~ **devant** qqn ou qqch. (*devant l'ennemi, devant un danger, devant ses responsabilités*) ; ~ qqch. (*son pays, le monde, un danger*) ; ~ qqn ; [sujet : chose] ~ qqn (*Le mot juste me fuit.*)

FULMINER ; ~ **contre** qqn ou qqch.

FUNESTE [chose] ; ~ **à** qqn ou qqch. (*Cette influence lui a été funeste.*)

FURIEUX ; ~ **contre** qqn (*contre son frère*) ; ~ **de** qqch. (*Il est furieux de ce contretemps.*) ; ~ **de** + inf. (*d'avoir raté le train*) ; ▼ L'adj. suivi de la conj. **que** demande le subj. (*Il est furieux que j'aie dit ce que je pensais.*)

G

GAGNER ; ~ **à** qqch. (*aux échecs, à la loterie, à tout coup*) ; ~ **contre** qqn ; ~ **sur** qqn ou qqch. (*Il a gagné sur son adversaire. Gagner sur tous les tableaux.*) ; ~ qqch. (*le premier prix, un match, du temps, ses galons*) ; ~ qqn **de** vitesse ; ~ **en** qqch. [s'améliorer] (*Son jeu a gagné en finesse.*) ; ~ **en** + part. prés. (*Ce vin gagne en vieillissant.*) ; ~ **sur** qqch. [se propager] (*La mer gagne chaque année un peu plus sur la côte.*) ; ~ **sur** qqch. [obtenir plus] (*En réduisant la largeur on gagne sur la longueur.*) ; ~ qqch. [atteindre en se déplaçant] (*Gagner le large, le port, du terrain.*) ; ~ qqn **à** qqch. [rallier] (*à sa cause*) ; ~ **à** + inf. [retirer un avantage] (*Untel gagne à être connu. Ce plat gagne à mijoter longtemps.*) ; y ~ **de** + inf. (*Nous y gagnerons de rester plus longtemps.*) ; ~ **à** ce que + subj. (*Il gagnerait à ce qu'on fasse taire la rumeur.*) ; gagné **par** qqch. [envahi] (*par la peur, par le doute*) ; [sujet : chose] ~ qqn [se communiquer à] (*La panique a gagné ses coéquipiers.*)

GANTER qqch. ; ganté ; ganté ~ **de** qqch. (*de cuir*).

GARANT **de** qqch., se porter ~ **de** qqch. [personne] (*de l'honnêteté, de la compétence de quelqu'un*) ; ▼ L'adj. suivi de la conj. **que** demande l'ind. (*Nous sommes garants qu'ils respecteront l'entente.*) ; [chose] ~ **de** qqch. (*La tolérance, garante de la paix.*)

GARANTIR qqch. ; ~ qqch. **pour** (*un an*) ; ▼ Le verbe suivant la conj. **que** se construit avec l'ind. (*Je vous garantis qu'il viendra.*) et l'ind. ou le subj. à la forme négative (*Je ne garantis pas qu'il viendra* ou *qu'il vienne.*) ; ~ qqn ou qqch. **de** qqch. [protéger] (*Stores qui garantissent du soleil.*)

GARDER qqn ou qqch. ; ~ qqn **de** qqn ou qqch. [protéger] (*Untel de ses ennemis, de l'erreur*) ; se ~ **de** qqn ou qqch. (*des beaux parleurs, des flatteries*) ; se ~ **de** +

inf. [éviter soigneusement] (*Se garder de dire ce que l'on pense.*)

GARER qqch. ; se ~ [se ranger]; se ~ **de** qqch. ou qqn [se protéger] (*des coups, des bavards*).

GARNIR qqch. ; ~ qqch. **de** qqch. (*Garnir de bibelots une étagère.*)

GAUSSER (SE) de qqn ou qqch. (*d'un collègue prétentieux, des travers d'autrui*).

GAVER (*des oies et des canards*) ; se ~; se ~ **de** qqch. (*de foie gras*) ; [fig.] ~ qqn **de** qqch. (*de compliments*).

GÉMIR ; ~ **de** qqch. (*de douleur*).

GENDARMER (SE) ; se ~ **contre** qqn ou qqch. (*contre les absents, contre des négligences répétées*).

GÉNÉRATEUR de qqch. (*Une politique génératrice d'emplois.*)

GÉNÉREUX ; ~ **à l'égard de** ou **envers** qqn.

GLACER qqn ou qqch. (*Son regard me glaçait. Ses paroles me glaçaient le sang.*) ; ~ qqn **de** qqch. (*d'horreur*).

GLORIFIER qqn ou qqch. ; ~ qqn **à l'égal de** qqn (*d'un dieu*) ; se ~ **de** qqch. (*de ses exploits*) ; se ~ **de** + inf. (*d'avoir remporté la victoire*).

GLOSER ; ~ **sur** qqch. (*Il glose sur les sujets les plus insignifiants.*)

GLUANT ; ~ **de** qqch. (*Doigts gluants de confiture.*)

GONFLER qqch. ; ~ qqn ou qqch. **de** qqch. (*Les honneurs l'ont gonflé de vanité.*) ; gonflé ; gonflé **de** qqch. (*Éponge gonflée d'eau. Cœur gonflé de chagrin, d'orgueil. Homme gonflé de son importance.*) ; gonflé **par** qqch. (*Cours d'eau gonflé par la fonte des neiges.*) ; se ~ **de** qqch. (*d'orgueil*).

GORGER qqn ou qqch. ; ~ qqn ou qqch. **de** qqch. (*Gorger un enfant de chocolats.*) ; gorgé **de** qqch. (*Un sol gorgé d'eau.*) ; se ~ **de** qqch. (*de pâtisseries, d'air pur.*)

GOURMAND ; [personne] ~ **de** qqch. (*de sucreries, des plaisirs de la vie*) ; [chose] ~ **en** qqch. (*Une voiture gourmande en essence.*)

GOÛTER (*Avaler sans goûter.*) ; ~ qqch. [apprécier ou vérifier le goût] (*Le cuisinier goûte la sauce. Goûter les joies de la maternité.*) ⊖ Éviter : Ce vin « goûte » le bouchon et cela « goûte bon ». Dire : Ce vin **a un goût de** bouchon et cela **a bon goût** ; ~ **à** qqch. [essayer] (*As-tu déjà goûté à ce vin ?*)

GRATIFIER qqn (*Ce succès de librairie l'a gratifié.*) ; ~ qqn **de** qqch. [attribuer] (*On l'a gratifié d'une belle augmentation. Aimeriez-vous être gratifié des bévues d'un subalterne ?*)

GRAVER ; ~ **sur** qqch. (*sur cuivre*) ; ~ qqch. ; ~ qqch. **à** qqch. (*Graver un portrait au burin.*) ; ~ qqch. **sur** qqch. (*Graver son nom sur un arbre.*) ; [fig.] gravé **dans** qqch. (*Souvenir gravé dans la mémoire.*) ; se ~ **dans** qqch. (*Ses tendres paroles se sont gravées dans mon cœur.*)

GREFFER qqch. (*une vigne, un rein*) ; ~ qqch. **à** qqn (*On lui a greffé un rein.*) ; ~ qqch. **sur** qqch. (*un rosier sur un églantier*) ; [fig.] se ~ **sur** qqch. (*De nouveaux faits se sont greffés sur cette affaire.*)

GRELOTTER ; ~ **de** qqch. (*de froid, de peur, de fièvre*).

GREVER qqn ou qqch. ; grevé **de** qqch. (*Revenus grevés d'impôts.*)

GRILLER ; ~ qqch. ; [fig.] ~ **de** qqch. (*d'impatience*) ; ~ **de** qqch. **de** + inf. (*d'envie de déballer un cadeau*).

GRIMACER ; ~ **de** qqch. (*de douleur, de dégoût*).

GRISER (*Un champagne qui grise. Odeur qui grise.*) ; ~ qqn (*Le champagne me grise facilement. Son succès le grise.*) ; se ~ **avec**, **de** qqch. (*avec du vin, d'air pur, de belles paroles*) ; [fig.] ~ qqn **de** qqch. (*de beaux discours*) ; grisé **par** qqch. (*par le succès*).

GRONDER qqn ; ~ qqn **pour** + inf. passé (*pour avoir désobéi*) ; ~ qqn **de** + inf. passé [réprimande amicale] (*Il faut que je vous gronde d'avoir fait une telle folie.*)

GROS ; [fig.] ~ **de** qqch. (*Une décision grosse de conséquences. Un regard gros de menace.*)

GROUILLANT de personnes ou **de** choses (*de touristes, de cancrelats*).

GROUILLER [sujet: êtres vivants] (*Les vers grouillent sous cette pierre. La foule grouille l'été dans les parcs.*); [sujet: chose] ~ **de** qqch. (*La rue grouillait de monde.*)

GUÉRIR (*Son zona a guéri en trois semaines.*); ~ **de** qqch. (*Il y a des maladies dont on ne guérit pas.*); ~ qqn ou qqch. (*Ce traitement l'a guéri. On peut souvent guérir le cancer.*); ~ qqn **de** qqch. (*Seul un miracle le guérirait de cette maladie.*); guéri; guéri **de** qqch. (*de sa bronchite, de sa timidité, des voyages en groupe*); guéri **de** + inf. (*de toujours croire ce qu'on me dit*); se ~ (*Elle se guérit mal. Maladie qui met longtemps à se guérir.*); [fig.] [sujet: personne] se ~ **de** qqch. (*d'une manie, de ses préjugés*).

H

HABILE; ~ **à** qqch. (*aux jeux d'adresse*); ~ **dans** qqch. (*dans la façon de présenter les choses*); ~ **à** + inf. (*à éviter les corvées*).

HABILITER qqn **à** + inf. (*à parler en son nom*); [dr.] habilité **à** + inf. (*Il est habilité à signer les contrats.*)

HABILLER qqn ou qqch.; ~ qqn ou qqch. **de** qqch.; habillé; habillé **de** qqch. (*d'un tailleur, de noir, de soie grège*); habillé **en** qqch. (*en pirate, en blanc, en laine*); s'~; s'~ **de** qqch.; s'~ **en** qqch.

HABITUER qqn ou qqch. **à** qqch. (*Habituer le corps au froid.*); ~ qqn **à** + inf. (*Habituer les enfants à manger de tout.*); habitué **à** qqn ou qqch. (*à la solitude*); habitué **à** + inf. (*à se lever tôt*); habitué **à** ce que + subj. (*Elle est habituée à ce que sa mère fasse tout.*); s'~ **à** qqch. (*au bruit*); s'~ **à** + inf. (*à parler en public*); s'~ **à** ce que + subj. (*Elle s'est habituée à ce que je la reconduise tous les soirs chez elle.*)

HAÏR qqn ou qqch.; ~ qqn **à cause de** qqch. (*Il la hait*

à cause des remarques cinglantes qu'elle a faites à son sujet.); ~ qqn **de** + inf. [ou: parce que + ind., qui est plus courant] (*Il nous hait de l'avoir critiqué. Il nous hait parce que nous l'avons critiqué.*); ~ + inf. ou ~ **de** + inf. (*Je hais être* ou *d'être interrompu à tout propos.*); ▼ Le verbe suivant la conj. **que** se construit avec le subj. (*Il hait qu'on le contredise.*); se ~ (*Il se hait de ne pas avoir agi plus tôt. Ces deux collègues se haïssent.*)

HALETANT; ~ **de** qqch. (*de fièvre*); ~ **de** + inf. passé (*d'avoir couru*).

HALETER; ~ **de** qqch. (*de soif*).

HARASSÉ; ~ **de** qqch. (*de questions, de réclamations*).

HARCELER qqn; ~ qqn **de** qqch. (*de questions, de réclamations*).

HARMONISER des choses (*des couleurs, les politiques d'immigration*); ~ qqch. **avec** qqch. (*Harmoniser les rideaux avec le tapis.*); s'~ (*Des couleurs qui s'harmonisent bien.*); s'~ **à** ou **avec** qqch. [s'accorder] (*Ses idées s'harmonisent avec celles de son prédécesseur.*)

HASARDER qqch. (*sa vie, sa réputation, une question*); se ~ **dans** qqch. (*dans un quartier peu sûr*); se ~ **à** + inf. (*à faire une remarque*).

HÂTE (AVOIR) de + inf. (*Avoir hâte de partir. Avoir hâte d'arriver. Avoir hâte d'être en vacances. Avoir hâte d'être à lundi.*) ⊖ Éviter: J'ai hâte «à» lundi, j'ai hâte «à» partir.

HÂTER qqch. (*le mouvement, le pas, la conclusion d'une enquête*); se ~; se ~ **de** + inf.

HAUSSER qqch.; ~ qqch. **de** (*On a haussé le prix de ce produit de 10 %.*)

HAUT; ~ **de** (*Un mur haut de deux mètres.*)

HÉRISSER qqch.; hérissé; hérissé **de** qqch. (*Mur hérissé de tessons de bouteille. Parcours hérissé d'obstacles.*)

HÉRITER; ~ qqch. ou **de** qqch. (*Il a hérité une maison* ou *d'une maison.*); ~ qqch. **de** qqn (*Hériter de son père une maison.*) ⊖ Éviter la répétition de *de*: Hériter

« de » la maison « de » son père. Dire : La maison **dont** il a hérité de son père, la maison **qu'**il a héritée de son père, il **en** a hérité de son père, il **l'**a héritée de son père.

HERMÉTIQUE ; [fig.] [personne] ~ **à** qqch. (*Il est hermétique à l'humour noir.*)

HÉSITER ; ~ **entre** des choses (*entre deux solutions, entre l'action et le* statu quo) ; ~ **sur** qqch. (*sur le choix à faire*) ; ~ **à** + inf. (*à s'engager dans une affaire*).

HEUREUX ; ~ **de** qqch. (*Je suis heureuse de votre succès.*) ; ~ **de** + inf. (*de faire plaisir à quelqu'un*) ; ▾ L'adj. suivi de la conj. **que** demande le subj. (*Je suis heureux que vous acceptiez mon offre.*)

HEURTER à qqch. [frapper avec intention] (*Heurter à la porte, à la vitre.*) ; ~ qqn ou qqch. [frapper ou offenser] (*La voiture a heurté un piéton. Cette réponse l'a heurté. Heurter les sentiments de quelqu'un.*) ; ~ qqn ou qqch. **de** qqch. (*Il l'a heurté du pied, du coude.*) ; se ~ (*Les deux voitures se heurtèrent. Des couleurs qui se heurtent.*) ; se ~ qqch. (*Se heurter la tête contre une porte.*) ; se ~ **à** ou **contre** qqch. (*Il s'est heurté à* ou *contre un mur.*) ; [fig.] se ~ **à** qqn ou qqch. (*à un patron peu compréhensif, à une forte opposition, à une difficulté*).

HONORER qqn ou qqch. (*Votre confiance m'honore. Honorer la mémoire de quelqu'un.*) ; ~ qqn **de** qqch. (*de sa présence, de sa confiance, de son amitié, d'une haute distinction*) ; honoré ; honoré **de** ou **par** qqch. (*Je suis honoré de* ou *par la confiance que vous m'avez accordée.*) ; s'~ **de** qqch. [être fier de] (*Un pays qui s'honore de ses grands hommes.*); s'~ **de** + inf. (*Ces professeurs s'honorent d'avoir formé des diplômés compétents.*)

HONTEUX ; ~ **de** qqch. (*Un homme honteux de ses origines.*) ; ~ **de** + inf. (*Je suis honteux de me présenter dans un tel accoutrement. Honteux de n'avoir pas su résister à l'appât du gain.*)

HORRIFIER qqn ; horrifié ; horrifié **par** qqch. (*par la tournure des événements*).

HOSTILE ; ~ **à** qqn ou qqch. (*Tenir des propos hostiles au président. Il est hostile à toute réforme.*)

HUMIDE ; ~ **de** qqch. (*Un front humide de sueur.*)

HUMILIER qqn ; humilié ; humilié **dans** qqch. (*Le pays a été humilié dans son orgueil national.*) ; humilié **de** ou **par** qqch. (*de* ou *par cet échec*) ; humilié **de** + inf. (*d'avoir perdu*) ; ▼ Le part. passé suivi de la conj. **que** demande le subj. (*Il est humilié qu'on l'ait si peu applaudi.*) ; s'~ ; s'~ **devant** qqn (*Il est dur de s'humilier devant ses pairs.*) ; s'~ **jusqu'à** + inf. (*jusqu'à demander pardon*).

HURLER ; ~ **de** qqch. (*de rage, de terreur, de douleur*) ; ~ qqch. (*sa douleur, son désespoir, des injures*).

I

IDÉAL ; ~ **pour** qqn ou qqch. (*Un petit coin idéal pour les amoureux.*) ; ~ **pour** + inf. (*Naviguer sur Internet, voilà la méthode idéale pour trouver l'information.*)

IDENTIFIER qqn [déterminer l'identité] (*Identifier une victime.*) ; ~ qqch. [déterminer la nature] (*Identifier des empreintes digitales, un cadavre, un champignon, des échantillons de pierres, l'arme d'un crime.*) ; ~ qqn ou qqch. **à** qqn ou qqch. [considérer comme identique] (*On identifie Ben Laden au terrorisme.*) ; s'~ **à** ou **avec** qqn [confondre en pensée] (*Acteur qui s'identifie à* ou *avec son personnage.*)

IDENTIQUE ; ~ **à** qqch. (*Elle reste identique à elle-même. Mon opinion est identique à la vôtre.*)

IGNORANT ; ~ **de** qqch. (*des usages*) ; ~ **en** qqch. (*en physique*).

IGNORÉ ; ~ **de** qqn (*Ignoré de tous.*)

ILLUMINER qqch. ; s'~ ; s' ~ **de** qqch. (*Son visage s'illumina d'un sourire.*)

ILLUSIONNER (S') ; s'~ **sur** qqn ou qqch. (*sur les intentions de quelqu'un*).

IMAGINER qqch. ; ~ qqn ou qqch. + attribut (*Je l'imaginais très belle.*) ; ~ **de** + inf. (*Ils avaient imaginé d'ouvrir un restaurant.*) ; ▾ Le verbe suivant la conj. **que** se construit avec l'ind. ou le cond., mais avec le subj. à la forme négative (*J'imagine qu'il finira par comprendre. Nous imaginions qu'il finirait par comprendre. On n'imagine pas qu'ils puissent refuser de nous aider.*) ; s'~ (*S'imaginer à la retraite.*) ; s'~ qqn ou qqch. (*Ce chanteur, je l'imaginais tout autre. Elles se sont imaginé toutes sortes de choses.*) ; s'~ + inf. (*Elle s'imaginait pouvoir finir à temps.*) ; ▾ Le verbe suivant la conj. **que** se construit avec l'ind. (*Elle s'imagine qu'elle réussira.*)

IMBIBER qqch. **de** qqch. (*Imbiber de rhum un gâteau.*) ; imbibé **de** qqch. (*Un sol imbibé d'eau.*) ; s'~ **de** qqch. (*Des vêtements qui s'imbibaient d'eau.*)

IMBRIQUER des choses (*des tuiles*) ; ~ des choses les unes **dans** les autres ; imbriqué ; imbriqué **dans** qqch. (*Des motifs imbriqués dans le carrelage.*) ; imbriqué **de** qqch. [formé d'éléments imbriqués] (*Un toit imbriqué d'ardoises.*) ; [sujet : chose] s'~ **dans** qqch.

IMBU **de** qqch. (*de soi-même, de sa supériorité, de tous les préjugés*).

IMITER qqn ou qqch. ; imité **de** qqch. [pastiché] (*Un style d'architecture imité du gothique.*)

IMMANENT ; ~ **à** qqch. (*Pour certains, Dieu serait immanent à l'univers.*)

IMMISCER **(S') dans** qqch. (*dans les affaires d'autrui*).

IMMOLER qqn ou qqch. ; ~ qqn ou qqch. **à** qqch. (*Immoler son intégrité à son ambition.*) ; ~ qqch. **pour** qqn ou qqch. (*Il a immolé ses ambitions personnelles pour le bien de la communauté.*) ; s'~ **par** qqch. (*par le feu*).

IMMUABLE ; ~ **dans** qqch. (*dans ses convictions*).

IMMUNISER un être vivant ; ~ un être vivant **contre** qqch. (*une maladie, un virus*) ; immunisé **contre**

qqch. (*contre la diphtérie, contre le désir de recommencer*).

IMPARTIR qqch. **à** qqn (*Le délai qu'on leur a imparti est insuffisant. Ils se disent satisfaits des tâches qui leur ont été imparties.*)

IMPASSIBLE ; ~ **devant** qqch. (*devant la mort*).

IMPATIENT ; ~ **avec** qqn (*Il se montre souvent impatient avec les enfants.*) ; ~ **de** + inf. (*de commencer*).

IMPATIENTER qqn ; s'~ ; s'~ **contre** qqn ; s'~ **de** qqch. (*Il s'impatiente de la lenteur de son coéquipier.*) ; s'~ **de** + inf. (*Elle s'impatiente de le voir toujours hésiter.*)

IMPAVIDE ; ~ **devant** qqch. (*devant le danger*).

IMPÉNÉTRABLE ; ~ **à** qqch. (*à l'eau, aux charmes de la nature*).

IMPERMÉABLE ; [fig.] ~ **à** qqch. (*aux idées nouvelles*).

IMPLANTER qqch. **dans** qqch. (*Implanter un embryon dans l'utérus d'une mère porteuse.*) ; ~ qqch. **sur** qqch. (*Implanter un produit sur le marché.*) ; s'~ **à** (*Québec*), **dans** (*la région*), **en** (*Europe*), **sur** (*un marché étranger*).

IMPLIQUER qqch. [supposer] (*Cela implique un certain dévouement de sa part.*) ; ▾ Le verbe suivant la conj. **que** se construit avec l'ind. (*Cela implique qu'il faudra retarder la mise en œuvre du projet.*) ; ~ qqn **dans** qqch. [compromettre] (*dans un procès, dans un scandale*) ⊖ Éviter : « Impliquer » qqn dans le sens de **faire participer** ou de **mettre à contribution** une personne ; ~ **de** + inf. [avoir pour conséquence] (*Révéler ces quelques faits implique de révéler tout le reste.*) ; impliqué [concerné] (*Elle ne se sent pas impliquée.*) ; impliqué **dans** qqch. [mêlé à] (*dans une vente frauduleuse*) ⊖ Éviter : « Être impliqué » dans le sens de **participer à** des activités parascolaires, d'**être engagé dans** des activités très prenantes, de **s'occuper d'**œuvres charitables, d'**être pris dans** un accident de voiture ; s'~ **dans** qqch. [s'investir] (*dans son travail*).

IMPLORER qqn ; ~ qqn **de** qqch. (*Il l'implorait du regard.*) ; ~ qqn **de** + inf. (*de revenir sur sa décision*)

IMPOLI ; ~ **envers** qqn.

IMPORTER qqch. ; ~ qqch. **de** (*Importer des produits des États-Unis.*) ; ~ **à** qqn [avoir de l'importance] (*Mon confort lui importe peu.*) ; il importe **de** + inf. (*d'être à l'heure*) ; ▾ La forme impers. suivie de la conj. **que** demande le subj. (*Il importe qu'elle vienne dès que possible.*)

IMPOSER qqn ou qqch. [taxer] (*un immeuble*) ; ~ qqch. **sur** qqch. (*des droits de douane sur des marchandises*) ; imposé (*Être imposé à 33 %. Ces objets de luxe sont imposés.*) ; ~ qqch. [faire accepter] (*Imposer un produit par la publicité. Imposer sa loi, sa volonté.*) ; ~ qqch. **à** qqn (*Elle nous a imposé le silence.*) ; ~ qqch. **à** qqch. (*Imposer des limites à la liberté.*) ; ~ qqn **pour** [ou : comme] (*chef*) ; s'~ ; s'~ qqch. (*un effort, une discipline, des sacrifices*) ; s'~ **pour** [ou : comme] (*chef*) ; en ~ **à** qqn **par** qqch. [inspirer du respect] (*par ses vastes connaissances*) ; en ~ **par** qqch. (*par sa compétence*) ; s'~ (*C'est un homme qui s'impose.*) ; s' ~ **par** qqch. (*par son talent d'orateur, par sa taille*) ; [sujet : chose] s'~ [être nécessaire] (*une solution qui s'impose.*)

IMPOSSIBLE ; ~ **à** + inf. (*Un son impossible à reproduire.*) ; il est~ **à** qqn **de** + inf. (*Il est impossible à ma sœur de partir demain.*) ; il est ~ **de** + inf. (*Il est impossible de partir demain.*) ; ▾ La forme impers. suivie de la conj. **que** demande le subj. (*Il est impossible qu'il parte demain.*)

IMPRATICABLE ; ~ **pour** qqch. (*Chemin impraticable pour les voitures.*)

IMPRÉGNER qqn ou qqch. **de** qqch. (*Imprégner de parfum un mouchoir.*) ; ~ qqch. (*L'odeur de tabac imprègne tous ses vêtements.*) ; imprégné **de** qqch. (*d'eau, de la culture orientale*) ; s'~ **de** qqch. (*d'eau, de grands principes philosophiques*).

IMPRIMER qqch. (*On a imprimé ce roman à*

1000 exemplaires.); ~ qqch. **dans**, **sur** qqch. (*ses pas dans la neige, des fleurs sur un tissu*); ~ qqch. **à** qqch. [communiquer] (*Imprimer un mouvement à une machine, une direction à une recherche.*)

IMPROPRE [chose] [qui ne convient pas]; ~ **à** qqch. (*Denrées impropres à la consommation.*); ~ **à** + inf. (*Un régime impropre à faire baisser la tension.*); [personne] ~ **à** qqch. [inapte] (*au travail manuel*); ~ **à** + inf. (*à mener ce travail à bien*).

IMPUISSANT; ~ **devant** qqch. (*un désastre*); ~ **à** + inf. (*à empêcher les abus*).

IMPUTABLE **à** qqn ou qqch. (*Faute imputable à la négligence.*); [finance] ~ **à** ou **sur** qqch. (*Somme imputable au* ou *sur le crédit affecté à ces dépenses.*)

IMPUTER qqch. **à** qqn ou qqch. (*un crime à quelqu'un, une erreur à la négligence*); [finance] ~ qqch. **à** ou **sur** qqch. (*Imputer une dépense au budget de la ville, une dépense sur les frais généraux.*)

INACCESSIBLE; ~ **à** qqn (*Bureau inaccessible aux handicapés. Archives inaccessibles au grand public.*); [personne] ~ **à** qqch. (*à la pitié, à la tendresse*).

INACCOUTUMÉ; ~ **à** qqch. (*à la vue du sang*).

INAPTE; ~ **à** qqch. (*au travail*); ~ **à** + inf. (*à s'occuper d'enfants*).

INATTENTIF; ~ **à** qqch. (*aux autres, aux besoins d'autrui*).

INCAPABLE; ~ **de** qqch. (*d'amour*); ~ **de** + inf. (*Cet enfant est incapable de se concentrer.*) ▼ Mais on peut dire : L'incapacité **à** ou **de** + inf. (*Son incapacité à* ou *de prendre rapidement une décision irrite le personnel.*)

INCARNER qqn ou qqch. (*Cet acteur a incarné Galilée. Cette femme incarne la beauté.*); [sujet : chose] s'~ **dans** qqch. [se matérialiser] (*Toutes ses émotions se sont incarnées dans son œuvre.*); s'~ **en** qqn (*Tous leurs espoirs se sont incarnés en lui.*)

INCERTAIN; [personne] ~ **de** qqch. (*de son sort*).

INCITER à qqch. (*Inciter à la désobéissance civile, à la réflexion.*) ; ~ qqn **à** qqch. (*à la révolte, à la prudence*) ; ~ qqn **à** + inf. (*Le juge incita les plaignants à trouver un terrain d'entente. Les résultats m'incitent à poursuivre dans cette voie.*)

INCLINÉ ; [fig.] ~ **à** qqch. (*Étant naturellement incliné au bien.*) ; ~ **à** + inf. (*à ne voir que le bon côté des choses*).

INCLINER ou s'~ (*Le mur inclinait* ou *s'inclinait vers la route.*) ; ~ qqch. (*la tête*) ; s'~ (*Il s'inclina et prit congé.*) ; [fig.] ~ **à** qqch. (*à la prudence*) ; ~ **à** + inf. (*J'incline à penser qu'il a raison.*) ; ~ qqn **à** + inf. (*Son expérience l'incline à être tolérant.*) ; s'~ **devant** qqn ou qqch. [céder] (*Elle s'inclinait toujours devant ses volontés. Une équipe qui s'incline devant une autre par trois à zéro.*)

INCOHÉRENT (*Des paroles incohérentes.*) ; ~ **dans** qqch. (*Un homme incohérent dans ses propos.*)

INCOMBER à qqn (*Cette responsabilité lui incombe.*) ; c'est **à** qqn qu'il incombe **de** + inf. (*C'est à vous qu'il incombe d'agir.*)

INCOMPATIBLE (*Caractères incompatibles.*) ; ~ **avec** qqch. (*Son train de vie est incompatible avec ses revenus.*) ; [choses] ~ les uns **avec** les autres, **entre** eux.

INCOMPÉTENT ; ~ **dans** (*ce domaine*), **en** (*affaires, la matière*), **sur** (*ce sujet*).

INCOMPRÉHENSIBLE ; ~ **pour** qqn.

INCOMPRIS ; ~ **de** qqn (*de ses parents*).

INCONCILIABLE (*Ennemis, intérêts, principes inconciliables.*) ; ~ **avec** qqch. (*Ces actes sont inconciliables avec ses principes.*) ; [choses] ~ l'un **avec** l'autre, **entre** eux.

INCONNU ; ~ **de** qqn (*Cet écrivain est inconnu de tous.*) ▾ Mais on dit : Cet écrivain nous est inconnu.

INCONSCIENT ; ~ **de** qqch. (*du danger*) ; ~ **de** + inf. passé (*d'avoir presque causé un incident diplomatique.*)

INCONSÉQUENT ; (*C'est un homme inconséquent. Un comportement inconséquent.*) ; [personne] ~

avec qqn ou qqch. (*avec soi-même, avec ses principes*) ; ~ **dans** qqch. (*dans ses décisions*).

INCONSOLABLE (*Il est inconsolable. Une douleur inconsolable.*) ; ~ **de** qqch. (*Il est inconsolable de la mort de sa femme.*) ; ~ **de** + inf. passé (*d'avoir manqué une si belle occasion*).

INCORPORER qqch. **à** ou **dans** qqch. (*Incorporer des œufs à une sauce, une citation dans un texte.*) ; [fig.] incorporé **dans** qqch. (*Il a tout de suite été incorporé dans le groupe.*) ; s'~ **à** qqch. (*à un groupe*).

INCORRECT ; [personne] ~ **avec** qqn.

INCRÉDULE (*Ses affirmations me laissent incrédule. Un air incrédule.*) ; ~ **à l'égard de** qqn ; ~ **quant à** qqch.

INCRIMINER qqn ou qqch. (*On l'a incriminé à tort en le rendant responsable de cet accident. On ne peut plus incriminer les circonstances dans ce cas-ci.*) ; ~ qqn **pour** qqch. (*pour délit de fuite*) ; incriminé **dans** qqch. (*dans une affaire de drogues*).

INCRUSTER qqch. **de** qqch. (*Incruster de nacre un coffret en bois de rose.*) ; incrusté **de** qqch. (*de nacre*) ; s'~ **dans** qqch. (*Une balle s'était incrustée dans le mur.*) ; [sujet : personne] s'~ [ne pas vouloir partir] ; s'~ **chez** qqn (*Quand on l'invite, il s'incruste.*)

INCULPER qqn ; ~ qqn **de** qqch. (*de vol*) ; inculpé **de** qqch. (*Il est inculpé de vol.*) ⊖ Éviter : Inculpé d'« avoir volé ».

INCULQUER qqch. ; ~ qqch. **à** qqn (*Inculquer des principes à quelqu'un.*) ; ▼ Le verbe suivant la conj. **que** se construit avec l'ind. (*On lui a inculqué que l'exactitude est la politesse des rois.*)

INDÉCIS ; ~ **entre** des choses (*entre deux solutions, entre plusieurs choix à faire*) ; ~ **quant à** qqch. (*quant au choix à faire*) ; ~ **sur** qqch. (*sur le parti à prendre*).

INDEMNISER qqn ; ~ qqn **de** qqch. (*de ses frais, des dommages subis*).

INDÉPENDANT ; ~ **de** qqn ou qqch. (*Il vivait seul, indépendant de sa famille. Pour des raisons indépendantes*

de notre volonté, nous devons partir.)

INDEXER qqch. (*un prix*); ~qqch. **sur** qqch. (*Indexer une rente sur le coût de la vie.*)

INDICATIF; ~ **de** qqch. (*C'est un signe indicatif de la maladie.*)

INDIFFÉRENT; ~ **à** qqn ou qqch. (*Tout cela m'est indifférent. Peut-on être indifférent au sort des victimes de la famine? Il est indifférent à l'argent.*); [personne] ~ **à l'égard de** ou **envers** qqn (*Il est complètement indifférent à l'égard de* ou *envers ces gens.*); ~ **envers** qqch. (*Il était indifférent envers les moyens à utiliser.*); il est ~ **à** qqn **de** + inf. (*Il m'est indifférent de partir ou de rester.*); ▾ La forme impers. suivie de la conj. **que** demande le subj. (*Il m'est indifférent qu'elle s'en aille.*)

INDIGNE; ~ **de** qqn ou qqch. (*de la confiance de quelqu'un*).

INDIGNER qqn (*Son discours a indigné l'assistance.*); indigné; indigné **de** ou **par** qqch. (*Je suis indigné de* ou *par ce luxe au milieu de tant de misère.*); ▾ Le part. passé suivi de la conj. **que** demande le subj. (*Il est indigné qu'on ait ainsi violé la loi.*); s'~ **contre** qqn (*contre un politicien véreux*); s'~ **de** qqch. (*de la cupidité dans le monde des affaires*); s'~ **de** + inf. (*de voir ces actes de vandalisme impunis*); s'~ **de** ce que + subj. ou ind. [ou: que + subj.] (*Il s'indigne de ce que je fasse si peu* ou *de ce que je fais si peu* ou *que je fasse si peu.*)

INDIQUER qqch.; ~ qqch. **à** qqn; ▾ Le verbe suivant la conj. **que** se construit avec l'ind. (*Tout indique qu'il va démissionner.*)

INDISCERNABLE; ~ **de** qqch. (*Un faux billet indiscernable de l'authentique.*)

INDISPENSABLE; ~ **à** qqn ou qqch.; ~ **à** qqn **pour** + inf. (*Un bureau et une assistante me sont indispensables pour effectuer ce travail.*); ~ **pour** + inf. (*C'est là une condition indispensable pour réussir.*); il est ~ **de** + inf. (*de changer nos méthodes*).

INDISSOCIABLE ; ~ **de** qqch. (*Une citation indissociable de son contexte.*)

INDUIRE qqch. [occasionner] (*Son départ induira la suppression de ce poste.*) ; ~ qqn **à**, **en** qqch. [amener à] (*au laisser-aller, en tentation*) ; ~ qqn **à** + inf. (*à prendre une décision*) ; ~ qqch. **de** qqch. [conclure] (*Peut-on induire la présence d'eau sur Mars du relief de cette planète ?*) ; ▾ Le verbe suivant la conj. **que** se construit avec l'ind. (*J'en induis que tout est possible.*) ; ~ qqn **en** erreur [tromper].

INDULGENT ; ~ **avec** ou **envers** ou **pour** qqn ; ~ **pour** qqch. (*pour les travers d'autrui*).

INÉBRANLABLE ; ~ **dans** qqch. (*dans ses résolutions*).

INEXPÉRIMENTÉ ; ~ **dans** le domaine de (*dans le domaine de la construction*), **en** qqch. (*en amour, en affaires*).

INFATUÉ ; ~ **de** qqn ou qqch. ; ~ **de** soi, **de** sa personne.

INFATUER (S') **de** qqn ou qqch. (*d'une actrice, d'une nouvelle théorie*).

INFECT ; [personne] ~ **avec** qqn (*avec sa pauvre grand-mère*).

INFÉODER qqn ou qqch. **à** qqn ou qqch. (*Un petit pays inféodé à une grande puissance.*) ; s'~ **à** qqn ou qqch. (*à un chef, à un parti*).

INFÉRER **de** qqch. que + ind. [littér.] (*Ils ont inféré de vos commentaires que la partie était gagnée d'avance.*)

INFÉRIEUR ; ~ **à** qqn ou qqch. (*Elle n'est en rien inférieure à sa sœur. Un produit dont la qualité est inférieure à celle d'un autre.*) ; ~ **en** nombre (*Des effectifs inférieurs en nombre.*)

INFESTER qqch. ; infesté **de** choses (*Terrain infesté de fourmis.*)

INFIDÈLE ; ~ **à** qqn ou qqch. (*à ses promesses*).

INFILTRER qqch. [sujet : personne] (*Infiltrer un réseau d'espionnage.*) ; s'~ **à travers** qqch. (*à travers un barrage de police*) ; [sujet : chose] s'~ **dans**, **en** qqch. ou qqn (*L'eau s'est infiltrée dans la cave. Un sentiment d'impuissance*

s'infiltrait en lui.) ; s'~ **par** qqch. (*L'eau s'est infiltrée par toutes les fissures.*)

INFLEXIBLE ; ~ **dans** qqch. (*dans ses principes*).

INFLIGER qqch. **à** qqn (*Infliger un châtiment, un affront, sa présence à quelqu'un.*)

INFLUER sur qqn ou qqch. (*Les taux d'intérêt influent sur l'économie.*)

INFORMER qqn ; ~ qqn **de** qqch. (*Il l'a informée de son arrivée.*) ; ▾ Le verbe suivant la conj. **que** ou **si** se construit avec l'ind. (*Nous l'avons informé qu'une décision avait été prise. S'informer si l'avion est arrivé.*) ; informé **de** qqch. (*Il a été informé des dangers.*) ; informé **sur** qqn ou qqch. (*Je le croyais informé sur le sujet.*) ; s'~ ; s'~ **auprès de** qqn (*Informez-vous auprès des autorités compétentes.*) ; s'~ **de** qqch. (*S'informer de la santé d'un ami.*) ; s'~ **par** qqch. (*par la presse, par Internet*) ; s'~ **sur** qqch. [se documenter] (*S'informer sur les méthodes à utiliser.*) ; s'~ **de** qqch. **auprès de** qqn (*Je me suis informé des démarches à faire auprès de la responsable, auprès du ministère.*)

INFUSER [macérer] (*Laisser le thé infuser.*) ⊖ Éviter : « s' » infuser ; ~ qqch. (*du thé, de la camomille*) ; [fig.] ~ qqch. **à** qqn ou qqch. [communiquer] (*Il nous a infusé un nouvel enthousiasme. Cette transformation a infusé un nouveau dynamisme à l'entreprise.*)

INGÉNIER (S') à + inf. (*Elle s'ingéniait à lui faciliter la tâche. Il s'ingénie à la rendre malheureuse.*)

INGÉRER (S') dans qqch. (*dans les affaires, dans la vie d'autrui*).

INGRAT ; ~ **envers** qqn (*envers ses bienfaiteurs*).

INHABILE ; ~ **à** + inf. (*à faire valoir ses droits*).

INHÉRENT à qqn ou qqch. (*Les défauts inhérents à l'être humain.*)

INITIER qqn [donner la connaissance d'un art, d'un rite, etc.] ; ~ qqn **à** qqch. (*à la politique*) ; s'~ **à** qqch. (*à l'œnologie*) ; ⊖ Éviter : « Initier » qqch. Dire : **Commencer** les travaux, **créer**

une entreprise, **lancer** une campagne de sensibilisation.

INJECTER qqch. **à** qqn (*Il lui a injecté un calmant.*) ; ~ qqch. **à** qqn **dans** qqch. (*Il lui a injecté un calmant dans le bras.*) ; s'~ qqch. (*de l'insuline*) ; s'~ qqch. **dans** qqch. ; [sujet : chose] injecté **de** qqch. (*Œil injecté de sang.*) ; s'~ **de** qqch. (*Son œil s'injecte de sang.*)

INJUSTE ; ~ **à l'égard de** ou **avec** ou **envers** ou **pour** qqn.

INNOCENT ; ~ **de** qqch. (*Il est innocent du crime dont on l'accuse.*)

INNOVER (*Les fabricants doivent sans cesse innover.*); ~ **en**, **en matière de** qqch. (*en peinture, en matière d'art*) ; ~ **par rapport à**, **sur** (*Descartes a innové par rapport à son époque, par rapport à ses prédécesseurs, sur son époque.*) ; ~ qqch. (*une mode*).

INOCULER qqch. **à** qqn (*Inoculer un virus à un cobaye. Cette piqûre lui a inoculé une infection grave.*) ; [fig.] ~ qqch. **à** qqn (*la passion du jeu*).

INONDER qqch. ; inondé **par** qqch. (*Des rues inondées par l'orage.*) ; [fig.] ~ qqn ou qqch. **de** qqch. (*Ils inondent le marché de leurs produits.*) ; inondé **de** qqch. (*Visage inondé de sueur.*)

INQUIET ; ~ **au sujet de** ou **pour** qqn (*Je suis inquiet au sujet de* ou *pour mon père.*) ; ~ **de** ou **pour** ou **sur** qqch. (*Je suis inquiet de* ou *pour* ou *sur sa santé.*) ; ~ **de** + inf. (*Il est inquiet de la savoir seule en voyage. Il est inquiet de ne pas recevoir de nouvelles de sa fille.*) ; ▼ L'adj. suivi de la conj. **que** demande le subj. (*Je suis inquiet qu'il n'ait pas fait signe de vie.*)

INQUIÉTER qqn ; s'~ ; s'~ **au sujet de** ou **pour** qqn ; s'~ **de**, **pour** qqch. (*des conséquences, pour des riens*) ; s'~ **de** + inf. (*Je m'inquiète de le voir maigrir.*) ; s'~ **de** ce que + ind. ou [rare] subj. ou cond. (*Il s'inquiète de ce que les gens pensent, de ce que les gens pourraient penser.*) ; s'~ **de** + inf. [s'occuper de] (*Inquiétez-*

vous d'enregistrer les bagages, je m'occupe des billets. Il ne s'est pas inquiété de savoir si cela me convenait.)

INSATIABLE ; ~ **dans** qqch. (*dans ses ambitions*) ; ~ **de** qqch. (*de compliments*).

INSCRIRE qqn ou qqch. ; ~ qqn **à** qqch. (*à une école, à un programme*) ; ~ qqch. **à** (*l'ordre du jour*), **dans** (*son carnet*), **sur** (*une liste*) ; s'~ ; s' ~ **à** qqch. (*à l'université*) ; [sujet : chose] s'~ **dans** qqch. (*Mesure qui s'inscrit dans un réaménagement des ressources.*) ; s'~ **dans** le cadre de qqch. (*Programme qui s'inscrit dans le cadre d'un plan quinquennal.*) ; s'~ **sur** qqch. (*Ce texte s'inscrit sur l'écran de l'ordinateur.*) ; [sujet : personne] s'~ en faux **contre** qqch. [être contre ou nier] (*S'inscrire en faux contre une politique, contre des allégations.*)

INSENSIBLE ; ~ **à** qqch. (*au froid, aux critiques*).

INSÉPARABLE ; ~ **de** qqn ou qqch. (*Il est inséparable de Paul. L'amour est inséparable du pardon.*)

INSÉRER qqch. **dans** qqch. (*une feuille dans l'enveloppe, une clause dans un contrat, une phrase dans un texte*) ; ~ qqch. **sous** qqch. (*une greffe sous l'écorce*) ; s'~ **dans** qqch. (*Ce projet s'insère dans nos travaux de recherche.*) ; s'~ **sur** qqch. (*Ce muscle s'insère sur cet os.*)

INSINUER qqch. [suggérer] (*Que voulez-vous insinuer ?*) ; ▼ Le verbe suivant la conj. **que** se construit avec l'ind. (*Insinuez-vous qu'il est malhonnête ?*) ; s'~ **dans** qqch., **en** + pronom pers. [se glisser] (*L'eau s'est insinuée dans les fissures. Le doute s'est insinué dans son esprit, en lui.*)

INSISTER ; ~ **auprès de** qqn (*Il devra insister auprès des membres.*) ; ~ **pour** qqch. (*Il a insisté pour un règlement rapide du conflit.*) ; ~ **sur** qqch. (*un point, une particularité, un aspect, la nécessité de, les syllabes*) ; ~ **pour** + inf. (*Il a insisté pour venir.*) ; ▼ Le verbe suivant la conj. **que** se construit avec le subj. (*Il insiste pour qu'elle*

vienne.) ; ~ **sur** le fait que + ind. (*Insistez sur le fait que tout dépend de lui.*)

INSOUCIANT ; ~ **de** qqch. (*du danger, du lendemain*).

INSOUCIEUX ; ~ [littér.] **de** qqch. (*du danger, du lendemain*).

INSOUPÇONNÉ ; ~ **de** qqn (*Des malversations insoupçonnées des dirigeants.*)

INSPIRER qqn ou qqch. (*Le sujet ne m'inspire pas. Un dévouement qui inspire le respect.*) ; ~ qqch. **à** qqn (*Cet enfant inspire de l'inquiétude à sa mère. Le clair de lune lui a inspiré un poème.*) ; inspiré (*Un poète inspiré. Une démarche inspirée.*) ; inspiré **de** qqch. (*Il écrit des chansons inspirées de la vie quotidienne.*) ; inspiré **par** qqn ou qqch. (*Ce auteur a été inspiré par un fait historique. Un geste inspiré par la peur.*) ; inspiré **de** + inf. (*Il a été bien inspiré de ne pas partir aujourd'hui.*) ; s'~ **de** qqn ou qqch. (*Cet écrivain s'inspire des grands auteurs classiques.*)

INSTILLER qqch. [verser goutte à goutte] (*On instille le collyre à l'aide d'un compte-gouttes.*) ; ~ qqch. **dans** qqch. (*du collyre dans un œil*) ; ~ qqch. **dans** qqch., **en** + pronom pers. [insuffler] (*Elle a instillé le doute dans sa tête. Il a instillé en elle le courage.*)

INSTRUIRE qqn [enseigner] ; ~ qqn **de** qqch. [informer] (*Il va l'instruire des projets qu'il forme à son sujet.*) ; s'~ ; s' ~ **de** qqch. (*des circonstances exactes d'un événement*) ; [dr.] ~ une affaire, un procès.

INSUFFISANT (*Ce responsable s'est montré jusqu'à maintenant très insuffisant. Une quantité insuffisante.*) ; ~ **pour** qqch. (*On le juge insuffisant pour ce poste. Ces ressources sont insuffisantes pour nos besoins.*) ; ~ **pour** que + subj. (*Le préjudice est insuffisant pour qu'on puisse faire un procès.*)

INSUFFLER qqch. **dans** qqch. (*de l'air dans les poumons d'un noyé*) ; [fig.] ~ qqch. **à** qqn (*un nouvel enthousiasme à une équipe*).

INSULTER qqn ; [littér.] ~ **à** qqch. (*L'étalage qu'il faisait de sa richesse insultait au bon goût.*)

INSUPPORTABLE ; ~ **à** qqn (*Ce bruit m'est insupportable.*) ; [personne] ~ **avec** qqn [turbulent].

INSURGER (S') contre qqn ou qqch. (*contre des mesures injustes*).

INTARISSABLE ; ~ **sur** qqch. (*Il est intarissable sur ses aventures.*)

INTÉGRER qqn ou qqch. **à** ou **dans** qqch. (*Intégrer les nouveaux étudiants à la vie universitaire, un nouveau venu dans un groupe. Intégrer les nouvelles données dans le rapport.*) ; s'~ ; s'~ **à** ou **dans** qqch. (*à un groupe* ou *dans un groupe*).

INTENTER un procès **à** ou **contre** qqn.

INTENTIONNÉ (BIEN, MAL) ; bien, mal ~ **à l'égard de** qqn.

INTERAGIR (*Deux médicaments qui peuvent interagir.*) ; ~ **avec** qqch. (*Il s'agissait de savoir comment les téléspectateurs européens interagissaient avec Dallas. Ces molécules interagissent avec les autres protéines.*)

INTERCALER qqch. **dans** qqch. (*un paragraphe dans un texte*) ; ~ qqch. **entre** des choses (*On a intercalé une pause de vingt minutes entre les cours.*) ; s'~ **dans** qqch., **entre** des choses (*Le retardataire s'est intercalé dans le rang, entre deux élèves.*)

INTERCÉDER auprès de, **en faveur de**, **pour** qqn.

INTERDIRE qqch. ; ~ qqch. **à** qqn ; ~ **à** qqn **de** + inf. ; ▼ Le verbe suivant la conj. **que** se construit avec le subj. (*Le règlement interdit qu'on fasse usage d'alcool.*) ; interdit ; interdit **à** qqn (*Film interdit aux enfants de moins de 12 ans.*) ; interdit **par** qqch. (*par la loi*) ; s'~ qqch. [se refuser à soi-même] (*S'interdire tout loisir.*) ; s'~ **de** + inf. (*Elle s'est interdit de porter un jugement sur cette affaire.*) ; [dr.] ~ qqn [suspendre] (*un officier ministériel, un prêtre, un déficient mental*).

INTERDIT (*Entrée interdite.*) ; [personne] ~ **de** qqch. (*de séjour, d'antenne*) ; ~ [surpris] ; ~ **devant** qqch. (*Il est resté interdit devant tant d'outrecuidance.*)

INTÉRESSANT ; ~ **pour** qqn ; ~ **à** + inf. (*à faire*) ; il est ~ **de** + inf. (*de savoir ce qui se passe*).

INTÉRESSER qqn ou qqch. [concerner] (*Cette loi intéresse les étrangers résidant au Canada. Cette loi intéresse l'ordre public.*) ; ~ qqn [susciter l'intérêt] (*Cette offre m'intéresse.*) ; ~ qqn **à** qqch. [faire prendre intérêt à] (*Je l'ai intéressé à la peinture.*) ; ~ qqn **à** qqch. [associer aux profits] (*Intéresser les employés aux bénéfices.*) ; ~ qqn **dans** qqch. [donner des intérêts financiers] (*Il a intéressé un ami dans son entreprise.*) ; intéressé **à** qqch. [avoir intérêt à] (*Il est intéressé à la bonne marche de l'entreprise.*) ⊖ Éviter : Nous sommes « intéressés à » recevoir vos commentaires, « les personnes » « intéressées à » participer à cet échange. Dire : Nous **désirons**, **tenons à** recevoir vos commentaires, les personnes **désireuses de** ou **désirant** ou dans certains cas **disposées à** participer à cet échange ; s'~ **à** qqn ou qqch. [prendre intérêt] (*Il s'intéresse aux peintres flamands du* XVIIe *siècle.*)

INTERFÉRER (*Ces projets risquent d'interférer.*) ; ~ **avec**, **dans** qqch. (*Ce travail risque d'interférer avec ma vie de famille. Ces changements vont interférer dans le déroulement des opérations.*) ; [sujet : choses] ~ les uns **avec** les autres, **entre** eux.

INTERMÉDIAIRE ; ~ **entre** des choses (*Une solution intermédiaire entre deux autres. Une qualité intermédiaire entre le haut de gamme et le bas de gamme.*)

INTERPOSER qqch. (*un mur de défense*) ; ~ qqch. **entre** des choses (*Interposer un cordon d'agents de police entre la foule et le défilé.*) ; s'~ **entre** des choses [intervenir] (*La mission des Casques bleus est de s'interposer entre les peuples belligérants, entre une population et une autre.*)

INTERROGER qqn ou qqch. (*sa conscience*) ; ~ qqn **au sujet de** ou **sur** qqn ou qqch. ; s'~ ; s'~ **sur** qqch. (*sur le bien-fondé d'une décision*).

INTERVENIR (*Ils sont intervenus trop tard. Un accord est intervenu.*) ; [sujet : personne] ~ **auprès de** qqn (*Il va intervenir auprès de ta mère.*) ; ~ **dans** qqch. (*dans une querelle, dans les affaires d'autrui*) ; ~ **en faveur de** qqn **auprès de** qqn (*Il va intervenir en ta faveur auprès du directeur.*)

INTIME ; ~ **avec** qqn (*Il est très intime avec mon voisin.*)

INTIMER qqch. **à** qqn (*Il leur a intimé l'ordre de partir.*)

INTOLÉRANT ; ~ **à** qqch. (*à toute opposition*) ; ~ **avec** ou **envers** qqn (*avec ou envers ses subordonnés*) ; [chose] ~ **à** qqch. (*Organisme intolérant aux traitements de chimiothérapie.*)

INTOXIQUER qqn ; intoxiqué **par** qqch. (*par de la viande avariée*) ; s'~ **avec** qqch. (*avec de la viande avariée*) ; [fig.] intoxiqué **de** qqch. (*de publicité*).

INTRODUIRE ~ qqch. [présenter] (*une mode, un nouveau procédé*) ; ~ qqn **auprès de** qqn ; s'~ **auprès de** qqn (*Il s'est introduit auprès du ministre sans se faire annoncer.*) ; ~ qqn **dans** qqch. [faire entrer] (*dans le bureau du ministre, dans un club*) ; ~ qqch. **dans** qqch. (*la clé dans la serrure*) ; s'~ **chez** qqn [entrer] (*Elle a fini par s'introduire chez les Dupont.*) ; s'~ **dans** qqch. (*Il s'introduisit subrepticement dans la pièce. Le doute s'introduisit dans son esprit.*)

INUTILE ; ~ **à** qqn ou qqch. (*Ce cours m'a été inutile. Cours inutile à la formation des étudiants.*) ; il est ~ **de** + inf. (*Inutile d'y songer.*) ; ▾ La forme impers. suivie de la conj. **que** demande le subj. (*Il est inutile que vous en parliez.*)

INVESTIR **dans** qqch. [placer des capitaux] (*Il a investi dans un nouvel équipement.*) ; ~ qqch. **dans** qqch. (*tous ses bénéfices dans la recherche*) ; ~ qqch. [assiéger] (*Les rebelles ont investi la ville.*) ; ~ qqn **de** qqch. [donner une autorité, un droit] (*Investir quelqu'un de sa confiance, d'un grand pouvoir.*) ; s'~ **dans** qqn ou qqch. [s'impliquer] (*dans ses enfants, dans sa carrière*).

INVITER qqn ; ~ qqn **à** qqch. (*Il m'a invité à son mariage.*) ; ~ qqn **chez** qqn (*chez soi*) ; ~ qqn **à** + inf. (*à dîner*) ; s'~ ; s'~ **chez** qqn ; ~ **à** qqch. [inciter] (*Cela invite à la prudence.*) ; ~ **à** + inf. (*Cela invite à réfléchir.*) ; ~ qqn **à** + inf. [exhorter] (*Il a invité tous les membres à se faire entendre.*)

INVULNÉRABLE ; ~ **à** qqch. (*aux coups, aux critiques*).

IRRADIER ; ~ **dans**, **vers** qqch. (*La douleur irradiait dans tout le bras, vers le bras.*) ; ~ **de** qqch. (*La lumière froide qui irradiait de la lune. Un charme indéfinissable irradiait de sa personne.*) ; ~ qqch. (*La lune irradie une lumière pâle.*) ; ~ qqch. [soumettre à des radiations] (*une tumeur*).

IRRÉVÉRENCIEUX ; ~ **à l'égard de** ou **envers** qqn.

IRRITÉ ; ~ **contre** qqn ; ~ **de** ou **par** qqch. (*de* ou *par certaines déclarations*).

IRRITER qqn [agacer] (*Cet enfant l'irrite.*) ; s'~ **contre** qqn ; s'~ **de** qqch. (*Il s'irrite de leurs absences répétées. Je m'irrite du fait qu'il sera dorénavant impossible de stationner dans la rue.*) ; s'~ **de** + inf. (*Il s'irrite de ne pas pouvoir se faire entendre. Je m'irritais de voir que tous mes efforts étaient inutiles.*) ; ~ qqch. [provoquer une inflammation] (*Une toux qui irrite la gorge.*) ; s'~ **à** + inf. (*On s'irrite à tousser ou à se gratter.*)

ISOLER qqn ou qqch. ; ~ qqn ou qqch. **de** personnes ou **de** choses (*Isoler un malade contagieux des autres patients.*) ; s'~ ; s'~ **dans** qqch. (*dans son coin, dans sa lecture*) ; s'~ **de** personnes ou **de** choses (*des autres*).

ISSU **de** qqn ou qqch. (*Un jeune homme issu d'une grande famille. Une révolte issue du mécontentement populaire.*)

IVRE ▼ Ivre mort, ivre morte, ivres morts, ivres mortes ; [fig.] ~ **de** qqch. (*de joie, de fatigue, de sang, d'amour, de colère*).

J

JAILLIR ; ~ **de** qqch. (*Les tours de forage font jaillir de terre le pétrole.*)

JALONNER qqch. ; jalonné **de** choses (*Route jalonnée de panneaux publicitaires.*)

JALOUX ; ~ **de** qqn ou qqch. (*de l'être aimé, du succès de quelqu'un*).

JETER qqch. ; ~ qqch. **à** qqn (*une balle à un enfant*) ; ~ qqch. **à** qqch. (*à la poubelle, au feu, au rebut*) ; ~ qqn ou qqch. **dans** qqch. (*un enfant dans les bras de sa mère, quelques provisions dans un panier*) ; ~ qqch. **sur** qqn ou qqch. (*de l'eau sur quelqu'un, de l'huile sur le feu*) ; se ~ **dans** qqch. (*Se jeter dans une entreprise, dans la mêlée. Cette rivière se jette dans le Saint-Laurent.*) ; se ~ **par** qqch. (*par la fenêtre*) ; se ~ **sur** qqn ou qqch.

JOINDRE des personnes ou des choses (*Joindre les deux mains, les deux bouts. Un contrat joint cette entreprise et ce client.*) ; ~ qqch. **à** qqch. (*une pièce au dossier, le geste à la parole*) ; se ~ **à** qqn ou qqch. (*aux manifestants, à un groupe, à la conversation*) ; ~ qqn [atteindre] (*Je l'ai joint par téléphone.*)

JOINT (*mains jointes*) ; ~ **à** qqch. (*Facture jointe à une lettre.*)

JONCHER qqch. (*Les feuilles de son manuscrit jonchaient le sol.*) ; jonché **de** choses (*Une allée jonchée de feuilles mortes. Un champ de bataille jonché de cadavres. Une carrière jonchée d'embûches.*)

JONGLER **avec** des choses (*avec six balles, avec les mots, les statistiques, les idées*).

JOUER ; ~ **avec** qqn ou qqch. ; ~ qqch. (*une partie de cartes, un air connu, un personnage, la surprise, un tour, le tout pour le tout*) ; ~ **à** qqch. (*aux cartes, aux échecs*) ; ~ **de** qqch. (*du piano, des coudes, de malchance*) ; se ~ (*Le bridge se joue à quatre. L'affaire s'est jouée en quelques instants.*) ; ~ qqch. **sur** qqch. [parier] (*Jouer 50 $ sur un cheval.*) ; ~ **sur** qqch.

[spéculer] (*Jouer sur la crédulité des gens.*) ; ~ **de** qqch. **pour** + inf. [utiliser] (*Il joue de sa maladie pour ne rien faire.*) ; se ~ **de** qqn ou qqch. [se moquer] (*Elle se joue de vous. Se jouer du danger.*)

JOUIR ; ~ **de** qqch. [savourer] (*Jouir de son succès, de la vie.*) ; ~ **de** qqch. [posséder] (*Jouir d'une bonne santé, de certains avantages, d'un droit.*)

JUGER ; ~ qqn ou qqch. ; ~ qqn **sur** qqch. (*sur les apparences*) ; ~ qqn ou qqch. + adj. (*Il n'a pas jugé sa présence utile.*) ; ~ + adj. + **de** + inf. (*Il n'a pas jugé utile de venir.*) ; ▾ Le verbe suivant la conj. **que** se construit avec l'ind. ou le cond. (*Il juge que cette démarche est inutile. Il juge qu'il pourrait y avoir matière à discussion.*) et à la forme négative avec l'ind. ou le subj. (*Il ne juge pas que votre présence est* ou *soit nécessaire.*) ; **à** en ~ **par**, en ~ **par** qqch. (*À en juger par sa mine, il a dû perdre. Si j'en juge par mon expérience, il aura du mal à les convaincre.*) ; se ~ + attribut (*Se juger perdu, incompétent.*) ; [sujet : chose] se ~ **à** qqch. (*Un traitement se juge à son efficacité.*) ; [sujet : personne] ~ **de** qqn ou qqch. [se faire une idée] (*Juger favorablement de ses nouveaux collègues. Il n'est pas facile de juger de la hauteur de cet immeuble.*)

JURER [prêter serment] (*sur la bible*) ; ~ **après** ou **contre** qqch. [pester] (*après* ou *contre les escrocs de la finance, après* ou *contre les nombreux retards de la compagnie aérienne*) ; ~ **de** qqch. [affirmer] (*Je ne peux jurer de son honnêteté.*) ; ~ + inf. passé (*Il jure l'avoir vu entrer.*) ; ▾ Le verbe suivant la conj. **que** se construit avec l'ind. ou le cond. (*Je jure que tout s'est passé comme je l'ai décrit. Il jure qu'il démissionnerait si on soupçonnait son intégrité.*) ; ~ qqch. [promettre] (*Il a juré obeissance.*) ; ~ qqch. à qqn (*Jurer fidélité à un chef.*) ; ~ **de** + inf. (*de ne plus recommencer*) ; se ~ qqch. [se promettre l'un à l'autre] (*Ils se sont juré*

fidélité.) ; se ~ **de** + inf. (*Ils se sont juré de s'aimer toujours.*) ; se ~ qqch [se promettre à soi] ; se ~ **de** + inf. (*Elle s'est juré de ne plus écouter leurs conseils.*) ; ▾ Le verbe suivant la conj. **que** se construit avec le cond. (*Ils se sont juré que rien ne viendrait entacher leur amitié. Elle s'est juré qu'on ne l'y reprendrait plus.*) ; ne ~ que **par** qqn [approuver tout ce que qqn dit ou fait] (*Elle ne jure que par son nouveau coiffeur.*) ; ~ [être mal assorti] (*Couleurs qui jurent* ou *qui jurent entre elles.*) ; ~ **avec** qqch. (*Ce chapeau jure avec cette robe.*)

JUSTIFIER qqn ou qqch. (*Elle cherche toujours à le justifier. La fin justifie les moyens. Justifier une dépense, son absence, une demande.*) ; ~ qqn **auprès de** qqn ; ~ qqn **de** qqch. (*d'une accusation, d'une erreur*) ; [sujet : chose] se ~ (*Cette longue absence ne se justifie pas dans les circonstances.*) ; [sujet : personne] se ~ **devant** qqn (*Je n'ai pas à me justifier devant toi.*) ; se ~ **de** qqch. (*d'une accusation*) ; [sujet : personne ou chose] ~ **de** qqch. [donner la preuve] (*Il doit justifier de son identité en montrant ses papiers. Les candidats devront justifier de plusieurs années d'expérience. Reçu qui justifie d'un paiement.*) ; ▾ Le verbe suivant la conj. **que** se construit avec l'ind. (*Il devra justifier qu'il a eu une panne.*)

JUXTAPOSER des choses (*des couleurs*) ; ~ qqch. **à** ou **et** qqch. (*du papier peint à* ou *et du tissu*).

L

LAISSER qqn ou qqch. ; ~ qqn ou qqch. **à** qqn (*Laisser les enfants à leur mère. Laissez-lui ce livre.*) ; ~ qqn ou qqch. + inf. [permettre] (*Il me laisse faire ce que je veux. Il l'ont laissé partir.*) ; se ~ + inf. (*Se laisser envahir.*) ; ~ **à** + inf. [donner matière à] (*Laisser à penser, à rêver.*) ; [littér.] ne pas ~ **de** + inf. [ne pas manquer de] (*Il gagne peu mais ne laisse pas d'être généreux.*)

LAMENTER (SE); se ~ **sur** qqch. (*sur ses déboires*); se ~ **de** + inf. (*d'avoir raté une si belle occasion*).

LANCER qqn ou qqch. (*un auteur, un ballon, un emprunt, une entreprise, une mode*); ~ qqch. **à** qqn (*une balle à un enfant*); ~ qqch. **dans, sur** qqch.; se ~ [s'engager avec hardiesse] (*Il n'osera pas se lancer.*); se ~ **dans** (*des dépenses*), **en** (*affaires*).

LANGUIR [manquer d'énergie] (*Elle languit depuis son départ. La conversation languit.*); ~ [attendre avec impatience] (*Il aimait faire languir sa belle.*); ~ **après** qqn ou qqch.; ~ **de** + inf. (*Il languit de la voir.*); se ~ **de** qqn ou qqch. (*Elle se languit d'eux.*); ~ **de** qqch. [souffrir] (*d'ennui, d'amour*); se ~ **de** qqch. (*Se languir d'amour.*)

LARDER qqch. (*un gigot, une pièce de bois*); [fig.] ~ qqn ou qqch. **de** qqch. [cribler] (*Larder son adversaire de coups.*)

LARGE; ~ **de** (*10 m*).

LAS; ~ **de** qqch. (*des mondanités*); ~ **de** + inf. (*de se répéter*).

LASSER; ~ qqn ou qqch. (*son auditoire, la patience de quelqu'un*); se ~ **de** qqn ou qqch. (*Elle se lassera vite de lui, de ses assiduités.*); se ~ **de** + inf. (*Il ne se lasse pas d'admirer le paysage.*)

LATÉRAL; ~ **à** qqch. (*Le chemin Saint-Louis est latéral au fleuve Saint-Laurent.*)

LAUDATIF; [personne] ~ **à l'égard de** qqn (*Un critique laudatif à l'égard d'un nouvel auteur.*)

LAVER; ~ qqn ou qqch.; se ~; se ~ qqch. (*les mains*); [fig.] ~ qqn **de** qqch. (*de tout soupçon*); se ~ **de** qqch. (*d'une accusation*).

LÉGIFÉRER; ~ **en matière de** ou **sur** qqch. (*en matière de pollution* ou *sur la pollution*).

LÉGUER qqch. **à** qqn (*à son fils*).

LENT; ~ **dans** qqch. (*dans tout ce qu'il fait*); ~ **à** + inf. (*à agir*).

LÉSINER; ~ **sur** qqch. (*Il ne lésine pas sur les moyens.*)

LEURRER qqn (*Il l'a tout simplement leurré par de beaux discours.*); se ~

(*Il ne faut pas se leurrer, leur cause est perdue d'avance.*) ; se ~ **sur** qqch. (*sur la nature d'un attachement, sur les intentions de quelqu'un*).

LIBÉRER qqn ou qqch. (*un prisonnier, sa conscience*) ; ~ qqn **de** qqn ou qqch. (*d'un importun, de ses obligations, d'une dette*); libéré ; libéré **de** qqch. (*de ses obligations professionnelles*) ; se ~ (*Essaie de te libérer pour assister à cette réunion.*) ; se ~ **de** qqch. (*Se libérer d'une dette.*) ; [sujet : chose] ~ qqch. (*Réaction chimique qui libère un gaz.*)

LIBRE ; ~ **de** qqch. (*de toute contrainte*) ; ~ **à** qqn **de** + inf. (*Libre à vous et à Mme Dupont de poursuivre ou non les négociations.*) ; ~ **de** + inf. (*d'agir*) ; ~ **avec** qqn [ne pas se gêner].

LIER qqch. ou des personnes (*Le ruban qui lie ce bouquet. L'amitié qui les lie.*) ; ~ qqn ou qqch. **à** qqn ou qqch. (*On l'aurait lié à sa chaise. Cette maison qui les lie à leur enfance. L'amitié qui nous lie à elle.*) ; lié (*Ces personnes sont très liées et se voient souvent. Ces deux idées sont liées.*) ; lié **à** qqch. (*Son sort est lié au mien.*) ; lié **à** qqn **par** qqch. (*Il est lié à son éditeur par un contrat.*) ; lié **par** qqch. (*L'avocat est lié par le secret professionnel.*) ; avoir partie liée **avec** qqn ; ~ connaissance, conversation **avec** qqn ; lié **avec** qqn [ami] (*Nous sommes très liés avec nos voisins.*) ; se ~ [avoir des relations d'amitié] (*C'est une personne qui se lie facilement.*) ; se ~ **avec** qqn ou **d**'amitié **avec** qqn (*Elle s'est liée d'amitié avec plusieurs passagers.*).

LIGUER des personnes **contre** qqn (*Il a ligué tous les mécontents contre le chef du parti.*) ; ligué **avec** qqn (*avec les rebelles*) ; se ~ **avec**, **contre** qqn (*Ils se sont ligués avec lui pour opposer leur* veto. *Ils se sont tous ligués contre ce jeune ambitieux.*)

LIMITER qqch. (*les dépenses*) ; ~ qqch. **à** qqch. (*Limiter le nombre des questions à trois par personne.*) ; limité ; limité **à** qqch. ; se ~ (*Il faut*

savoir se limiter.) ; se ~ **à** qqch. (*Se limiter à l'essentiel, à deux cigarettes par jour. Son monde se limite à sa chambre.*) ; se ~ **à** + inf. (*à sauver l'essentiel*).

LIMITROPHE (*Des pays limitrophes.*) ; ~ **de** qqch. (*Un pays limitrophe d'un autre.*)

LIRE ; ~ qqch. ; ~ qqch. **à** qqn.

LIVIDE ; ~ **de** qqch. (*de peur*).

LIVRER qqch. ; ~ qqn ou qqch. **à** qqn ou qqch. (*Un grossiste qui livre la marchandise à un détaillant.*) ; se ~ **à** qqn [se confier] (*Elle s'est livrée à une amie.*) ; se ~ **à** qqn ou qqch. [se rendre] (*Se livrer à la police.*) ; se ~ **à** qqch. [se laisser aller à] (*à des excès, à des folies*) ; se ~ **à** qqch. [s'adonner à] (*à l'étude, à un travail, à un sport, à la danse, à un exercice*).

LONG ; ~ **de** (*Fleuve long de 3000 km.*) ; **de** ~ (*Ce fleuve a 3000 km de long.*) ; ~ **à** + inf. [lent] (*Long à venir.*)

LOUCHER ; ~ **sur** qqn ou qqch. [convoiter] (*Arrête de loucher sur ma sœur. Tous les neveux louchent sur l'héritage de la tante.*)

LOUER qqn ou qqch. [glorifier] ; ~ qqn **de** ou **pour** qqch. (*du choix* ou *pour le choix qu'il a fait*) ; ~ qqn **de** ou **pour** + inf. (*d'avoir* ou *pour avoir bien choisi*) ; se ~ **de** qqn (*Elle n'a qu'à se louer de ses enfants.*) ; se ~ **de** qqch. (*du choix qu'on a fait*) ; se ~ **de** + inf. (*d'avoir atteint son objectif*) ; ~ qqch. [prendre un bien en location] (*Elle a loué une voiture pour un mois.*) ; ~ qqch. **à** qqn [devenir locataire] (*Je loue cette chambre à mon oncle, mais j'ai du mal à payer mon loyer.*) ; ~ qqch. [donner en location : le locateur donne en location au locataire] (*Le propriétaire, ou locateur, loue cet appartement 800 $ par mois.*) ; ~ qqch. **à** qqn [donner en location qqch. à qqn] (*Le propriétaire a loué une chambre à un locataire très sérieux.*) ; se ~ (*Cet appartement se loue 800 $ par mois.*)

LOURD ; ~ **à** + inf. (*à porter, à digérer*) ; [fig.] ~ **de** qqch. (*Décision lourde de conséquences.*)

LOYAL ; ~ **envers** qqn.

LUTTER ; ~ **contre** qqn ou qqch. (*Comment lutter contre un tyran, contre l'injustice ?*) ; ~ **pour** qqch. (*pour une cause*) ; ~ **pour** + inf. (*pour faire reconnaître ses droits*) ; ~ **de** qqch. [rivaliser] (*Ils luttaient tous deux de générosité.*) ; ~ **de** qqch. **avec** qqn ou qqch. (*Il luttait de vitesse avec son rival.*)

M

MACÉRER ; ~ **dans** qqch. (*Les framboises ont macéré un mois dans l'alcool.*) ; ~ qqch. **dans** qqch. (*Macérer des fruits dans du rhum.*)

MAIGRIR ; ~ **de** qqch. (de *10 kg, des hanches*).

MAJORER qqch. (*les prix*) ; ~ qqch. **de** (*Il a majoré les prix de 10 %.*)

MALADE ; ~ **de** qqch. (*d'inquiétude, de jalousie*) ; ~ + inf. (*Cela me rend malade de la voir dans cet état.*)

MALADROIT ; ~ **dans** qqch. (*dans ses mouvements, dans ce qu'il fait*) ; ~ **de** qqch. (*de ses mains*).

MALAISÉ (*Une tâche malaisée.*) ; ~ **à** + inf. (*Chose malaisée à prendre.*) ▼ Mais on dit : Il est malaisé **de** + inf. (*Il sera malaisé de justifier notre refus.*)

MALINTENTIONNÉ (*Des grévistes malintentionnés ont coupé des câbles. Voilà un geste malintentionné !*) ; ~ **à l'égard de** ou **envers** qqn (*Il était malintentionné à notre égard* ou *envers nous.*)

MALVEILLANT (*Un homme malveillant, des propos malveillants.*) ; ~ **envers** ou **pour** qqn (*Un commerçant malveillant envers les concurrents.*)

MANDATER qqn ; ~ qqn **pour** qqch. (*pour la négociation d'un contrat*) ; ~ qqn **pour** + inf. (*pour négocier avec l'entrepreneur*).

MANIFESTER qqch. (*Il n'osait manifester de la joie* ou *sa joie. Son style manifeste beaucoup de sensibilité.*) ; ~ qqch. **à** qqn (*Il lui manifeste tous les jours sa tendresse.*) ; se ~ (*Aucun témoin ne s'est manifesté. La violence se manifeste sous différents aspects.*) ; se ~ **par** qqch.

(*Elle s'est manifestée par une entrée spectaculaire. La crise économique se manifeste par l'effondrement des marchés. Une maladie qui se manifeste par l'apparition de pustules.*) ; ~ [participer à une manifestation] ; ~ **contre**, **pour** qqn ou qqch. (*contre* ou *pour un candidat aux élections, contre* ou *pour l'avortement*) ; ~ **pour** + inf. (*pour empêcher la fermeture d'une usine*).

MANQUER [faire défaut] (*Une page manque dans ce livre.*) ; ~ **à** qqn ou qqch. (*Les mots lui manquent pour exprimer sa joie. Trois boutons manquent à sa chemise. Un enfant, voilà ce qui manque à son bonheur.*) ; il manque qqn ou qqch. (*Il manque trois personnes. Il manque trois revues.*) ; il manque qqn ou qqch. **à** qqn ou qqch. (*Il lui manque du personnel et du matériel pour accepter ce contrat. Il manque un mot à cette phrase.*) ; il ne manque **à** qqn que **de** + inf. (*Il ne lui manque que de savoir faire la cuisine.*) ; ~ **à** qqn [être regretté par] (*Tu m'as beaucoup manqué. Ses enfants ont manqué à leur mère. Sa vie active lui manque maintenant qu'il est à la retraite.*) ⊖ Éviter l'anglicisme : « Je te manque. » Dire : **Tu me manques** ; ~ **à** qqch. [se dérober] (*Manquer à sa parole, à son devoir, à ses promesses.*) ; ne pas manquer **de** + inf. [ne pas oublier] ; ~ **de** + inf. ou ~ + inf. [faillir] (*Il a manqué de l'écraser. Il a manqué l'écraser.*)

MARBRÉ ; ~ **de** qqch. (*de vert ou de bleu*).

MARIER qqn [donner en mariage] (*Le père marie sa fille.*) ; ~ qqn **à** ou **avec** qqn (*Marier sa fille à* ou *avec un médecin.*) ; marié (*C'est un homme marié.*) ; marié **à** ou **avec** qqn (*Il est marié à* ou *avec ma sœur.*) ; se ~ [prendre époux, épouse] ; se ~ **à** ou **avec** qqn ; ~ des choses [assortir] (*Marier des couleurs.*) ; ~ qqch. **à** ou **avec** ou **et** qqch. (*Marier les couleurs aux parfums. Marier les couleurs avec* ou *et les parfums. Marier le son et la lumière.*) ; se ~ (*Ces couleurs se marient.*) ; se ~

à ou **avec** qqch. (*Le bleu se marie bien au blanc, avec le blanc.*)

MARQUER [laisser un souvenir durable] (*Les auteurs qui ont marqué pendant cette période. C'est un événement qui a marqué dans sa vie.*) ; ~ qqn ou qqch. (*Ce chagrin l'a marqué. Un auteur qui a marqué son époque.*) ; marqué **par** qqn ou qqch. (*Il a été marqué par son père. Il est marqué par son passé. Un visage marqué par la maladie.*) ; ~ qqch. [indiquer] (*Une fusillade a marqué la reprise des hostilités.*) ; ~ qqch. **à** qqn (*Marquer de l'intérêt à quelqu'un.*) ; ~ qqch. [exprimer] (*Marquer de la surprise.*) ; ~ qqch. [inscrire] ; ~ qqch. **à** qqch. (*à l'encre, au fer rouge*) ; ~ qqch. **de** qqch. (*d'une coche*) ; marqué **de** qqch. (*Article marqué d'une croix.*) ; se ~ **sur** qqch. (*La déception se marquait sur son visage.*) ; ~ qqn **de** qqch. [imprégner] (*de son influence*).

MASQUER qqch. ; ~ qqch. **par** qqch. (*Masquer la réalité par des demi-vérités.*) ; ~ qqch. **sous** qqch. (*ses inquiétudes sous des plaisanteries*).

MAUGRÉER ; ~ **contre** qqn ou qqch. (*contre l'augmentation des impôts*).

MAUVAIS ; ~ **pour** qqn ou qqch. (*L'effort est mauvais pour lui. Le tabac est mauvais pour la santé.*)

MÉCONTENT ; ~ **de** qqn ou qqch. (*Je suis mécontent de moi et de mes résultats.*) ; ~ **de** + inf. (*Il est mécontent de ne pas vous avoir vu.*) ; ▾ L'adj. suivi de la conj. **que** demande le subj. (*Il est mécontent que vous ne soyez pas venu.*)

MÉDAILLÉ ; ~ **de** qqch. (*Médaillé d'or des Jeux olympiques.*)

MÉDIRE ; ~ **de** ou **sur** qqn (*Il ne cesse de médire de* ou *sur ses voisins.*)

MÉDITER ; ~ qqch. (*un projet, sa revanche*) ; ~ **sur** qqch. [réfléchir] (*sur les injustices du sort*).

MÉFIANT ; ~ **à l'égard de** qqn (*Il se montre méfiant à l'égard des étrangers.*)

MÉFIER (SE) ; se ~ **de** qqn ou qqch. (*des beaux parleurs, des faux billets*).

MÉJUGER ; ~ qqn ou qqch. ; se ~ ; [littér.] ~ **de** qqn ou qqch. (*Il a méjugé de ses adversaires. Elle a méjugé de ses capacités.*)

MÉLANGER ; ~ des choses (*des couleurs*) ; ~ qqch. **à** ou **avec** ou **et** qqch. ; se ~ (*Ces substances se mélangent bien.*)

MÊLER des choses (*des sons, des papiers*) ; ~ qqch. **à** ou **avec** ou **et** qqch. ; mêlé **de** qqch. (*Joie mêlée de tristesse.*) ; se ~ ; se ~ **à** qqn ou qqch. (*à la foule, à la conversation*) ; mêlé **à** qqch. [impliqué] (*Il a été mêlé à un scandale.*) ; se ~ **de** qqch. [s'occuper de ou s'immiscer dans] (*Se mêler de politique. Se mêler des affaires d'autrui.*) ; se ~ **de** + inf. (*Voilà qu'il se mêle de me dire quoi faire !*)

MENACER (*Il menace facilement. La guerre menace.*) ; ~ qqn ou qqch. (*Une nouvelle famine menace ce pays d'Afrique. Ces pertes menacent l'équilibre financier de l'entreprise.*) ; ~ qqn **avec** ou **de** qqch. (*Il l'a menacé avec une barre de fer. Il l'a menacée de son arme.*) ; ~ qqn **de** qqch. (*Il m'a menacé d'un procès. Il la menaça du regard.*) ; ~ qqn **de** + inf. (*Il m'a menacé de me punir.*) ; ~ **de** + inf. (*Il menace de partir. Le mur menace de s'écrouler. La séance menace d'être longue. Cette faillite menace de me ruiner.*)

MÉNAGER qqn ou qqch. (*Ménagez-le, il a été souffrant. Ménager ses forces, son argent.*) ; se ~ ; ~ qqch. **à** qqn [arranger, procurer] (*Il m'a ménagé une entrevue.*) ; se ~ qqch. (*des intelligences dans la place, la faveur des gens en place*).

MENDIER ; ~ qqch. (*du pain*) ; ~ qqch. **auprès de** qqn (*Un sans-abri qui mendiait quelques sous auprès des passants.*)

MENTIR ; ~ **à** qqn (*à son mari*) ; ~ **au sujet de** ou **sur** qqch. (*au sujet de* ou *sur son passé*) ; ~ **à** qqch. (*à sa promesse, à sa foi*) ; se ~ (*Elle et lui se sont menti pendant des mois.*) ; se ~ **à** soi-même (*L'espoir fait qu'on se ment parfois à soi-même.*)

MÉPRENDRE (SE) (*Vous vous méprenez !*) ; se ~ **sur** qqn

ou qqch. (*Elle s'est méprise sur lui, sur son compte. Il s'est mépris sur ses intentions réelles.*)

MÉPRISER qqn ou qqch.; ~ qqn **de** + inf. (*Elle le méprise d'avoir cédé.*); se ~ **de** ou **pour** + inf. (*Il se méprisait de* ou *pour n'avoir pas osé parler.*)

MÉRITER qqch. (*Il mérite bien l'estime de ses compatriotes. Il n'a que ce qu'il mérite.*); ~ **de** + inf. (*Cet étudiant mérite de réussir.*); [sujet: chose] ~ qqch. (*Ce projet mérite réflexion.*); ~ **de** + inf. (*Ce film mérite d'être vu.*); se ~ (*La Légion d'honneur est une décoration qui se mérite.*); ⊖ Éviter: «Se mériter» la confiance des étudiants, «se mériter» un prix. Dire: **Mériter** la confiance des étudiants, **gagner** un prix.

MESURER (*Cette planche mesure deux mètres sur deux.*); ~ qqn ou qqch.; ~ qqn ou qqch. **à** ou **d'après** qqch. (*Mesurer les autres à son aune, les efforts au travail, le succès d'un spectacle d'après le nombre de places vendues.*); se ~ **en** (*mètres*); [fig.] se ~ **à** qqch. (*L'efficacité se mesure aux résultats.*); ~ qqch. **à** qqch. [proportionner] (*Mesurer la punition à la faute.*); se ~ **à** ou **avec** qqn [affronter] (*Ils se sont mesurés à* ou *avec nous.*)

MÉTAMORPHOSER qqn (*Ce voyage l'a métamorphosé.*); ~ qqn **en** qqn ou qqch. (*Les malheurs l'ont métamorphosé en vieillard désabusé, en loque humaine.*); se ~ (*La conception de la vie sexuelle s'est métamorphosée.*); se ~ **en** qqn ou qqch. (*Elle s'est métamorphosée en une belle jeune fille.*)

METTRE qqn ou qqch. **à**, **dans**, **en**, **sur** qqch.; ~ qqch. **à** + inf. (*Mettre du linge à sécher. Je mets ma fierté à vous offrir un bon service.*); se ~ qqch. **à**, **dans**, **sur** qqch. (*des bagues aux doigts, une idée dans la tête, de la crème solaire sur le nez*); se ~ **à** (*l'abri, la page*), **dans** (*un fauteuil, une colère noire*), **en** (*rang, colère, marche*), **sur** (*le divan, son trente et un*); ~ qqch. [revêtir]; se ~ qqch. (*Ce soir, je vais

me mettre une robe.) ; ~ qqch. **à** qqn [vêtir] (*Il lui a mis son manteau.*) ; se ~ **à** qqch. [commencer] (*Elle s'est mise au piano.*) ; se ~ **à** + inf. (*à pleurer, à faire du tennis*).

MEUBLER qqch. (*sa maison*) ; ~ qqch. **avec** ou **de** qqch. (*Meubler sa chambre avec le mobilier de sa grand-mère. Meubler sa chambre d'un lit, d'une table et d'une chaise.*) ; ~ qqch. **en** qqch. (*Ils ont meublé leur maison en Louis XV.*) ; meublé ; meublé **avec** ou **de** qqch. ; se ~ **avec** qqch. (*avec le mobilier de sa grand-mère*) ; se ~ **en** qqch. (*en Louis XVI*) ; [fig.] ~ qqch. (*Elle ne sait comment meubler ses journées.*) ; ~ qqch. **avec** ou **de** qqch. (*Meubler sa solitude avec l'écriture. Meubler ses journées de quelques activités manuelles.*) ; [sujet : chose] se ~ **de** qqch. (*Le silence se meublait parfois de craquements insolites.*)

MIGRER ; [sujet : chose] ~ **vers** qqch. (*Des industries qui migrent vers Montréal.*)

MILITER contre, **en faveur de**, **pour** qqn ou qqch. (*contre la globalisation, pour la défense de l'environnement*) ; **dans** qqch. (*dans un parti.*)

MISER ; ~ **sur** qqch. (*sur un cheval, sur les deux tableaux*) ; ~ qqch. (*10 euros*) ; ~ qqch. **sur** qqch. (*Miser 50 $ sur un cheval.*)

MITOYEN (*Un mur mitoyen. Maisons mitoyennes.*) ; ~ **avec** qqch. (*Le mur était mitoyen avec la quincaillerie.*) ; ~ **de** qqch. (*Une maison mitoyenne de la nôtre.*)

MODELER qqch. (*une poterie, de la glaise, le relief*) ; [fig.] ~ qqch. **sur** qqch. (*Modeler sa conduite, son goût sur celui de ses amis.*) ; se ~ **sur** qqn ou qqch. (*L'adolescent se modèle sur ses pairs. Ses goûts se modèlent sur ceux de ses pairs.*)

MODÉRER qqch. (*son enthousiasme, ses prétentions*) ; se ~ (*C'est assez, modérez-vous !*) ; se ~ **dans** qqch. (*dans ses ambitions*).

MONTER ▼ Au passé : Il est monté me voir. Mais : Il a monté l'escalier pour me

voir ; ~ **à** qqch. (*à cheval, à l'assaut*) ; ~ **en** qqch. (*en grade, en graine*) ; ~ qqch. (*Monter un escalier, un cheval. Monter une valise à l'étage.*) ; se ~ (*Cet escalier se monte facilement.*) ; ~ qqn **contre** qqn ou qqch. [exciter contre] (*Il a monté sa sœur contre son beau-frère.*) ; monté **contre** qqn (*Il est très monté contre son beau-frère.*) ; se ~ **à** [s'élever à] (*Sa fortune se monte à 100 000 $.*) ; se ~ **en** des choses [se pourvoir] (*en dictionnaires*).

MONTRER qqn ou qqch. (*son bébé, son dernier achat*) ; ~ qqn ou qqch. **à** qqn (*Je lui ai montré la lettre.*) ; ~ **à** qqn **à** + inf. (*à tricoter*) ; ▾ Le verbe suivant la conj. **que** se construit avec l'ind. (*Cet exemple montre que tout est possible.*) ; se ~ (*Il n'ose plus se montrer.*) ; se ~ **à** qqn (*Il n'ose plus se montrer à ses amis.*) ; se ~ + attribut (*Se montrer tolérant.*)

MOQUER qqn ou qqch. ; se ~ ; se ~ **de** qqn ou qqch. (*d'une amie, des craintes d'un ami*).

MORDRE ; ~ qqn ou qqch. (*Elle a mordu sa sœur. L'acide mord les métaux.*) ; ~ qqn **à** qqch. (*Il l'a mordu à la jambe.*) ; ~ qqch. **à** qqn (*Il lui a mordu la jambe.*) ; ~ **dans** qqch. (*Mordre dans une pomme. Vis qui ne mord pas dans le plâtre.*) ; ~ **sur** qqch. (*Cet acide mord sur le cuivre.*) ; se ~ qqch. (*les lèvres*) ; [fig.] ~ **à** qqch. (*Mordre à l'appât. Il n'a pas mordu à ton histoire.*) ; s'en ~ les doigts [se repentir] (*Il ne veut rien écouter et il va s'en mordre les doigts.*) ; ~ **sur** qqch [empiéter] (*Un automobiliste, ou une auto, qui mord sur la ligne blanche.*)

MORDU ; ~ **de** qqch. (*de jazz*).

MOULER (*Mouler en cire.*) ; ~ qqch. (*Mouler une statue. Mouler le visage d'une personne célèbre.*) ; ~ qqch. **en** qqch. (*Mouler un buste en plâtre, en cire.*) ; ~ [serrer] (*Ce pantalon te moule trop.*) ; ~ **dans** qqch. (*Des hanches moulées dans un pantalon de cuir.*) ; ~ qqch. **sur** qqch. [former sur un modèle] (*Mouler son style sur celui d'un acteur connu.*)

MOURIR ; ~ + attribut (*Mourir assassiné.*) ; ~ **de** qqch. (*de vieillesse, d'une jaunisse mal soignée*) ; ~ **pour** qqch. (*pour une cause juste*) ; ~ **de** qqch. [souffrir de] (*de peur, d'envie de revoir un ami*) ; [littér.] se ~ [être sur le point de mourir].

MUET ; ~ **de** qqch. (*d'admiration*) ; ~ **sur** qqch. (*sur le sujet, sur un point, sur la question*).

MUNIR qqn ou qqch. **de** qqch. ; muni **de** qqch. ; se ~ **de** qqch. (*d'un passeport*).

MÛR ; ~ **pour** qqch. (*pour le mariage*).

MURMURER [se plaindre] (*Il a tout accepté sans murmurer.*) ; ~ **contre** qqn ou qqch. (*contre des règlements trop sévères*) ; ~ [dire tout bas] (*Des élèves murmuraient pendant l'absence de leur professeur.*) ; ~ qqch. (*Il lui murmurait des mots doux.*)

MUSELER qqn ou qqch. (*la presse, un chien, ses passions*) ; ~ qqn **par** qqch. (*Museler la presse par la censure.*)

MUTER qqn ; ~ qqn **à** (*Muter un fonctionnaire, un cadre à Montréal.*) ; muté ; muté **à** (*Toronto*).

MUTILER qqn ou qqch. ; mutilé ; mutilé **de** qqch. (*des deux bras*).

MUTINER (SE) ; se ~ **contre** qqn (*L'équipage s'est mutiné contre le capitaine.*)

N

NAGER ; ~ **dans** qqch. (*dans la mer, dans le sang, dans la joie*) ; ~ qqch. (*la brasse, le 400 mètres*).

NAÎTRE ; ~ **de** qqn ou qqch. (*Il est né de père inconnu. Ce projet est né de leurs discussions.*) ; né ▾ Un orateur-né, une artiste-née, des derniers-nés, des premiers-nés mais des nouveau-nés ; né **de** qqn ou qqch. (*Né d'une famille bourgeoise. Projet né d'une rencontre.*) ; né **pour** qqch. (*pour l'action*) ; né **pour** + inf. (*pour commander*) ; ~ **à** qqch. [s'éveiller à] (*Naître à l'amour.*)

NANTIR qqn **de** qqch. (*Nantir les touristes d'un plan de la ville. La nature l'avait*

nantie de toutes les qualités.) ; se ~ **de** qqch. (*d'un appareil photo*).

NAPPER qqch. ; ~ qqch. **de** qqch. (*un gâteau de crème anglaise*).

NATIF [non combiné, tel qu'on le trouve dans la nature] (*Or natif. Protéines à l'état natif.*) ; ~ **de** qqch. [originaire] (*On est natif de Québec, de Colombie-Britannique.*)

NATUREL ; ~ **à** qqn (*Cette aisance, cette distinction qui lui sont naturelles.*)

NAVIGUER ; ~ **dans** qqch (dans *les eaux du Saint-Laurent*) ; ~ **sur** qqch. (*sur le fleuve Saint-Laurent, sur la Toile*).

NAVRER qqn ; navré ; navré **de** qqch. (*de ce contretemps*) ; navré **de** + inf. (*de devoir partir*).

NÉCESSAIRE ; ~ **à** qqn ou qqch. (*Sa présence m'est nécessaire. Des mesures nécessaires au maintien de l'ordre.*) ; ~ **pour** qqch. (*C'est nécessaire pour sa santé. Il a les qualités nécessaires pour ce poste.*) ; ~ **à** qqn **pour** + inf. (*Les compétences nécessaires à un employé pour accomplir son travail.*) ; ~ **pour** + inf. (*Il a les talents nécessaires pour réussir.*) ; ~ **pour** que + subj. (*Les conditions nécessaires pour que le travail soit bien fait sont difficiles à obtenir.*) ; il est ~ **de** + inf. (*Il est nécessaire de bien réfléchir avant de se lancer dans une entreprise aussi risquée.*) ; il est ~ **pour** qqn **de** + inf. (*Il est nécessaire pour lui de se savoir apprécié.*) ; ▾ La forme impers. suivie de la conj. **que** demande le subj. (*Il est nécessaire que vous soyez présent.*)

NÉFASTE ; ~ **à** qqn (*Cette influence lui a été néfaste.*) ; ~ **à** ou **pour** qqch. (*Des mesures néfastes à* ou *pour l'économie.*)

NÉGLIGER qqn ou qqch. (*ses enfants, son travail*) ; ~ **de** + inf. (*Elle a négligé de le prévenir.*) ; se ~.

NÉGOCIER ; ~ **avec** qqn ; ~ qqch. (*un contrat, un virage*) ; ~ qqch. **avec** qqn (*Négocier la paix avec l'ennemi.*) ; [sujet : chose] se ~ (*Tout se négocie.*) ; se ~ **entre** des personnes (*Une entente s'est négociée entre*

les deux parties, entre le patron et les grévistes.)

NET ; ~ **de** qqch. [exempt] (*On l'a déclaré net de tout blâme. Un revenu net d'impôt.*)

NOCIF ; ~ **pour** qqn ou qqch. (*Un climat nocif pour les asthmatiques. Un produit nocif pour l'environnement.*)

NOMMER qqn ou qqch. (*Il refuse de nommer son complice. Elle a nommé les fleurs qu'elle préférait.*) ; ~ qqn ou qqch. + attribut (*On l'a nommé Jean. On l'a nommé chef de service. Ce désir qu'on nomme ambition.*) ; ~ qqn **à** qqch. (*à un poste*) ; se ~ [dire son nom] ; se ~ + nom (*Il se nomme Jean.*)

NOTIFIER qqch. (*Il n'a pas encore notifié son accord.*) ; ~ qqch. **à** qqn (*On lui a notifié son renvoi.*)

NOUER qqch. (*ses lacets*) ; ~ qqch. **avec** qqch. (*un paquet avec une ficelle*) ; [fig.] ~ qqch. **à** qqn (*Un sanglot lui noua la gorge.*) ; ~ qqch. **avec** qqn (*une alliance, une amitié, une conversation avec une personne*) ; se ~ (*Une amitié se noue. Une conversation se noue.*)

NOURRIR qqn ou qqch. ; ~ qqn **à** qqch. (*Nourrir un enfant au lait.*) ; ~ qqn **à** qqch. (*Nourrir un bébé au sein, au biberon, à la cuillère.*) ; ~ qqn **avec** qqch. (*Pendant quelque temps on a nourri ce malade avec de la compote.*) ; [fig.] ~ qqn **de** qqch. (*On l'a nourri de faux espoirs.*) ; [fig. ou non] se ~ ; se ~ **de** qqch. (*de légumes, de faux espoirs*).

NOUVEAU ; ~ **dans** qqch. (*Il est nouveau dans le métier.*) ; ~ **pour** qqn (*Tout ça est nouveau pour lui.*)

NOVICE ; ~ **dans** qqch. (*dans ce métier*) ; ~ **en** qqch. (*en plongée sous-marine, en la matière*).

NOYER qqn ou qqch. (*son chagrin*) ; ~ qqn ou qqch. **dans** qqch. (*son chagrin dans l'alcool*) ; noyé ; noyé **de** qqch. (*Il était noyé de sueur. Des yeux noyés de larmes.*) ; se ~ ; se ~ **dans** qqch. (*dans sa piscine*).

NUANCÉ ; ~ **de** qqch. (*Optimisme nuancé de prudence.*) ; [personne] ~ **dans** qqch. (*dans ses jugements*).

NUIRE ; ~ **à** qqn ou qqch. (*Sa timidité lui a beaucoup nui.*

Cela risque de nuire à sa carrière.) ; ~ **à** qqn **auprès de** qqn (*Il a essayé de nuire à cet employé auprès de ses supérieurs.*) ; ~ **à** qqn ou qqch. **par** qqch. (*Il nuit à ses collègues par un manque de rigueur dans ses travaux. Il risque de nuire aux négociations par ses indiscrétions.*) ; se ~ (*Il se nuit en voulant trop bien faire. Elles se sont nui plus qu'elles ne se sont aidées.*)

NUISIBLE ; ~ **à** qqch. (*Des émanations nuisibles à la santé.*)

NUL ; [personne] ~ (*Un élève absolument nul.*) ; ~ **dans**, **en**, **pour** qqch. (*Il est nul dans la gestion de ses affaires. Il est nul en mathématiques. Il est nul pour le bricolage.*)

O

OBÉIR ; ~ **à** qqn ou qqch. ; obéi **de** qqn (*Un père obéi de ses enfants.*) ; se faire ~ **de** qqn (*de ses enfants*).

OBÉISSANT ; ~ **envers** qqn (*Cet enfant n'est pas obéissant envers moi.*)

OBJECTER qqch. [prétexter] (*Objecter un manque de temps pour ne pas effectuer un travail.*) ; ~ qqch. **à** qqn (*On lui a objecté son manque d'expérience.*) ; ~ qqch. **à** ou **contre** qqch. [opposer] (*Il a objecté de bonnes raisons à* ou *contre mes arguments.*) ; ▼ Le verbe suivant la conj. **que** se construit avec l'ind. [rétorquer] (*On objectait qu'il manquait d'expérience. On nous objecte que cette mesure sera impossible à appliquer.*) ; ⊖ Éviter : « S'objecter à » qqch. Dire : **S'opposer à**, **s'inscrire en faux contre** qqch., **ne pas être d'accord avec** qqch.

OBLIGER qqn à qqch. [forcer] (*La tradition nous oblige à un certain conformisme.*) ; ~ qqn **à** + inf. (*Il l'a obligée à le suivre. Les circonstances nous obligent à annuler ce voyage.*) ; obligé **à** qqch. (*au secret professionnel*) ; obligé **de** + inf. (*J'ai été obligé de partir.*) ; obligé **par** qqn ou qqch. **à** + inf. (*J'ai été obligée par mon voisin à abattre un arbre, par la force des*

choses à changer de stratégie.) ; s'~ **à** + inf. (*Elle s'oblige à prendre l'air tous les jours.*) ; ~ qqn [rendre service] ; ~ qqn **de** + inf. (*Vous m'obligeriez beaucoup de vous charger de cette affaire.*) ; ~ qqn **en** + part. prés. (*Vous m'obligeriez beaucoup en vous chargeant de cette affaire.*) ; obligé **à** qqn **de** qqch. [reconnaissant] (*Je vous suis fort obligé de la peine que vous prenez.*) ; obligé **à** qqn **de** + inf. (*Je vous serai très obligé de vous charger de cette affaire.*)

OBSÉDER qqn ; obsédé ; obsédé ~ **par** qqn ou qqch. ▼ Mais on dit : Un obsédé **de** rap.

OBSTINÉ ; ~ **dans** qqch. (*Obstiné dans son désir de vengeance, il ne cesse de le poursuivre.*)

OBSTINER (S') ; s'~ **dans** qqch. (*dans une idée, dans son mutisme*) ; s'~ **sur** qqch. (*sur une question, sur un sujet*) ; s'~ **à** + inf. (*Elle s'obstine à croire que rien n'a changé.*) ; [sujet : chose] s'~ **sur** qqn ou qqch. (*La malchance s'obstine sur cet athlète.*) ; ⊖ Éviter le régionalisme : « Obstiner » qqn dans le sens de le **contredire** ou de lui **résister**.

OBSTRUER qqn ; obstrué ; obstrué **de** qqch. [encombré] (*Entrée obstruée de malles et de paquets.*) ; obstrué **par** qqch. [bouché] (*Route obstruée par un bouchon de circulation.*)

OBTEMPÉRER ; ~ **à** qqch. (*à un ordre*).

OBTENIR qqch. (*un grand succès, la garde d'un enfant*) ; ~ qqch. **à** ou **pour** qqn (*Il lui a obtenu un billet gratuit. Il a obtenu un billet gratuit pour son fils.*) ; ~ qqch. **de** qqn (*J'ai obtenu de lui la permission de m'absenter quelques jours.*) ; ~ qqch. **par** qqch. (*par la violence*) ; ~ **de** + inf. (*Il a obtenu de pouvoir arriver plus tard.*) ; ▼ Le verbe suivant la conj. **que** se construit avec le subj. ou le cond. (*Elle a obtenu de lui qu'il n'ébruite pas l'affaire. Il a obtenu de son fils qu'il irait se faire couper les cheveux.*) ; s'~ (*Ce médicament s'obtient facilement.*) ; s'~ **en** + part.

prés. (*Le total s'obtient en additionnant ces deux sommes.*) ; s'~ **par** qqch. (*Cela ne s'obtient que par un effort soutenu.*)

OCCUPÉ [personne] ; ~ **à** qqch. (*Marie est occupée au classement des dossiers.*) ; ~ **à** + inf. (*Marie est occupée à classer les dossiers.*)

OCCUPER qqch. (*Occuper un appartement, un poste.*) ; occupé (*Cette chambre est occupée.*) ; occupé **par** qqn (*Cette chambre est occupée par moi.*) ; ~ qqn ou qqch. [tenir en activité] (*Cette activité l'occupe toute la matinée. Cette activité occupe tout son temps.*) ; ~ qqn **à** qqch. (*Il occupe deux traducteurs à la révision des textes.*) ; ~ qqch. **à** + inf. (*Il occupe ses loisirs à jouer au golf.*) ; occupé **par** qqn ou qqch. (*Elle est très occupée par ses activités bénévoles. Il a l'esprit occupé par les nouveaux changements.*) ; s'~ (*Elle sait s'occuper.*) ⊖ Éviter : Il n'a pas que cela « à s'occuper ». Dire : Il n'a pas que cela **à faire** ; s' ~ **à** qqch. (*à des travaux de peinture*) ; s'~ **à** + inf. (*à faire du bénévolat*) ; s'~ **de** qqn ou qqch. [se préoccuper] (*de ses enfants, de politique*) ; s'~ **de** + inf. (*Il ne s'occupe pas de savoir si cela m'ennuie.*)

OCTROYER qqch. **à** qqn (*un congé au personnel, une permission, un délai à un employé, des faveurs à quelqu'un*) ; s'~ qqch. (*quelques jours de congé*).

ODIEUX ; ~ **à** qqn (*Cette pensée lui est odieuse.*) ; ~ **avec** qqn [désagréable envers] (*Cet enfant est odieux avec nous.*)

ŒUVRER **en faveur de** ou **pour** qqch. (*en faveur de la paix, pour la défense des droits de la personne*) ; ⊖ Éviter : Il « œuvre » à l'Université Laval. Ce terme a le sens de *s'employer à promouvoir un idéal* et est utilisé abusivement au sens de *travailler pour gagner sa vie*. Dire : Il **travaille** à l'Université Laval.

OFFENSER qqn (*Il l'a offensé sans le vouloir.*) ; offensé ; offensé **de** ou **par** qqch. (*Il est offensé de* ou *par leurs mauvaises*

manières.) ; offensé **par** qqn (*Il a été offensé par un confrère.*) ; s'~ (*Il s'offense facilement.*) ; s'~ **de** qqch. (*Elle s'offense de la moindre critique.*) ; s'~ **de** + inf. (*de ne pas avoir été choisi*) ; s'~ **de** ce que [ou : que] + subj. (*Il s'offense de ce que vous ne l'ayez pas félicité. Il s'offense que vous ne l'ayez pas invité.*)

OFFRIR qqn ou qqch. (*En homme de son époque, il lui a offert sa fille comme secrétaire. J'aime offrir des fleurs.*) ; ~ qqn ou qqch. **à** qqn (*Je vous offre mon secrétaire, il vous servira de guide. Il lui a offert un cadeau.*) ; ~ qqch. **à** qqn **pour** qqch. (*On ne m'a offert que 1000 $ pour ma voiture.*) ; ~ **à** qqn + inf. (*Je vous offre à dîner. Il offrit à boire et à manger à ses amis.*) ; ~ **à** qqn **de** + inf. (*Elle lui a offert de le remplacer.*) ; ~ **de** + inf. (*Pierre a offert de partir le premier.*) ; s'~ (*Elle s'est offerte comme guide.*) ; s'~ qqch. (*un congé*) ; s'~ **pour** + inf. (*Elles se sont offertes pour nous aider.*) ; [sujet : chose] s'~ (*Ils ont choisi la première occasion qui s'offrait.*) ; s'~ **à** qqn ou qqch. (*Une occasion en or s'offrait à nous. Une vue grandiose s'offrait à nos regards.*)

OFFUSQUER qqn ; offusqué **de** ou **par** qqch. (*de* ou *par la grossièreté d'un malotru*) ; s'~ **de** qqch. (*Elle s'offusque d'un rien.*)

OINDRE qqn ; ~ qqn **de** qqch. (*d'huile, de crème*).

OMETTRE qqn ou qqch. (*J'espère qu'il n'a omis personne sur la liste. Omettre un ingrédient dans une recette.*) ; ~ **de** + inf. (*de préciser certains détails*).

OPÉRER qqn [chirurgie] ; ~ qqn **à** qqch. (*à l'œil*) ; ~ qqn ou qqch. **de** qqch. (*On l'a opéré de l'appendicite. Opérer un œil de la cataracte.*) ; se faire ~ **de** qqch. (*d'un cancer*) ; ~ [agir] (*Les cambrioleurs opèrent souvent la nuit. Cet analgésique n'a pas opéré. Son charme a opéré.*) ; ~ **sur** qqn ou qqch. (*Son discours opéra sur les manifestants.*) ; ~ qqch. **sur** qqn ou qqch. (*Ce voyage a opéré sur lui un heureux changement. Ces épreuves ont opéré un changement insidieux sur son style.*) ;

s'~ (*Les transformations qui s'opèrent actuellement dans la politique municipale.*)

OPINER ; ~ **de** qqch. (*du bonnet, du chef, de la tête*) ; [dr.] ~ **contre, pour** qqch. (*contre une proposition*) ; [dr. ou plaisant] ~ **à** qqch. [consentir].

OPPOSABLE ; ~ **à** qqch. (*Je ne vois aucun argument opposable à ce décret.*)

OPPOSÉ (*Tons opposés. Opinions diamétralement opposées.*) ; ~ **à** qqch. (*Il s'est engagé dans la voie opposée au sens de la circulation. Je suis opposé à des mesures oppressives.*)

OPPOSER qqch. **à** qqn ou qqch. [objecter] (*Opposer une fin de non-recevoir à un plaignant. Opposer un* veto *à une loi. Il a opposé des arguments très valables à ma théorie. Je n'ai rien à opposer à ce raisonnement.*) ; ▼ Le verbe suivant la conj. **que** se construit avec l'ind. (*Quand il postule un emploi, on lui oppose qu'il n'a pas d'expérience.*) ; s'~ **à** qqn ou qqch. (*Elle s'oppose ouvertement à son père. S'opposer à une décision, à un projet. Rien ne s'oppose à votre départ.*) ; s'~ **à** ce que + subj. (*Je m'oppose à ce que vous preniez de tels risques.*) ; ~ des personnes ou des choses [mettre en confrontation] (*Des intérêts divergents les opposeront toujours.*) ; ~ qqn ou qqch. **à, et** qqn ou qqch. (*Quel candidat opposer au président sortant ? La partie de demain opposera le Canadien aux Bruins, le Canadien et les Bruins.*) ; s'~ (*Les meilleurs joueurs de bridge s'opposent dans ce tournoi.*) ; s'~ [contraster] (*Des tempéraments, des couleurs qui s'opposent.*)

OPTER **pour** qqn ou qqch.

ORDONNER qqch. [donner un ordre] (*Puis il ordonna le silence.*) ; ~ qqch. **à** qqn (*Je ferai tout ce que vous m'ordonnerez.*) ; ~ **à** qqn **de** + inf. (*Il lui a ordonné de garder le silence.*) ; ▼ Le verbe suivant la conj. **que** se construit avec le subj. (*Le juge a ordonné que l'audience soit suspendue.*)

ORGANISÉ ; ~ **en** qqch. (*Chercheurs organisés en équipes.*)

ORGANISER qqch. ; s'~ ; s'~ **en** qqch. (*Les chercheurs se sont organisés en équipes.*)

ORGUEILLEUX ; ~ **de** qqch. (*de sa beauté*).

ORIENTER qqn ou qqch. (*la foule, l'opinion publique, la conversation*) ; ~ qqch. **à** (*Orienter sa maison au sud.*) ; ~ qqch. **sur** qqn ou qqch. (*Il a orienté la conversation sur une chanteuse à la mode, sur un sujet tabou.*) ; ~ qqn ou qqch. **vers** qqch. (*Orienter le public vers la sortie. Orienter un élève vers les sciences humaines. Orienter le ventilateur vers la droite. Ce chercheur oriente sa recherche vers le séquençage du génome humain.*) ; orienté **par** qqch. (*Des goûts orientés par la publicité.*) ; s'~ [se repérer] (*Les Inuits s'orientent facilement dans leur paysage de neige. S'orienter à travers un dédale de solutions possibles. Les soupçons s'orientent du côté des camarades de la victime.*) ; s'~ **à l'aide de** ou **avec** (*une boussole*), **par** (*son ombre*), **sur** (*l'étoile polaire*) ; s'~ **en** qqch. [choisir un métier] (*Elle s'est orientée en psychologie.*) ; s'~ **vers** qqch. (*Ce jeune homme s'oriente vers les arts.*)

ORIGINAIRE **de** (*New York, France, Nouvelle-Écosse*).

ORNEMENTER qqch. ; ~ qqch. **de** qqch. (*En Bavière on ornemente souvent la façade des maisons de fresques aux couleurs vives.*) ; ornementé **de** qqch. (*Un coffre d'ébène ornementé d'incrustations d'ivoire.*)

ORNER qqch. (*Tu devrais orner cette table. Un bouquet de tulipe ornait la table.*) ; [sujet : personne] ~ qqch. **de** qqch. (*Cet écrivain orne son style de belles métaphores.*) ; [sujet : chose] orné **de** qqch. (*Une robe ornée de dentelle.*)

ORPHELIN ; ~ **de** qqn (*de père et de mère*).

OSCILLER ; ~ **entre** deux choses (*Osciller entre deux options, entre l'action et le statu quo.*)

ÔTER qqch. ; ~ qqn ou qqch. **à** qqn ou qqch. (*Ôter un*

enfant à sa mère. Cela n'ôte rien à son mérite. Le sucre ôte leur acidité aux tomates.) ; ~ qqch. **de** qqch. (*une idée de l'esprit de quelqu'un, une somme d'une autre, une épine du pied*).

OUBLIER qqn ou qqch. ; ~ **de** + inf. (*Il a oublié de m'avertir.*) ; ▼ Le verbe suivant la conj. **que** ou **si** se construit avec l'ind. (*J'ai oublié que vous deviez venir aujourd'hui. J'ai oublié s'il avait refusé ou non.*) ; oublié ; oublié ~ **de** qqn (*Il est mort oublié de tous.*) ; oublié **par** qqn (*Ce dossier oublié par le comité prenait la poussière.*) ; s'~ (*Les promesses s'oublient souvent vite. Il ne s'est pas oublié dans l'éloge qu'il a fait du travail des bénévoles.*)

OUBLIEUX de qqch. (*des services qu'on lui a rendus*).

OUTRÉ ; ~ **de** ou **par** qqch.

OUVERT (*Une porte ouverte. Un esprit ouvert.*) ; ~ **à** qqch. (*Un parc ouvert au public. Un homme ouvert aux idées nouvelles.*)

OUVRIR (*Magasin qui ouvre le soir.*) ; qqch. (*une lettre*) ; ~ qqch. **à** qqn ou qqch. (*Il lui a ouvert les yeux. Ouvrir sa maison à un ami, une route à la circulation. Ouvrir un crédit à un client.*) ; s'~ (*Cette fenêtre s'ouvre mal.*) ; s'~ **sur** qqch. ou ~ **sur** qqch. [donner accès sur] (*Cette porte s'ouvre* ou *ouvre sur le jardin.*) ; [sujet : personne] s'~ **à** qqch. (*S'ouvrir à la vie, à une idée, à certains problèmes.*) ; s'~ **à** qqn [se confier] (*Elle a fini par s'ouvrir à sa mère.*) ; s'~ **de** qqch. **à** qqn (*Ils se sont ouverts de leurs projets à des amis.*) ; [sujet : chose] s'~ **par** qqch. [commencer par] (*Le colloque s'ouvrira par un discours du ministre.*)

P

PACTISER avec qqn ou qqch. (*avec le diable, avec sa conscience*).

PAILLETER qqch. ; pailleté **de** qqch. (*Étoffe pailletée d'or.*)

PÂLE ; [fig.] ~ **de** qqch. (*de rage, d'effroi*).

PÂLIR ; [fig.] ~ **de** qqch. (*de peur, de froid*).

PALLIER qqch. (*Pallier une lacune, une insuffisance, un inconvénient, une crise, un manque*) ⊖ Éviter : Pallier « à » qqch.

PALPITANT ; ~ **de** qqch. (*d'émotion, d'angoisse*).

PÂMER (SE) ; se ~ **de** qqch. (*de rire, d'admiration*).

PANTELANT ; ~ **de** qqch. (*de terreur*).

PANTELER ; ~ **de** qqch. (*d'émotion*).

PARAÎTRE (*Cette tache paraît à peine.*) ; [sujet : personne] ~ **à**, **sur** qqch. (*Il n'a pas paru à son bureau hier. La chanteuse a paru sur la scène.*) ; [sujet : personne ou chose] ~ + attribut (*Elle parut étonnée. Elle ne paraît pas son âge. Le déroulement des négociations paraît normal.*) ; ~ + attribut **à** qqn ou qqch. (*Pierre ne m'a pas paru très en forme. Cela lui a paru normal. Cette mesure paraît nécessaire à la réussite de l'entreprise.*) ; ~ + inf. (*Il parut hésiter.*) ; il paraît + adj. **à** qqn **de** + inf. (*Il me paraît nécessaire de tout revoir.*) ; ▾ La forme impers. suivie de la conj. **que** demande l'ind. ou le cond. (*Il paraît qu'il est absent. Il paraît qu'il serait malade.*) ; ▾ La forme impers. accompagnée d'un adj. et suivie de la conj. **que** demande le cond. ou le subj. (*Il me paraît certain qu'il devrait faire ce voyage. Il me paraît nécessaire que vous fassiez ce voyage.*)

PARALLÈLE ; ~ **à** qqch. (*Une route parallèle à une voie de chemin de fer.*)

PARDONNER (*Elle pardonne vite. Une erreur qui ne pardonne pas.*) ; ~ qqch. (*Veuillez pardonner mon retard.*) ; ~ qqch. **à** qqn (*Il ne lui a pas pardonné son indiscrétion.*) ; ~ **à** qqn (*Il ne lui a pas pardonné.*) ; ~ **à** qqn **de** + inf. (*Pardonnez-moi de vous interrompre. Pardonnez-moi d'être parti si vite.*) ; se ~ (*C'est une erreur qui ne se pardonne pas.*) ; se ~ qqch. (*Je ne me le pardonnerai jamais. Ils ne se pardonneront jamais les mots durs qu'ils ont échangés.*)

PAREIL (*Ces deux gants ne sont pas pareils.*) ; ~ **à** qqn ou qqch. (*Il est pareil à nous. Il a un pantalon pareil au mien.*) ⊖ Éviter : Pareil « comme » qqn ou qqch.

PARENT (*Ils sont parents.*) ; ~ **avec** qqn (*Elle est parente avec mon cousin.*)

PARER qqn ou qqch. [orner] (*l'autel*) ; ~ qqn ou qqch. **de** qqch. (*Pour sa mise au tombeau, on parait de bijoux en or le pharaon décédé. Il pare sa mère de toutes les qualités.*) ; paré (*Un homme richement paré.*) ; paré **de** qqch. (*Elle fit son entrée parée de fourrures.*) ; se ~ **de** qqch. (*d'un faux titre*) ; ~ qqch. [se protéger] (*Parer les coups, une attaque.*) ; ~ **à** qqch. [remédier] (*Parer à toute éventualité. Parer au plus pressé.*)

PARFUMER qqch. ; ~ qqch. **à** qqch. (*Parfumer un gâteau au rhum, une glace à la vanille.*)

PARIER ; ~ **à** qui (*arrivera le premier*) ; ~ **à... contre** (*à cinq contre un*) ; ~ **avec** qqn (*Je ne veux plus parier avec lui.*) ; ~ **pour** qqn ou qqch. (*J'ai parié pour cet athlète, pour sa victoire.*) ; ~ qqch. **sur** qqn ou qqch. (*Je parie 10 $ sur cette équipe, sur ce cheval.*) ; ▼ Le verbe suivant la conj. **que** se construit avec l'ind. (*Je parie qu'il ne viendra pas. Je parie une bouteille avec toi qu'il va gagner.*)

PARLER ; [sujet : personne] ~ **avec** qqn (*Elle parlait avec lui pendant des heures.*) ; ~ **contre**, **en faveur de**, **pour** qqn (*Les délégués ont parlé en faveur de l'aide aux sidatiques. Sa franchise parle pour lui.*) ; ~ **pour** qqn (*Parle pour toi !*) ; ~ qqch. (*Parler politique, chiffons.*) ; ~ **à** qqn (*Il a parlé hier à son frère.*) ; ~ **de** qqch. (*On parle de lui comme futur président. On ne parle pas de ce sujet tabou.*) ; ~ **de** qqn ou qqch. **à** qqn (*Il m'a parlé de son associé et de leur projet commun.*) ; ~ **de** + inf. (*Il parle de s'absenter un mois.*) ; se ~ (*à soi-même*) ; se ~ (*Ils se sont brouillés et ne se parlent plus.*) ; [sujet : chose] ~ (*Les résultats parlent.*) ; ~ **à** qqn ou qqch. (*Ce tableau nous parle encore, parle à tous les*

sens.) ; ~ **de** qqch. [témoigner] (*Tout parle ici d'une affaire frauduleuse.*) ; se ~ [être parlé] (*Ce dialecte ne se parle plus.*) ; [sujet : personne] ~ une langue [pouvoir s'exprimer dans une langue] (*Je parle anglais.*) ▾ Mais on dit : Parler un anglais approximatif ; ~ **en** qqch. [s'exprimer en utilisant une langue] (*Elle leur a parlé en anglais.*)

PARSEMER qqch. [sujet : chose] (*Les coquelicots qui parsèment les champs.*) ; parsemé **de** qqch. (*Un pré parsemé de coquelicots.*) ; [sujet : personne] ~ **de** qqch. (*Parsemer sa lettre de petits dessins.*)

PARTAGEABLE ; ~ **entre** des personnes (*Les frais d'entretien sont partageables entre les copropriétaires.*)

PARTAGER [répartir] (*Le petit enfant n'aime pas partager.*) ; ~ qqch. (*un héritage*) ; ~ qqch. **avec** qqn (*Elle n'aime pas partager ses jouets avec son frère.*) ; ~ qqch. **en** (*Partager une somme en deux, un gâteau en huit parts.*) ; ~ qqch. **entre** des personnes ou des choses (*Partager ses biens entre ses enfants. Il partage son temps libre entre deux activités sportives. Partager son temps entre ses études et son travail.*) ; se ~ qqch. (*Ils se sont partagé les vivres.*) ; se ~ **en** (*Cette tâche peut se partager en deux.*) ; se ~ **entre** des personnes ou des choses (*entre ses enfants, entre son père et une tante malade, entre son travail et sa famille*) ; ~ qqch. [diviser] (*La question du chômage partage l'opinion publique.*) ; partagé (*Les éthiciens restent partagés. Les avis sont partagés.*) ; partagé **sur** qqch. (*Ils sont partagés sur les mesures à adopter.*) ; partagé **entre** des choses [indécis] (*Être partagé entre deux sentiments contradictoires, entre son sens du devoir et sa tranquillité.*) ; ~ qqch. [être solidaire] (*Partager les idées, les ennuis, l'enthousiasme de quelqu'un.*) ; [sujet : chose] partagé [mutuel] (*Amour partagé, torts partagés.*) ; partagé **par** qqn [commun à] (*Opinion partagée par tous les membres.*)

PARTICIPER **à** qqch. ; [littér.] ~ **de** qqch. [tenir de la

nature de] (*La tendresse participe de l'amour.*)

PARTICULIER ; ~ **à** qqn ou qqch. (*Des habitudes particulières à une région.*)

PARTIR ; ~ **à** (*Londres, l'école*), **dans** (*le Midi*), **en** (*Italie*), **pour** (*Paris*) ; ~ **de** (Londres) ; ~ **de** qqch. (*Mot parti du cœur.*) ; ~ **en** qqch. (*en mission, en cavale*) ; ~ **pour** qqch. (*pour la chasse*).

PARTISAN (*esprit partisan*) ; ~ **de** qqch. (*Elle est partisane du moindre effort.*) ; ~ **de** + inf. (*Il est partisan de mettre la famille au courant.*)

PARVENIR à qqn ou qqch. (*La lettre n'est pas parvenue à son destinataire. Ils parvinrent à un sentier rocailleux. Parvenir à ses fins.*) ; ~ **jusqu'à** qqn ou qqch. (*Certains écrits anciens sont parvenus jusqu'à nous. Le médecin put enfin parvenir jusqu'au lieu de l'accident.*) ; ~ **à** + inf. (*Il n'est pas parvenu à les convaincre de sa bonne foi.*)

PASSER ; ~ **à** qqn ou qqch. (*Il est passé à l'ennemi. Ce fait passera à la postérité. Passons à un autre sujet.*) ; ~ **de** qqch. **à** qqch. (*de Québec à Montréal, de vie à trépas*) ; ~ **de** qqch. **en** qqch. (*de main en main, de bras en bras*) ; ~ **par** qqn ou qqch. (*Je dois passer par le chef de service. Je passe par la gare, je peux vous déposer.*) ; ~ **à** qqn [disparaître] (*Cette habitude lui passera avec l'âge.*) ; ~ outre **à** qqch. [ne pas tenir compte] (*Elle a passé outre aux recommandations de sa mère.*) ; ~ **sur** qqch. (*Passons sur cette difficulté.*) ; ~ **pour** + attribut [être réputé] (*Passer pour un génie. Cela peut passer pour novateur.*) ; ~ **pour** + inf. passé (*Il passe pour avoir inventé ce procédé.*) ; ~ qqch. **à** qqn [transmettre] (*Passer ses pouvoirs à son successeur.*) ; ~ qqch. **à** qqn [pardonner] (*Il lui passe tous ses caprices.*) ; ~ qqch. **sur** qqch. [appliquer] (*Passer une couche de peinture sur un mur.*) ; se ~ [avoir lieu] (*Cela s'est passé dimanche dernier.*) ; se ~ qqch. [échanger] (*Ils se sont passé des renseignements.*) ; se ~ **de** qqn ou qqch. [vivre sans] (*Je

devrai me passer de son aide. Ces propos se passent de commentaires.) ; se ~ **de** + inf. (*d'aller au cinéma*).

PASSIBLE **de** qqch. (*Chauffard passible d'une peine de prison. Délit passible d'une amende.*)

PASSIONNÉ ; ~ **de** ou **par** ou **pour** qqch. (*Elle est passionnée de généalogie* ou *par la généalogie. Ils sont tous passionnés pour la recherche sur le génome humain.*)

PASSIONNER qqn ; se ~ **pour** qqch. (*pour les arts*).

PÂTIR ; ~ **de** qqch. (*Les petits pâtissent de la sottise des grands.*)

PAUVRE ; ~ **en** qqch. (*Aliment pauvre en éléments nutritifs.*) ; [littér.] ~ **de** qqch. [dépourvu] (*Pauvre d'esprit.*)

PAVER qqch. ; pavé ; [fig.] pavé **de** qqch. [en abondance] (*L'enfer est pavé de bonnes intentions.*)

PAYER (*Il paie toujours rubis sur l'ongle.*) ; ~ qqn ou qqch. (*son propriétaire, son loyer*) ⊖ Éviter l'anglicisme : Payer « pour » qqch. Dire : Payer un livre, payer un repas ; ~ qqch. (*20 $*) ; ~ qqch. **à** qqn (*On lui a payé le voyage pour l'entrevue.*) ; ~ qqn **de** qqch. (*Il l'a fort bien payé de ses services, de sa peine.*) ; ~ qqn ou qqch. **de** qqch. (*Il a payé cette moto de ses deniers, de sa poche. Il a payé de sa vie cette imprudence. Il nous a payés de belles paroles.*) ; se ~ qqch. (*Elle s'est payé un voyage.*) ; ~ **pour** qqn [expier] (*Les bons paient pour les méchants.*) ; se ~ **de** qqch. [se contenter] (*Se payer de mots, d'illusions.*)

PÉCHER ; ~ **contre** qqch. (*contre la bienséance, contre les bonnes mœurs*) ; ~ **par** qqch. (*par orgueil*).

PEINDRE (*J'aime peindre.*) ; ~ **à** qqch. (*Peindre à l'huile.*) ; ~ **sur** qqch. (*Peindre sur soie, sur porcelaine.*) ; ~ qqch. ; ~ qqch. **à** qqch. (*Peindre un mur à la chaux. Peindre un mur au rouleau.*) ; ~ qqch. **avec** qqch. (*Peindre un local avec un reste de peinture.*) ; ~ qqch. **de** qqch. (*Peindre un mur de deux couleurs.*) ;

~ qqch. **en** qqch. (*Peindre un mur en bleu.*) ; [fig.] se ~ **sur** qqch. (*La tristesse se peignait sur son visage.*)

PEINER (*Il a beaucoup peiné pour monter cette affaire. Le moteur peinait dans la côte.*) ; ~ **sur** qqch. (*L'élève peinait sur son devoir de math.*) ; ~ **à** + inf. (*Il peine à monter l'escalier.*) ; ~ qqn [affliger] (*Ton attitude l'a beaucoup peiné.*) ; peiné **de** qqch. (*du deuil d'un ami*) ; peiné **de** + inf. (*de constater qu'il n'y a plus d'espoir*).

PÉNALISER qqn ; pénalisé **pour** qqch. (*pour excès de vitesse*).

PENCHER (*La tour de Pise penche moins qu'auparavant.*) ; ~ **vers** qqch. (*Cet arbre penche dangereusement vers la maison.*) ; ~ qqch. (*la tête*) ; se ~ **par** qqch. (*par la portière*) ; se ~ **sur** qqch. (*sur sa table à dessin*) ; se ~ **vers** qqch. (*Cet arbre se penche vers la maison.*) ; [fig.] se ~ **sur** qqch. (*sur un problème*) ; ~ **pour** qqn ou qqch. [avoir une préférence] (*Je pencherai plutôt pour ce candidat. Nous penchons pour cette solution.*)

PENDRE **à** qqch. (*Les poires pendaient aux branches.*) ; ~ qqch. ; ~ qqch. **à** qqch. (*Pends ton manteau au crochet. Pends ce cadre au mur.*)

PÉNÉTRÉ **de** qqch. (*Des murs pénétrés d'humidité.*) ; [fig. et souvent ironique] ~ (*Il écoutait d'un air pénétré.*) ; ~ **de** qqch. (*Il pontifiait, tout pénétré de lui-même, de son importance.*)

PÉNÉTRER ; ~ **à l'intérieur de** ou **dans** qqch., **chez** qqn [entrer] ; ~ qqn ou qqch. [transpercer ou percevoir] (*L'eau a pénétré mes vêtements. Ils ont pénétré son secret.*) ; se ~ **de** qqch. [se convaincre] (*Ils se sont pénétrés de la nécessité d'agir.*)

PENSER ; ~ qqch. **de** qqn ou qqch. (*Je me doute de ce qu'on va penser de nous. Que pensez-vous de ce projet ?*) ; ~ du bien, du mal **de** qqn ou qqch. ; ~ **à** qqn ou qqch. (*J'ai pensé à vous et à votre mésaventure.*) ; ▾ Le verbe suivant la conj. **que** se construit avec l'ind. (*Je pense qu'il

le fera.) ou, à la forme négative, avec le subj. ou l'ind. (*Je ne pense pas qu'il le fasse. Je ne pense pas qu'il le fera.*) ; ~ + inf. [avoir l'intention de] (*Je pense partir demain.*) ; ~ **à** + inf. [se rappeler] (*Pensez à éteindre les lumières.*)

PERCEPTIBLE ; ~ **à** qqch. (*à l'oreille*).

PERCER (*Abcès qui perce.*) ; ~ qqch. (*un coffre-fort, un mystère*) ; ~ qqch. **de** qqch. (*d'un glaive, d'une flèche*).

PERCLUS **de** qqch. (*de rhumatismes*).

PERCUTER **contre** qqch. [heurter en explosant] (*Le camion est allé percuter contre un mur. Un petit avion est venu percuter contre le sol.*) ; ~ qqch. (*Sa moto a percuté un arbre.*)

PERFECTIONNER qqch. ; se ~ ; se ~ **en** qqch. (*en anglais*).

PÉRIR + part. passé (*périr noyé*) ; ~ **à** (*la guerre*), **dans** (*un naufrage*), **de** (*faim*), **en** (*mer*), **sur** (*l'échafaud*) ; faire ~ qqch. (*ses plantes*).

PERMÉABLE ; ~ **à** qqch. (*Une substance perméable à la lumière. Un homme perméable aux idées nouvelles.*)

PERMETTRE qqch. (*Mon patron ne permet pas le port du short au bureau.*) ; ~ **à** qqn **de** + inf. (*Permettez-moi de vous interrompre.*) ; ▼ Le verbe suivant la conj. **que** se construit avec le subj. (*Il ne permet pas qu'on fasse du bruit quand il travaille.*) ; permis (*Attention ! Cela n'est pas permis.*) ; permis **à** qqn (*Cela ne nous est pas permis.*) ; il est permis, il n'est pas permis **de** + inf. (*de fumer dans les restaurants*) ; se ~ qqch. (*un écart de langage*) ; se ~ **de** + inf. (*Je me permets de vous parler franchement.*)

PERNICIEUX ; ~ **pour** qqn ou qqch. (*Ce sont là des influences pernicieuses pour les enfants. L'abus des matières grasses est pernicieux pour la santé.*)

PERPENDICULAIRE ; ~ **à** qqch. (*Une rue perpendiculaire à la rivière.*)

PERSÉVÉRER ; ~ **dans** qqch. (*dans son refus*) ; ~ **à** + inf. (*à nier sa culpabilité*).

PERSISTER ; ~ **dans** qqch. (*dans ses projets*) ; ~ **à** + inf. (*Elle persiste à penser qu'une entente était possible.*)

PERSUADER qqn (*Arrivera-t-il à la persuader ?*) ; ~ qqn **de** qqch. (*Comment le persuader de ma sincérité ?*) ; ~ qqn **de** + inf. (*Elle a persuadé son mari d'accepter ce poste.*) ; ▼ Le verbe suivant la conj. **que** se construit avec l'ind. (*Il a fini par me persuader qu'il avait raison.*) ; persuadé **de** qqch. (*de la véracité des faits*) ; persuadé **de** + inf. (*Il est persuadé d'avoir bien agi.*) ; ▼ Le part. passé suivi de la conj. **que** demande l'ind. (*Il est persuadé qu'elle est de bonne foi.*) ; se ~ **de** qqch. (*Elle s'est persuadée à tort de la validité de cette information.*) ; ▼ Le verbe suivant la conj. **que** se construit avec l'ind. (*Ils se sont persuadé(s) qu'ils sont victimes du système judiciaire.*)

PESER (*Elle pèse 100 kg.*) ; ~ qqn ou qqch. (*des légumes, ses mots, le pour et le contre, sa décision*) ; ~ **contre**, **sur** qqch. (*Peser contre une porte pour l'ouvrir. Peser sur un bouton.*) ; [sujet : chose] ~ **à** qqn [importuner] (*Sa solitude lui pèse.*) ; ~ **sur** qqch. (*Le remords pèse sur sa conscience.*) ~ **dans** qqch. [influer] (*Facteur qui pèse dans une décision.*)

PESTER ; ~ **contre** qqn ou qqch. (*contre son voisin, contre le mauvais temps*).

PÉTILLANT ; ~ **de** qqch. (*Regard pétillant de malice.*)

PÉTILLER ; ~ **de** qqch. (*d'esprit, d'intelligence*).

PÉTRIR ; pétri **de** qqch. (*d'orgueil*).

PEUPLER qqch. ; ~ qqch. **de** qqn ou qqch. (*Peupler son harem de belles filles. Peupler une région de gibier. Peupler un étang d'alevins.*) ; peuplé (*Une ville très peuplée.*) ; peuplé **de** qqn ou qqch. (*Quartier peuplé d'immigrants. Lac peuplé de carpes. Forêt peuplée de hêtres.*) ; se ~ (*Petit à petit, le quartier se peuple.*) ; se ~ **de** qqn ou qqch. (*La région s'est

rapidement peuplée d'immigrants. Ce bois s'est rapidement peuplé de lièvres.)

PHILOSOPHER ; ~ **sur** qqch. (*sur la vie après la mort*).

PIQUER qqn ou qqch. ; ~ qqch. **de** qqch. (*Piquer un gigot de gousses d'ail.*) ; se ~ ; se ~ **à** qqch. (*au bras*) ; se ~ **à** qqch. (*Se piquer à l'héroïne.*) ; se ~ **avec** qqch. (*avec une aiguille*) ; piqué **de** qqch. [vexé] (*Elle a été piquée de son manque d'intérêt.*) ; se ~ [se fâcher] ; se ~ **de** qqch. (*de la moindre remarque*) ; se ~ **de** + inf. [se vanter] (*Elle se pique de bien parler le français.*)

PIVOTER (*Un fauteuil qui pivote.*) ; ~ **sur** qqch. (*Pivoter sur ses talons.*)

PLAFONNER ; ~ **à** (*Ce titre a plafonné cette année à 37 $.*)

PLAIDER [dr.] (*Mon avocat plaide cet après-midi. Tout citoyen a le droit de plaider et de consulter un avocat.*) ; ~ **contre**, **pour** qqn (*C'est cet avocat qui plaide pour l'accusé.*) ; ~ qqch. (*Plaider la cause de quelqu'un. Son avocat a l'intention de plaider la folie.*) ; ~ coupable, non coupable (*Ils ont plaidé coupables.*) ; se ~ (*Cette cause s'est plaidée à Paris, à huis clos.*) ; [fig.] ~ **en faveur de**, **pour** qqn ou qqch. (*Il a plaidé en sa faveur auprès de son père. Ce député plaide pour son programme. Ce militant plaide pour le respect de la vie. Sa bonne volonté plaide pour lui.*)

PLAINDRE qqn ou qqch. (*le sort de quelqu'un*) ; ~ qqn **de** + inf. (*Je la plains d'avoir une si mauvaise santé.*) ; se ~ (*Ne vous plaignez pas si on ne vous croit plus.*) ; se ~ **de** qqn ou qqch. (*Il se plaint de l'incompréhension des siens.*) ; se ~ **de** + inf. (*de ne pas avoir le choix*) ; ▼ Le verbe suivant la conj. **que** se construit avec l'ind. si l'objet de la plainte est une réalité (*Il se plaint que l'hiver est trop long.*), mais avec le subj. si l'accent est mis sur l'aspect émotif (*Il se plaint qu'on ne le prenne pas au sérieux.*)

PLAIRE ; ~ **à** qqn (*Le candidat me plaît. Ce chapeau me plaît.*) ; se ~ **à** (*Elle se*

plaît beaucoup à la campagne.) ; se ~ **avec** qqn (*On se plaît avec ceux dont on partage les goûts.*) ; se ~ **dans** qqch. (*dans la solitude, dans la médiocrité*) ; se ~ **à** + inf. (*Ils se plaisent à la taquiner.*)

PLAISANTER (*Elle aime bien plaisanter.*) ; ~ **à propos de** ou **sur** qqn ou qqch. (*Elle aime plaisanter à propos de mes petits travers* ou *sur mes petits travers.*) ; ne pas ~ **avec** qqch. [prendre très au sérieux] (*On ne plaisante pas avec la loi.*) ; ~ qqn [taquiner] (*Il aime plaisanter ses collègues. Elle aime nous plaisanter sur notre accent.*)

PLANER ; ~ **au-dessus de** qqch. [flotter dans l'air ou dominer par la pensée] (*L'aigle planait au-dessus de la plaine. Jean plane au-dessus de ces contingences.*) ; [littér.] ~ **sur** qqn ou qqch. (*Son regard planait sur la foule. Un mystère plane sur cette affaire. De lourdes menaces planaient sur son bonheur.*)

PLANIFIER qqch. (*l'économie d'une région*) ⊖ Éviter : « Planifier de » + inf. Dire : **Projeter de** + inf.

PLANTER qqch. **à** qqn (*Le chien lui a planté ses crocs dans le mollet.*) ; ~ qqch. **dans** qqch. (*un clou dans un mur*).

PLAQUER qqch. **sur** qqch. (*Plaquer de l'or sur un bijou.*) ; plaqué (*Métal plaqué d'or* ou *plaqué or. Une chaîne plaquée d'or* ou *plaquée or. C'est du plaqué or.*) ; ~ qqn ou qqch. **contre**, **sur** qqn ou qqch. [appuyer avec force] (*Plaquer sa cavalière contre soi. Il a plaqué son rival contre le mur. Il a plaqué sa main sur la bouche de sa victime.*) ; ~ qqch. **sur** qqch. [mettre à plat] (*La sueur plaquait ses mèches sur son front.*) ; se ~ **au** sol ; se ~ **contre** qqch. (*contre une porte*) ; [fam.] ~ qqn ou qqch. [abandonner].

PLEIN ; ~ **de** qqch. (*Une salle pleine de monde.*) ; [personne] ~ **de** qqch. (*C'est un garçon plein de vie et de bonne volonté. Je suis plein d'admiration pour ce geste désintéressé.*)

PLEURER ; ~ **de** qqch. (*de dépit, de joie*) ; ~ **sur** qqn ou qqch. (*sur les victimes, sur son sort*) ; ~ qqn ou qqch. (*son fils décédé, sa jeunesse*) ; ~ **auprès de** qqn [gémir pour obtenir qqch.] (*Elle est allée pleurer auprès de son employeur pour obtenir ce congé.*)

PLIER ; ~ qqch. (*son mouchoir, l'échine*) ; plié (*Les bras pliés.*) ; plié **en** (*deux*) ; se ~ ; [fig.] ~ **devant**, **sous** qqch. [céder] (*Plier devant l'autorité de son père. Plier sous les protestations redoublées des groupes d'intérêt.*) ; se ~ **à** qqch. (*Elle s'est pliée aux exigences de son employeur.*) ; ~ qqch. **à** qqch. [assujettir] (*Plier ses désirs à ceux des autres.*)

PLONGER ; ~ **dans** qqch. (*dans la piscine*) ; ~ **de** qqch. (*du tremplin*) ; ~ qqn ou qqch. **dans** qqch. (*un homard dans l'eau bouillante*) ; se ~ **dans** qqch. (*dans l'eau glacée, dans un livre*).

POINTER vers qqch. [s'élever] (*Un joli clocher pointait vers le ciel.*) ; ~ qqch. (*Le chien pointait les oreilles.*) ; ~ qqch. **sur** qqn ou qqch. [braquer] (*Il a pointé son arme sur l'animal et a tiré.*) ; ~ qqch. **vers** qqn ou qqch. [diriger vers] (*Il a pointé le doigt vers l'accusé.*) ; ~ [apparaître] (*Les bourgeons commencent à pointer. J'ai vu pointer une lueur d'effroi dans son regard.*) ▾ Le verbe *poindre* peut avantageusement remplacer *pointer* dans le sens d'*apparaître (J'ai vu poindre une lueur d'effroi dans son regard. Le jour poindra sous peu.)* ; ~ [à l'usine] (*Les ouvriers doivent pointer en entrant.*) ; [fam.] se ~ [arriver, se présenter].

POLI ; ~ **envers** qqn (*envers les clients*).

PONCTUER qqch. **de** qqch. (*Il ponctuait son récit de petits rires gênés.*)

PORTER qqn ou qqch. ; ~ qqch. **à** qqn ; ~ **contre** qqch. [heurter] (*Sa tête a porté contre la marche.*) ; ~ qqn **à** qqch. [mettre] (*Porter un homme au pouvoir. Porter quelqu'un aux nues.*) ; ~ qqn **à** qqch. [pousser à] (*Sa générosité le porte à l'indulgence.*) ; ~ qqn **à** + inf. (*Sa générosité le porte à tout donner.*

Tout me porte à croire que l'entreprise marche bien.) ; ~ **sur** qqch. [traiter de] (*Cet article porte sur le clonage.*) ; ~ **sur** qqch. [s'appuyer] (*Le poids du corps doit porter sur les deux jambes.*) ; porté **à** qqch. [enclin à] (*Un tempérament porté aux excès.*) ; porté **à** + inf. (*à faire les choses trop vite*) ; porté **sur** qqch. [qui a du goût pour] (*Un homme porté sur la boisson.*) ; se ~ [aller] (*Il se porte à merveille. Le jean se porte facilement.*) ; se ~ **à** qqch. (*au secours de quelqu'un, à la rencontre d'un ami*) ; se ~ + attribut [se présenter comme] (*Se porter garant. Se porter volontaire.*)

PORTEUR de qqch. (*Des individus porteurs du virus.*)

POSER [prendre des airs] ; ~ [servir de modèle] (*Elle a posé pour un peintre.*) ; ~ **à** [essayer de passer pour] (*Je ne pose pas à l'ange.*) ; ~ qqn ou qqch. [mettre en place] ; ~ qqn ou qqch. **contre**, **dans**, **sur** qqch. (*une bicyclette contre le mur, un bébé dans sa poussette, un livre sur la table*) ; se ~ ; se ~ **sur** qqch. (*L'oiseau se pose sur une branche.*) ; se ~ **en** [prétendre] (*Se poser en victime, en confident.*) ; [sujet : chose] se ~ **à** qqn [se présenter] (*Un nouveau problème se pose au directeur.*)

POSSIBLE ; ~ **à** qqn (*Cela ne lui est pas possible.*) ; il est ~, il n'est pas ~ **à** qqn **de** + inf. (*Il n'est plus possible à ce fournisseur de répondre à la demande.*) ; ▼ La forme impers. suivie de la conj. **que** demande le subj. (*Il est possible qu'elle vienne demain.*)

POSTÉRIEUR ; ~ **à** qqch. (*Un incident postérieur à un autre du même genre.*)

POURSUIVRE qqn ou qqch. (*un malfaiteur, un rêve*) ; ~ qqn **de** qqch. (*de sa haine, de son regard*) ; ~ qqn **devant** les tribunaux, **en** justice ; poursuivi **par** qqn ou qqch. (*par ses créanciers, par son passé*) ; poursuivi **pour** qqch. (*pour fraude*) ; [sujet : chose] ~ qqn (*Ce rêve me poursuit.*)

POURVOIR un poste ou **à** un poste ⊖ Éviter : « Combler » un poste ; ~ qqn **de** qqch. (*Pourvoir quelqu'un d'un emploi, d'un avantage,*

d'une recommandation, d'un titre, de l'équipement nécessaire. La nature a pourvu Jean de tous les dons.) ; ~ qqch. **de** qqn ou qqch. (*un laboratoire de chercheurs éminents, une maison du confort moderne*) ; ~ **à** qqch. (*à des besoins, à des dépenses, à des nominations, au remplacement d'un directeur, à la vacance d'un siège, à la nomination du président d'une association*) ; pourvu [riche ou avoir tout ce qu'il faut] (*Ils sont bien pourvus. Ces postes ont été pourvus il y a un mois.*) ; pourvu **de** qqch. (*Elle est pourvue de tout le nécessaire. Le faucon est pourvu de serres puissantes. La chaire n'est pas encore pourvue d'un titulaire.*) ; se ~ **de** qqch. (*Il s'est pourvu de tout le nécessaire.*)

POUSSER [imprimer un mouvement] ; ~ qqn ou qqch. ; ~ qqn **à** qqch. (*à la dépense, à la consommation*) ; ~ qqch. **jusqu'à** qqch. (*Pousser l'ingratitude jusqu'à la cruauté.*) ; ~ qqn **à** + inf. (*à continuer ses études*) ; ~ qqch. **jusqu'à** + inf. (*Elle a poussé le dévouement jusqu'à se consacrer entièrement à cette œuvre.*) ; ~ **jusqu'à** qqch. [aller plus loin] (*Il fait beau, je vais pousser jusqu'au port.*) ; se ~ [s'écarter] (*Les badauds se sont poussés pour laisser passer l'ambulance.*) ; [fam.] se ~ **dans** qqch. [s'avancer dans le monde] (*Il ne rate pas une occasion de se pousser dans l'entreprise.*)

PRÉCAUTIONNER (SE) contre qqch. [littér.] [se prémunir] (*contre la pluie*).

PRÉCÉDER ; ~ qqn ou qqch. ; ~ qqn ou qqch. **de** (*10 min*) ; ~ qqn **dans** qqch. (*dans une recherche, dans une carrière*) ; précédé **de**, **par** qqn ou qqch. (*Cet ouvrage est précédé d'une longue introduction. Le ministre était précédé par ses conseillers.*)

PRÊCHER [religion] ; ~ qqch. (*une retraite, le carême*) ; ~ qqch. [conseiller] (*la prudence, la haine*) ; ~ **d'**exemple ou **par** l'exemple ; ~ **dans** le désert [sans être écouté] ; ~ **pour** son saint, **pour** sa paroisse [en vue de ses intérêts

personnels] ; ~ un converti [tenter de convaincre une personne déjà convaincue].

PRÉCIPITER qqch. (*son départ, la ruine d'une entreprise*) ; ~ qqn ou qqch. **de** qqch. [jeter] (*un agresseur du haut de la falaise*) ; se ~ **à** (*la rencontre de quelqu'un*), **au-devant de** (*sa sœur*), **dans** (*l'escalier, les escaliers*), **sur** (*le perron*), **vers** (*la fenêtre*) ; se ~ **du** haut de qqch. (*du haut du toit*) ; se ~ [s'accélérer] (*Les événements semblent se précipiter.*)

PRÉDESTINÉ à qqch. (*Enfant prédestiné à une grande carrière musicale. Région prédestinée par son climat à la culture de la vigne.*)

PRÉDESTINER qqn ou qqch. **à** qqch. (*Son horoscope le prédestine à de grandes choses.*) ; ~ qqn **à** + inf. (*Rien ne me prédestinait à devenir chirurgienne.*)

PRÉDIRE qqch. (*l'avenir, la guerre*) ; ~ qqch. **à** qqn (*Prédire sa mort à quelqu'un.*) ; ▾ Le verbe suivant la conj. **que** se construit avec l'ind. (*Je vous prédis qu'ils ne finiront pas l'année ensemble.*)

PRÉDISPOSER qqn **à** qqch. (*Sa petite taille le prédisposait à une carrière de jockey.*) ; ~ qqn **à** + inf. (*Son éducation le prédisposait à réagir de cette façon.*) ; prédisposé **à** qqch. (*On naît prédisposé à certaines maladies.*) ; prédisposé **en faveur de** qqn [bien disposé] (*Quand je lui ai parlé, il était déjà prédisposé en votre faveur.*)

PRÉDOMINER (*Parmi les sujets qui l'intéressent, c'est la politique qui prédomine.*) ; ~ **sur** qqch. (*Chez lui, la volonté prédomine sur les sentiments.*)

PRÉEXISTANT ; ~ **à** qqch. (*Les ententes tacites préexistantes aux accords actuels.*)

PRÉEXISTER à qqn ou qqch. (*L'homme idéaliste, qui préexistait au politicien désabusé que je suis devenu. Pour les matérialistes, la matière préexiste à la pensée.*)

PRÉFÉRABLE ; ~ **à** qqch. (*Votre solution est préférable à la mienne.*) ; il est ~ **de** + inf. ; ▾ La forme impers. suivie de la conj. **que** demande le subj.

PRÉFÉRER qqn ou qqch. **à** qqn ou qqch. (*Préférer Mozart à Beethoven. Préférer le vin à la bière.*) ; ~ qqch. + adj. (*Je préfère mon steak bien cuit plutôt que saignant.*) ; ~ + inf. (*Il préfère agir prudemment plutôt que de* ou *que regretter une décision hâtive.*) ; ▼ Le verbe suivant la conj. **que** se construit avec le subj. (*Je préfère que vous veniez demain.*)

PRÉJUDICIABLE ; ~ **à** qqn ou qqch. (*De fausses rumeurs préjudiciables à un candidat. Préjudiciable à la santé, à l'économie, aux intérêts, à la réputation de quelqu'un.*)

PRÉJUGER de qqch. (*de ses forces*).

PRÉLEVER qqch. (*un échantillon de sang*) ; ~ qqch. **sur** qqch. (*une taxe sur une recette*).

PRÉLUDER ; ~ **à** qqch. (*Un calme menaçant préluda à la tempête.*)

PRÉMUNIR qqn **contre** qqch. (*contre des dangers, des tentations, des pièges*) ; se ~ **contre** qqch. (*contre le virus du sida*).

PRENDRE ; ~ qqn ou qqch. ; ~ **sur** qqch. [retrancher] (*Prendre sur son sommeil, sur ses économies.*) ; ~ qqn ou qqch. **à** qqn [enlever] (*On lui a pris son enfant.*) ; ~ qqn ou qqch. **pour** qqn ou qqch. [considérer comme] (*Il me prend pour un imbécile. Prendre ses désirs pour des réalités.*) ; ~ qqch. **sur** soi [prendre la responsabilité de] (*Je prends sur moi cette erreur.*) ; ~ **sur** soi **de** + inf. (*J'ai pris sur moi d'accepter l'offre.*) ; s'en ~ **à** qqn ou qqch. [incriminer] (*Il s'en est pris à sa secrétaire qui n'y était pour rien.*) ; se ~ **à**, **dans** qqch. [être pris] (*aux épines, dans les mailles du filet*) ; se ~ **de** qqch. **pour** qqn ou qqch. [ressentir] (*d'amitié, de haine pour quelqu'un, de dégoût, d'horreur pour quelque chose.*) ; se ~ **pour** [se voir] (*un poète*) ; s'y ~ [procéder] (*Ne pas savoir s'y prendre. S'y prendre à deux fois.*) ; se ~ **à** + inf. [se mettre à] (*à rire*).

PRÉOCCUPÉ ; ~ **de** qqch. [attentif à] (*de l'avenir de son entreprise*) ; ~ **de** + inf. (*de livrer à temps une commande*).

PRÉOCCUPER qqn (*Sa santé me préoccupe.*) ; préoccupé **par** qqch. [inquiet] (*par des difficultés financières*) ; se ~ **de** qqn ou qqch. (*Il se préoccupe du bien-être de ses employés.*) ; se ~ **de** + inf. (*Elle ne se préoccupait guère de faire reconnaître son talent.*)

PRÉPARER qqn ou qqch. ; ~ qqn **à** qqch. (*à la mort, à une mauvaise nouvelle, à une idée*) ; ~ qqch. **à** qqn (*Préparer une surprise à un ami. À mon avis, cette décision lui prépare des ennuis.*) ; ~ qqch. **pour** qqn (*Préparer un lit pour un invité.*) ; ~ qqn **à** + inf. (*à accepter un changement*) ; ~ qqch. **pour** + inf. (*Préparer ses bagages pour partir en voyage.*) ; se ~ (*Il est levé et il se prépare. Un orage se prépare.*) ; se ~ qqch. (*Ce jeune homme se prépare un bel avenir.*) ; se ~ **à** qqch. [se mettre en état de faire, de subir] (*Se préparer à la guerre, à une longue récession, à un débat animé.*) ; se ~ **à** + inf. (*à mourir*) ; se ~ **pour** qqch. [s'apprêter] (*pour le bal, pour un voyage*).

PRÉPOSER qqn **à** qqch. (*à la réception des marchandises*).

PRESCRIRE qqch. ; ~ qqch. **à** qqn (*Le médecin lui a prescrit un antibiotique.*) ; ~ **à** qqn **de** + inf. (*Le médecin a prescrit au malade de garder le lit.*)

PRÉSENT ; ~ **à** qqch. (*J'étais présent à la réunion.*)

PRÉSENTER qqn ou qqch. (*On le présente comme un homme intègre. Présenter ses pièces d'identité.*) ; ~ qqn ou qqch. **à** qqn ou qqch. (*Présenter un candidat à un concours, un manuscrit à un éditeur.*) ; ~ qqn **pour** qqch. (*pour un poste*) ; se ~ ; se ~ **à** qqch. (*Se présenter aux élections, à un concours. Il se présente comme conservateur aux élections.*) ; se ~ **contre** qqn (*Il se présenta contre le candidat sortant aux élections.*) ; se ~ **pour** qqch. (*pour un poste*) ; se ~ **à** qqn [se faire connaître en donnant son nom] (*Elle ne s'est pas encore présentée à l'hôtesse.*) ; se ~ **sous** forme de qqch. [avoir l'aspect de] (*Ce médicament

se présente sous forme de gélules.)

PRÉSERVER qqch. (*l'intégrité du territoire*) ; ~ qqn **de** qqch. (*des dangers de la drogue*) ; ~ qqch. **de** qqch. (*de l'humidité, du froid*) ; se ~ **de** qqch.

PRÉSIDER ; ~ qqch. (*un dîner*) ; ~ **à** qqch. [guider] (*Présider à l'organisation d'un congrès. Certains principes ont présidé à la rédaction de cette loi.*)

PRESSÉ (*Nous sommes très pressés.*) ; ~ **de** + inf. (*de partir*).

PRESSENTIR qqch. [deviner confusément] ; ▾ Le verbe suivant la conj. **que** se construit avec l'ind. (*Je pressens qu'il va se passer quelque chose.*) ; ~ qqn [sonder les intentions de] (*On le pressent comme directeur général.*) ; ~ qqn **pour** qqch. (*pour un poste* ou *pour le poste de directeur*) ; pressenti **par** qqn **pour** + inf. (*Cet acteur a été pressenti par le metteur en scène pour jouer le rôle principal.*)

PRESSER (*Le temps presse.*) ; ~ qqn ou qqch. (*Plus rien désormais ne le pressait. Il voulait à tout prix qu'on presse cette affaire.*) ; se ~ (*Elle n'aime pas se presser.*) ; se ~ **de** + inf. (*de faire ses adieux*) ; ~ qqn **de** + inf. [insister auprès de] (*On le pressait de présenter sa candidature.*) ; se ~ **autour de** qqn ou qqch., **à**, **dans**, **sur** qqch. [se serrer] (*La foule se pressait autour de ce personnage célèbre. Une foule se pressait à l'entrée du cinéma. Les idées noires se pressaient dans sa tête. Les badauds se pressaient sur le lieu du crime.*)

PRÉSUMER qqch. [augurer] (*Présumer un dénouement heureux.*) ; ~ **de** qqn ou qqch. [compter trop sur] (*C'est un indécis : il ne faut pas trop présumer de lui. Il a trop présumé de ses forces.*) ; ▾ Le verbe suivant la conj. **que** se construit avec l'ind. [supposer] (*Je présume que tout cela est vrai.*)

PRÊT (*Je suis prête.*) ; ~ **à** qqch. [disposé à] (*Il est prêt à tout.*) ; ~ **à** + inf. (*Elle est prête à déménager. Aliments prêts à consommer.*) ; ~ **pour**

qqch. [préparé] (*pour le départ*) ; [personne] ~ **pour** + inf. (*Je suis prête pour accueillir notre invité.*)

PRÉTENDRE qqch. [affirmer] ; ~ + inf. (*Il prétend tout savoir.*) ; ▾ Le verbe suivant la conj. **que** se construit avec l'ind. ; se ~ + attribut (*lésé, écrivain, innocent, trop fatigué pour partir*) ; ~ **à** qqch. [aspirer] (*aux plus hautes dignités*).

PRÊTER qqn ou qqch. **à** qqn ou qqch. (*Il a prêté ce livre à un ami. Il lui a prêté son concours.*) ; ~ **à** qqch. [donner prise] (*Prêter au ridicule, à équivoque, à confusion, à la critique*) ; ~ **à** rire ; se ~ **à** qqch. [consentir] (*à un jeu dangereux*) ; se ~ **à** qqch. [être propice] (*Un texte qui se prête mal à la traduction.*)

PRÉVALOIR [l'emporter] ; ~ **contre** ou **sur** qqch. (*Notre avis a prévalu contre* ou *sur celui des autres.*) ; se ~ **de** qqch. [faire valoir] (*Il s'est prévalu de son âge pour obtenir certains avantages.*)

PRÉVENANT ; ~ **envers** ou **pour** qqn (*sa grand-mère*).

PRÉVENIR qqch. [empêcher] (*un incendie*) ; ~ qqn [avertir] ; ~ qqn **de** qqch. (*On l'avait prévenu de ce retard.*) ; ▾ Le verbe suivant la conj. **que** se construit avec l'ind. (*Prévenez-le que l'avion aura du retard.*) ; ~ qqn **contre**, **en faveur de** qqn [disposer dans un sens favorable ou non] (*Des mauvaises langues l'avaient prévenu contre moi.*)

PRÉVOIR qqch. ; ~ + inf. ou **de** + inf. (*Je prévois partir demain* ou *de partir demain.*) ; ▾ Le verbe suivant la conj. **que** se construit avec le futur (*Tout laisse prévoir que cette loi sera adoptée sans opposition.*) ; prévu (*Cela n'avait pas été prévu.*) ; prévu **pour** qqn ou qqch. (*La salle n'est pas prévue pour les projections cinématographiques. Repas prévu pour 20 personnes.*)

PRIER ; ~ **pour** qqn ou qqch. (*J'ai prié pour la paix. J'ai prié pour qu'il revienne sain et sauf.*) ; ~ qqn (*son saint patron*) ; ~ qqn **de**

+ inf. [demander] (*Je l'ai prié de ne pas insister.*)

PRIS ; ~ **de** qqch. (*d'une crise de larmes, d'un fou rire*).

PRISONNIER ; ~ **de** qqch. (*des glaces, de ses habitudes*).

PRIVER qqn ou qqch. **de** qqch. (*Priver un enfant de télévision. Des puits pollués ont privé le village d'eau potable.*) ; privé **de** qqch. (*Privé de tout, du strict minimum. Un quartier privé d'électricité.*) ; se ~ ; se ~ **de** qqch. (*Je ne peux absolument pas me priver de ses services.*) ; se ~ **de** + inf. (*Se priver d'écouter de la musique.*)

PROCÉDER [agir] (*Procéder avec méthode, par élimination.*) ; ~ **à** qqch. (*à une perquisition, à une arrestation, à une autopsie, à l'établissement d'un dossier*) ; ~ **de** qqch. [découler] (*Les deux conclusions procèdent du même raisonnement.*)

PROCHE (*Ces deux villes sont proches.*) ; ~ **de** qqn ou qqch. (*Un hôtel proche de l'aéroport.*) ; [fig.] ~ (*Nous sommes plus proches depuis qu'il a changé de carrière.*) ; ~ **de** qqn ou qqch. (*L'italien est proche du français. Elle est très proche de cet ami.*)

PROCURER qqch. **à** qqn (*C'est moi qui lui ai procuré cet emploi.*)

PRODIGUE ; ~ **de** qqch. (*Il est toujours prodigue de ses conseils.*)

PRODIGUER qqch. (*Il s'est mêlé à la foule, prodiguant sourires et poignées de main.*) ; ~ qqch. **à** qqn (*Il était reconnaissant à cette infirmière des soins constants qu'elle lui avait prodigués pendant sa maladie.*) ; se ~ (*Il se prodigue sans compter.*)

PRODUCTEUR (*Une activité productrice.*) ; ~ **de** qqch. (*Pays producteur de pétrole.*)

PROFILER qqch. ; se ~ **à** qqch. (*Une silhouette se profilait au loin, à l'horizon.*) ; se ~ **sur** qqch. (*Une ombre se profilait sur le mur.*)

PROFITABLE ; ~ **à** qqn (*Ce séjour à l'étranger lui a été profitable.*)

PROFITER ; ~ **à** qqn [être utile] (*Mes conseils lui ont profité.*) ; ~ **de** qqch. [tirer avantage] (*Il a bien profité*

de son voyage.) ; ~ **de** qqn (*Cet été j'ai bien profité de mes petits-enfants.*) ; ~ **de** qqch. **pour** + inf. (*Il a profité de l'occasion pour mettre les choses au clair.*) ; ~ **de** ce que + ind. **pour** + inf. (*Elle a profité de ce qu'il avait neigé pour aller faire du ski.*) ; [péj.] ~ **de** qqn (*Je n'aime pas qu'on profite de moi.*)

PROJETER qqch. [faire le projet de] (*Projeter un voyage.*) ; ~ **de** + inf. (*Elle projette de déménager en août.*) ; ~ qqch. **sur** qqn [reporter un état psychique sur qqn] (*Le patient projette ses fantasmes sur son analyste.*) ; se ~ [se profiler] (*Son ombre se projetait sur le mur.*)

PROMETTRE (*Cet enfant promet.*) ; ~ qqn ou qqch. **à** qqn (*Il a promis une récompense à son fils.*) ; ~ **à** qqn **de** + inf. (*Je vous promets de revenir.*) ; ~ **de** + inf. (*Il a promis de revenir.*) ; ▾ Le verbe suivant la conj. **que** se construit avec l'ind. (*Il promet que toutes les clauses du contrat seront respectées.*) mais, à la forme négative, avec l'ind. ou le subj. (*Je ne promets pas qu'il viendra* ou *qu'il vienne.*) ; se ~ qqch. (*Elle se promet un long repos.*) ; se ~ **à** qqn (*Elle s'est promise à son ami d'enfance.*) ; se ~ **de** + inf. [décider] (*Elle s'est promis de ne jamais recommencer.*)

PROMIS (*Chose promise, chose due.*) ; ~ **à** qqch. (*Un jeune diplômé promis à une brillante carrière.*)

PROMOUVOIR qqn ; ~ qqn **à** qqch. (*à un grade supérieur, à de hautes responsabilités*) ; promu ; promu **à** qqch. (*Il a été promu à un poste de direction.*) ; promu + attribut (*Elle a été promue chef de personnel.*) ; ~ qqch. [encourager] (*la recherche scientifique, une certaine politique*).

PROMPT ; ~ **à** qqch. (*à la moquerie*) ; ~ **à** + inf. (*à se mettre en colère*).

PRONONCER qqch. (*un mot, un discours*) ; ~ qqch. **à** qqn (*sa sentence à l'accusé*) ; se ~ [s'exprimer] (*Le médecin ne s'est pas encore prononcé.*) ; se ~ **contre**, **en faveur de** qqn ou qqch. (*un candidat, la peine de mort*) ; se ~ **sur**

qqn ou qqch. (*Il ne s'est pas encore prononcé sur la question.*)

PROPICE ; ~ **à** qqch. (*Un endroit propice aux confidences.*) ; ~ **pour** + inf. (*Le moment est propice pour demander une augmentation.*)

PROPORTIONNEL ; ~ **à** qqch. (*Salaires proportionnels à l'ancienneté.*)

PROPORTIONNER qqch. **à** qqch. (*ses dépenses à son revenu*).

PROPOSER qqch. ; ~ qqch. **à** qqn (*On leur a proposé un marché.*) ; ~ qqn **pour** qqch. (*pour le poste de directeur*) ; ~ **à** qqn **de** + inf. (*Elles nous ont proposé de les accompagner.*) ; ~ **de** + inf. (*Il propose de partir.*) ; ▾ Le verbe suivant la conj. **que** se construit avec le subj. (*Je propose que nous nous attaquions d'abord à la question des licenciements.*) ; se ~ [s'offrir] (*Elle s'est proposée à M. Untel comme remplaçante.*) ; se ~ **pour** qqch. (*pour le poste de trésorier*) ; se ~ **pour** + inf. (*Elle s'est proposée pour nous aider.*) ; se ~ **de** + inf. [avoir l'intention] (*de louer une villa pour les vacances*).

PROPRE [net] ; ~ **à** qqn ou qqch. [particulier] (*Cette façon propre à lui de vous dire les choses... Les défauts propres à la jeunesse.*) ; ~ **à** qqch. [adapté] (*Un produit propre à la consommation. Une méthode d'enseignement propre au développement de l'esprit critique.*) ; ~ **à** + inf. (*Une politique propre à favoriser l'essor de l'industrie.*)

PROSTERNER (SE) ; se ~ **devant** qqn ou qqch. (*devant l'autel*).

PROSTITUER qqn ou qqch. (*des enfants, ses talents*) ; ~ qqch. **à** qqn (*Prostituer son amitié au premier venu.*) ; se ~.

PROTÉGER qqn ou qqch. ; ~ qqn ou qqch. **contre** qqn ou qqch. [mettre à l'abri d'un danger] (*Les remparts protégeaient les habitants contre les attaques de l'ennemi. Un vaccin qui protège contre la grippe.*) ; se ~ **contre** qqn ou qqch. (*Se protéger contre des envahisseurs éventuels. On utilise la*

quinine pour se protéger contre la malaria.) ; ~ qqn ou qqch. **de** qqch. [mettre à l'abri – sens moins fort] (*Un store qui protège du soleil.*) ; se ~ **de** qqch. (*Elle se protège du vent en mettant son capuchon.*)

PROTESTER ; ~ **contre** qqch. (*contre un abus*) ; ~ **de** qqch. [affirmer] (*Protester de son innocence.*)

PROUVER (*La police n'a rien pu prouver.*) ; ~ qqch. (*son innocence*) ; ~ qqch. **à** qqn (*sa reconnaissance à son professeur*) ; ▾ Le verbe suivant la conj. **que** se construit avec l'ind. (*Je lui prouverai qu'il a tort. Tout prouve qu'elle a raison.*) mais à la forme négative avec l'ind. ou le subj. (*Rien ne prouve qu'elle a tort* ou *qu'elle ait tort.*)

PROVENIR **de** qqch. (*D'où proviennent ces statistiques ?*)

PROVOQUER qqn [défier] ; ~ qqn **à** qqch. (*à la violence, au combat*) ; ~ qqn **de** qqch. (*du regard*) ; ~ qqn **en** duel ; ~ qqch. [causer] (*Provoquer une crise économique. Provoquer la colère de quelqu'un.*)

PUISER **dans** qqch. (*Je vais devoir puiser dans mes économies. Puiser dans ses souvenirs.*) ; ~ qqch. (*de l'eau*) ; ~ qqch. **dans** qqch. (*Puiser de l'argent dans sa poche.*)

PUNIR qqn ou qqch. (*le coupable, un délit*) ; ~ qqn **de** ou **pour** qqch. (*d'un crime* ou *pour un crime*) ; ~ qqn **en** + part. prés. (*en le privant de télévision*) ; ~ qqn **pour** + inf. passé (*On l'a puni pour avoir manqué à sa promesse.*) ; puni ; puni **de** qqch. [punition reçue] (*Être puni de mort, de réclusion.*) ; puni **de** qqch. [cause de la punition] (*Il a été puni de son insouciance.*) ; puni **de** qqch. **par** qqch. (*Il est puni de son orgueil par le mépris de ses pairs.*) ; puni **pour** + inf. passé (*pour avoir désobéi*).

PUR ; ~ **de** qqch. (*de tout soupçon, de tout vice*).

PURGER qqn ou qqch. (*un malade, un radiateur*) ; [littér.] ~ qqn ou qqch. **de** qqch. [débarrasser d'une chose néfaste] (*Purger son discours de toute allusion au conflit actuel.*)

Q

QUALIFIER qqch. [décrire avec une idée de blâme] (*Ce comportement qu'on ne saurait qualifier nous a indignés.*) ; ~ qqn ou qqch. **de** [décrire] (*On le qualifie de bon vivant. Un massacre qu'on a qualifié de génocide.*) ; qualifié **de** (*Être qualifié d'artiste. Sculpture qualifiée de chef-d'œuvre.*) ; se ~ **de** (*Cet homme se qualifie d'écrivain.*) ; ~ qqn **pour** qqch. [donner la compétence] (*Sa formation le qualifie pour ce poste.*) ; qualifié **pour** qqch. [compétent] (*pour l'enseignement, pour un poste*) ; se ~ [réussir les épreuves éliminatoires dans les sports, les jeux] ; se ~ **pour** qqch. (*Se qualifier pour la demi-finale.*)

QUÉMANDER qqch. ; ~ qqch. **auprès** de qqn (*Ils étaient forcés de quémander de l'aide auprès des organismes de charité.*)

QUERELLER (SE) (*Ils se querellent sans cesse.*) ; se ~ **avec** qqn (*Il se querelle souvent avec sa sœur.*)

QUESTIONNER qqn [interroger] ; ~ qqn **sur** qqch. (*Ils l'ont questionné sur son passé.*)

QUITTE (*Nous avons mis les choses au point : maintenant nous sommes quittes.*) ; ~ **de** qqch. (*Nous sommes quittes de nos dettes envers ce créancier.*) ; ~ **de** qqn (*J'étais enfin quitte de ces malotrus.*) ; ~ **envers** qqn (*Nous sommes quittes envers ce créancier.*) ; tenir qqn ~ **de** qqch. (*Je le tiens quitte de sa dette.*) ; tenir qqn ~ **envers** soi (*Je les tiens quittes envers nous.*) ; en être ~ **pour** qqch. (*Ils en ont été quittes pour la peur.*) ; [locution prépositive invariable] ~ **à** + inf. (*Ils ne veulent pas faire de compromis, quitte à tout perdre.*) ; ~ **à** ce que + subj. (*Ils ne veulent pas faire de compromis, quitte à ce qu'on leur reproche leur intransigeance.*) ▼ Le sujet de la seconde proposition n'est pas le même que celui de la première.

R

RABAISSER qqn ou qqch. (*l'orgueil, le mérite de quelqu'un*) ; ~ qqn ou qqch. **à** qqch. (*au second rang*) ; ~ qqn **devant** qqn (*Elle cherche toujours à me rabaisser devant ses amies.*) ; se ~.

RABATTRE qqch. (*le capot de la voiture*) ▾ Ne pas confondre avec : Rebattre les oreilles à qqn de qqch. [voir REBATTRE] ; ~ qqch. **de** ou **sur** qqch. (*Rabattre 50$ du prix* ou *sur le prix d'un article.*) ; se ~ (*La porte se rabattit sur elle.*) ; [fig.] se ~ **sur** qqn ou qqch. [choisir faute de mieux] (*Il se rabat sur moi quand ses amis intellos s'absentent. Elle a dû se rabattre sur un hôtel deux étoiles.*) ; ~ le caquet **à** qqn [faire taire, remettre à sa place] ; en ~ [abandonner ses prétentions ou illusions] (*Elle devra en rabattre.*)

RACCOMMODER qqch. (*ses chaussettes*) ; ~ des personnes [réconcilier] (*Il a raccommodé ses voisins brouillés depuis deux ans.*) ; ~ qqn **avec** qqn (*Il a raccommodé un ami avec son voisin.*) ; se ~ **avec** qqn (*Il s'est raccommodé avec son voisin.*)

RACCORDER des choses (*Ce chemin raccorde les deux villages.*) ; ~ qqch. **à** qqch. (*Un tunnel sous le fleuve raccorde Longueuil à Montréal.*) ; se ~ (*Ces deux routes se raccordent au centre du village.*) ; se ~ **à** qqch. (*Ce paragraphe se raccorde mal à ce qui précède.*)

RACCOURCIR ; ~ **de** (*Mon pantalon a raccourci de deux centimètres.*) ; ~ qqch. (*une jupe, un texte*) ; ~ qqch. **de** (*Raccourcir un essai de plusieurs pages.*)

RACCROCHER qqch. (*l'appareil, une remorque*) ; se ~ ; se ~ **à** qqn ou qqch. (*à une branche, à sa mère, à ses souvenirs*) ; ~ [téléphone] (*Elle m'a raccroché au nez.*)

RACHETER qqch. ; ~ qqch. **à** qqn (*Je lui ai racheté sa maison.*) ; ~ qqch. [compenser] (*Sa générosité rachète ses défauts.*) ; se ~ [se réhabiliter] (*Elle ne*

sait comment se racheter.) ; se ~ **auprès de** qqn **par** qqch. (*Il essayait de se racheter auprès d'elle par mille gentillesses.*) ; se ~ **de** qqch. (*Elle s'est rachetée de sa grossièreté.*)

RACONTER qqch. (*une histoire*) ; ~ qqch. **à** qqn (*Il nous a raconté son voyage.*) ; ▾ Le verbe suivant la conj. **que** se construit avec l'ind. (*Ils ont raconté qu'ils s'étaient fait escroquer.*) ; se ~ **devant** qqn (*Cette histoire ne se raconte pas devant les enfants. Je ne tiens pas à me raconter devant tout le monde.*)

RADIER qqn (*Le Conseil de l'Ordre a radié ce médecin.*) ; ~ qqn **de** qqch. (*d'une liste, d'un compte, d'un registre*) ; radié [exclu d'un ordre professionnel] (*Cet avocat a été radié pour trois ans.*) ; ▾ Ce verbe ne s'applique qu'aux personnes.

RAFFINER ; ~ **sur** qqch. (*sur la présentation*) ; ~ qqch. (*le pétrole, ses manières*).

RAFFOLER de qqn ou qqch. (*d'un artiste, du chocolat*).

RAIDE ; ~ **dans** qqch. (*dans ses mouvements*) ; ~ [adverbe : ne s'accorde pas] (*Des animaux tués raide.*) ; ~ mort [s'accorde] (*Ils sont tombés raides morts.*)

RAIDIR qqch. (*ses muscles*) ; se ~ ; se ~ **contre** qqch. (*contre la douleur*).

RAISONNER ; ~ **sur** qqch. (*sur des questions importantes*) ; ~ qqn (*J'ai essayé de le raisonner mais en vain.*) ; se ~ [écouter sa raison] (*Ils se sont raisonnés et ont abandonné ce projet trop risqué.*) ; se ~ [être raisonné] (*Certaines phobies ne se raisonnent pas.*)

RAJEUNIR ; ~ **de** (*Elle a rajeuni de 10 ans.*) ; ~ qqn (*Cette coupe de cheveux la rajeunit.*) ; ~ qqn **de** (*Ce second mariage l'a rajeuni de 10 ans.*)

RALLIER qqn ou qqch. [rejoindre] (*Les membres dissidents ont fini par rallier le parti. Le pétrolier a rallié la côte.*) ; se ~ **à** qqn ou qqch. (*à un parti, à un régime, à l'avis de quelqu'un, à l'étendard d'un prince*) ; ~ des personnes ou des choses [rassembler] (*Ce candidat a rallié*

tous les indécis autour de son programme. Cette proposition a rallié tous les suffrages.) ; se ~ (*Tous les groupes de contestataires se sont ralliés pour une grande manifestation.*) ; ~ qqn **à** qqch. [amener] (*Il a rallié les dissidents à sa cause.*)

RAMENER qqn ou qqch. (*Il faudra ramener ton ami. Comment ramener la paix ?*) ; ~ qqn **à** (*l'hôpital*), **chez** (*lui*), **dans** (*sa famille*), **en** (*Italie*), **sous** (*la tonnelle*), **sur** (*les lieux du crime*) ; ~ qqn **de** qqch. (*Il a ramené sa mère et son chien de la campagne.*) ; ~ qqn **à** qqch. (*à de meilleurs sentiments*) ; ~ qqch. **à** qqch. [réduire] (*Ramener le prix de l'essence à celui d'il y a trois mois.*) ; se ~ **à** qqch. [se résumer] (*Ses questions se ramènent à une seule.*)

RAMIFIER (SE) ; se ~ **en** des choses (*Cette famille célèbre s'est ramifiée en trois branches.*)

RANGER qqch. ; se ~ **contre** (*le trottoir*), **le long du** (*mur*), **sous** (*un drapeau*) ▾ Un bateau se range **à** quai ; se ~ [s'assagir] ; se ~ **à** l'avis, **du** côté de qqn [se rallier].

RAPPELER qqn [faire revenir] (*un ambassadeur*) ; ~ qqn **à** qqch., **auprès de** qqn (*On l'a rappelé à Paris. La mort de son père le rappelle auprès de sa mère. Ils l'ont rappelé à la raison, au devoir, aux bienséances, à la vie.*) ; ~ qqch. **à** qqn [faire se souvenir] (*Je lui ai rappelé son rendez-vous. Cela me rappelle mes vacances.*) ; ~ **à** qqn **de** + inf. (*Rappelez-moi de téléphoner au plombier.*) ; ▾ Le verbe suivant la conj. **que** se construit avec l'ind. (*Rappelez-vous qu'on vous attend.*) ; se ~ qqn ou qqch. [se souvenir de] (*Je ne me rappelle plus ma mère. Je ne me rappelle plus son nom.*) ; se ~ **de** + pronom pers. (*Tu te rappelles de moi ?*) ⊖ Éviter : Se rappeler « de » son professeur. Dire : Se rappeler son professeur ; se ~ **au** bon souvenir de qqn ; se ~ + inf. passé (*Elle s'est rappelé lui avoir écrit.*) ; ⊖ Éviter : Je « me suis rappelé de » lui téléphoner. Dire : Je **me suis souvenu**

de lui téléphoner ; ▾ Le verbe suivant la conj. **que** se construit avec l'ind. (*Elle se rappelle qu'il lui a promis de venir.*).

RAPPORTER qqch. (*Peux-tu me rapporter mon livre d'anglais ?*) ; ~ qqch. **à** qqn (*Il a rapporté un cadeau à sa fille.*) ; ~ qqch. **de** qqch. (*J'ai rapporté du chocolat de Suisse.*) ; ~ qqch. **à** qqn [relater] (*Ils ont rapporté l'incident à la police.*) ; ▾ Le verbe suivant la conj. **que** se construit avec l'ind. (*On m'a rapporté que ses affaires allaient mal.*) ; ~ qqch. **à** qqn ou qqch. [rattacher] (*Il rapporte tout à lui. Rapportez cela à une échelle humaine.*) ; se ~ **à** qqch. [avoir rapport à] (*Tous les détails se rapportant à cet incident.*) ; s'en ~ **à** qqn [faire confiance pour décider] (*Je m'en rapporte à vous, vous connaissez bien le dossier.*) ; s'en ~ **à** qqch. (*à l'arbitrage, au jugement, à la décision de quelqu'un*) ; s'en ~ **à** qqn **au sujet de**, **pour** qqch. (*Elle s'en rapporte à moi pour tout ce qui concerne nos finances.*) ; ⊖ Éviter : « Se rapporter à » un bureau pour une affaire. Dire : **Se présenter à** un bureau pour une affaire.

RAPPROCHER qqch. (*Rapprochez votre micro.*) ; ~ qqn ou qqch. **de** qqn ou qqch. (*J'ai dû me rapprocher de lui pour mieux l'entendre. Il va déménager pour se rapprocher de son lieu de travail. Chaque jour écoulé me rapproche de votre arrivée. Rapprochez la chaise de la table.*) ; se ~ (*Le tonnerre se rapproche.*) ; se ~ **de** qqn [se réconcilier] (*Il a essayé de se rapprocher de sa sœur après leur deuil.*)

RASSASIER (*La salade ne rassasie pas.*) ; ~ qqn (*Ce gros sandwich m'a rassasié.*) ; rassasié (*Cet adolescent n'est jamais rassasié.*) ; se ~ **de** qqch. (*d'un petit sandwich*) ; [fig.] rassasié **de** qqch. (*Je ne serai jamais rassasié de tant de beauté.*) ; se ~ **de** + inf. (*Je ne peux me rassasier d'admirer ces montagnes.*) ; ~ sa vue, ses yeux, son regard **de** qqch. [apprécier] (*Ils ne pouvaient rassasier leur regard de ce spectacle*

grandiose.); rassasié **de** qqch. [fatigué de] (*Nous sommes rassasiés de ses jérémiades.*)

RASSURER qqn (*Je l'ai rassuré. Mes explications l'ont rassuré.*); ~ qqn **au sujet de** qqch. (*au sujet de ses placements*); rassuré (*Je suis rassuré.*); rassuré **sur** qqch. (*Je suis rassuré sur son sort.*); rassuré **de** + inf. (*de constater que la chose est possible*); se ~ (*J'essayais de me rassurer.*)

RATTACHER qqn ou qqch. [attacher de nouveau] (*Rattache ta ceinture.*); se ~ (*Rattache-toi.*); ~ qqn ou qqch. **à** qqn ou qqch. [lier] (*Rien ne le rattache plus à sa famille. Rattacher plusieurs fonctions à un même poste. L'Alaska a été rattaché aux États-Unis en 1867.*); se ~ **à** qqch. [avoir un lien avec] (*Ce problème se rattache à un problème beaucoup plus grave.*)

RATTRAPER qqn ou qqch.; se ~ [se raccrocher]; se ~ **à** qqn ou qqch. (*Se rattraper à un meuble pour éviter la chute.*); se ~ [compenser]; se ~ **sur** qqch. (*Je vais me rattraper sur le dessert.*)

RAVALER qqch. [avaler] (*ses larmes*); ~ qqch. [nettoyer] (*la façade d'une maison*); ~ qqch. [abaisser] (*la profession d'enseignant*); ~ qqn **à** qqch. (*Ce comportement le ravale au niveau de la bête.*); se ~ **à** qqch. [s'avilir] (*Se ravaler au rang de la brute.*)

RAVI [enchanté]; ~ **de** qqch. (*Il est ravi de cette bonne nouvelle.*); ~ **de** + inf. (*Je suis ravi de pouvoir vous rendre service.*); ▼ L'adj. suivi de la conj. **que** demande le subj. (*Nous sommes ravis que vous veniez nous voir.*)

RAVIR qqn ou qqch. [enlever]; ~ qqn ou qqch. **à** qqn (*Ravir un enfant à sa mère.*); ~ qqn [enchanter]; **à** ~ [à merveille] (*Cette robe lui va à ravir.*)

RAVITAILLER qqn ou qqch. (*une armée, un avion, une flotte*); ~ qqn ou qqch. **en** qqch. (*un groupe de sinistrés en vivres, un restaurant en légumes, un aéroport en carburant*); se ~.

RAYER qqch. [marquer de raies] (*un meuble*); ~ qqn [exclure] (*un candidat*); ~ qqn **de** qqch. (*des cadres

d'une entreprise) ; ~ qqch. **de** qqch. (*J'ai rayé cet incident de ma mémoire. Le séisme a rayé ce village de la carte.*)

RAYONNANT ; ~ **de** qqch. (*de bonheur, de santé, de satisfaction*).

RAYONNER ; ~ **de** qqch. (*Elle rayonnait de bonheur.*)

RÉADAPTER qqn **à** qqch. (*un accidenté à sa vie professionnelle*).

RÉAGIR ; ~ **contre** qqn ou qqch. (*Les employés ont vivement réagi contre cette nouvelle mesure. Son organisme a réagi contre l'infection.*) ; ~ **à** qqch. (*Ils ont mal réagi à ces remarques. Un nerf qui réagit à une excitation.*) ; ~ **sur** qqch. [se répercuter sur] (*Les troubles psychologiques réagissent sur l'organisme.*)

REBATTRE les oreilles **à** qqn **de** qqch. (*Il lui a rebattu les oreilles de cette histoire.*)

REBELLE ; ~ **à** qqch. (*à la discipline*).

REBELLER (SE) ; se ~ **contre** qqn ou qqch. (*contre ses parents, contre l'autorité paternelle*).

REBIFFER (SE) ; se ~ **contre** qqn ou qqch. (*contre son supérieur, contre une demande jugée excessive*).

RÉCEPTIF ; ~ **à** qqch. (*aux nouvelles idées, à une requête*).

RECEVOIR qqn ou qqch. ; ~ qqch. **de** qqn ou qqch. (*J'ai reçu trois lettres de lui. Cet ouvrage n'a reçu que peu de commentaires favorables.*) ; ~ qqch. **de la part de** qqn (*Je n'ai reçu que des insultes de sa part.*) ; se ~ [s'inviter] (*Ces amis se reçoivent souvent.*)

RÉCHAPPER (*Personne n'a réchappé.*) ; ~ **de** qqch. (*Il a réchappé de cet accident d'avion. Si j'en réchappe, je ne prendrai plus ce genre de risque.*)

RÉCITER qqch. ; ~ qqch. **à** qqn (*Réciter une fable à son professeur.*)

RÉCLAMER (*Ces enfants ne cessent de réclamer.*) ; ~ **auprès de**, **contre**, **en faveur de** qqn ou qqch. (*Il réclame auprès du directeur, contre un certain laisser-aller. Il réclame en faveur d'une répartition plus équitable des richesses.*) ; ~ qqn ou

qqch. (*L'enfant réclame sa mère. Cet accidenté réclame des dommages et intérêts.*) ; ~ qqn ou qqch. **à** qqn (*Réclamer un assistant et une augmentation à son patron.*) ; ▾ Le verbe suivant la conj. **que** se construit avec le subj. (*Il réclame que vous veniez tout de suite.*) ; se ~ **de** qqn ou qqch. [se recommander] (*Ils se sont réclamés de vous. Se réclamer de ses ancêtres, de ses origines, d'appuis officiels.*)

RECOMMANDER qqn ou qqch. ; ~ qqn ou qqch. **à** qqn (*Je vous recommande vivement ce dentiste. Je vous recommande ce candidat pour ce poste. C'est un hôtel qu'on m'a recommandé.*) ; ~ **à** qqn **de** + inf. (*Il m'a recommandé de me méfier des vendeurs sur Internet.*) ; se ~ **à** qqn [s'en remettre à] (*Elle s'est recommandée à tous les saints.*) ; se ~ **de** qqn [invoquer l'appui] (*Il s'est recommandé de son oncle diplomate.*) ; se ~ **par** qqch. [montrer sa valeur] (*Un restaurant qui se recommande par sa cuisine raffinée.*)

RECOMMENCER ; ~ qqch. (*Recommencer la lecture d'un texte depuis le début.*) ; ~ **à** + inf. (*à faire du sport*).

RÉCOMPENSER qqn ou qqch. (*un enfant sage, les services rendus*) ; ~ qqn **de** ou **pour** qqch. (*Il l'a récompensé de* ou *pour ses services.*) ; ~ qqn **en** + part. prés. (*en lui décernant un prix*) ; ~ qqn **par** qqch. (*par de l'argent*) ; ~ qqn **de** + inf. passé (*Je suis récompensé d'avoir patiemment attendu.*) ; récompensé ; récompensé **de** qqch. (*Il est récompensé de ses efforts.*) ; récompensé **de** + inf. passé (*d'avoir gardé le silence*).

RÉCONCILIER des personnes ou des choses (*deux ennemis, un couple, des doctrines, des opinions*) ; ~ qqn **avec** ou **et** qqn (*un fils avec* ou *et son père*) ; ~ qqch. **avec** ou **et** qqch. (*la politique avec* ou *et la morale*) ; ~ qqn **avec** qqch. (*Cette pièce me réconcilie avec le théâtre.*) ; se ~ (*Ils se sont réconciliés.*) ; se ~ **avec** qqn (*Je souhaite qu'il se réconcilie avec son voisin.*)

RECONNAISSABLE ; ~ **à** qqch. (*à certaines caractéristiques*).

RECONNAISSANT à qqn **de** qqch. (*Vous vous êtes donné beaucoup de mal, je vous en suis reconnaissant.*) ; ~ **de** qqch. (*Elle est reconnaissante de son appui.*) ; ~ **envers** qqn (*Il est reconnaissant envers ses bienfaiteurs.*) ; ~ **à** qqn **de** + inf. (*Je vous suis reconnaissant de ne plus mentionner son nom. Il lui était reconnaissant de l'avoir appuyé dans sa démarche.*) ; ~ **de** ce que + ind. (*Il lui était reconnaissant de ce que, grâce à son efficacité, rien n'était venu interrompre ses vacances.*)

RECONNAÎTRE qqn ou qqch. (*un air de musique*) ; se ~ (*Je ne me reconnais plus sous ces vêtements élégants.*) ; se ~ **dans** qqn, **en** + pronom pers. (*Il se reconnaît dans son fils. Il se reconnaît en lui.*) ; ~ qqn ou qqch. **à** qqch. [distinguer] (*quelqu'un à sa voix, un instrument de musique au son qu'il émet*) ; se ~ **à** qqch. (*Cette plante se reconnaît à sa feuille très particulière.*) ; ~ qqch. **à** qqn [attribuer] (*Reconnaître un droit à quelqu'un. Il faut lui reconnaître un certain courage.*) ; ~ qqn **pour** [admettre en telle qualité] (*Ils le reconnaissent tous pour maître.*) ; ~ + inf. [admettre] (*Il reconnaît avoir eu tort.*) ; ▼ Le verbe suivant la conj. **que** se construit avec l'ind. (*Je reconnais qu'il a raison.*) ; reconnu [réputé] (*Il est reconnu comme le meilleur coureur cycliste.*) ; reconnu + adj. (*Catastrophe écologique reconnue inévitable.*) ; reconnu **pour** + adj. (*Une version des faits reconnue pour fausse.*) ; reconnu **pour** qqch. (*pour son style incisif*) ; reconnu **pour** + inf. (*pour ne pas mâcher ses mots*) ; se ~ + adj. [s'avouer] (*Il s'est reconnu coupable.*) ; se ~ **dans** qqch. [se retrouver] (*Impossible de se reconnaître dans ce dédale de rues.*).

RECONVERTIR qqch. **en** qqch. (*On a reconverti ces écoles en immeubles.*) ; se ~ **dans** qqch. (*dans l'informatique*).

RECOURIR à qqn ou qqch. (*Recourir à un avocat. Nous faudra-t-il recourir à la force ?*)

RECOUVRIR qqn ou qqch. (*Recouvrir un bébé dans son berceau. Recouvrir un livre.*) ; ~ qqn ou qqch. **de** qqch. (*Il a recouvert le vieillard de son plaid. Elle a recouvert le plancher de moquette.*) ; [sujet : chose] ~ qqch. (*L'eau recouvrait le sol de la cave. Son attitude agressive recouvre un grand désarroi.*) ; se ~ **de** qqch. (*Le sol se recouvre de neige en hiver.*)

RÉCRIER (SE) ; se ~ **contre** qqch. (*Elles se sont récriées contre les heures supplémentaires qu'il voulait leur imposer.*)

RÉCRIMINER ; ~ **contre** qqn ou qqch. (*contre ses conditions de travail*).

RECRU de qqch. (*de fatigue*).

RECRUTER qqn **dans** qqch., **parmi** des personnes (*dans le milieu des affaires, des collaborateurs parmi ses amis*).

RECULER ; ~ **dans, vers** qqch. (*Reculer dans le fossé, dans le passé, vers la porte.*) ; ~ **de** (*Reculez de dix pas.*) ; ~ **devant** qqn ou qqch. (*Reculer devant l'ennemi. Reculer devant les difficultés, devant les menaces. La tuberculose a reculé devant les progrès de la médecine.*) ; ~ qqch. (*un mur, une échéance, une décision*) ; ~ qqch. **de** (*Reculer une clôture d'un mètre.*) ; ~ qqch. **vers** qqch. (*Reculer la chaise vers le mur.*) ; se ~ (*Recule-toi.*)

RECYCLER qqn ou qqch. (*le personnel, le papier*) ; se ~ ; se ~ **dans** qqch. (*dans l'informatique*).

REDEVABLE à qqn **de** qqch. (*Je lui suis redevable de ma promotion.*) ; ~ **à** qqn **de** + inf. passé (*Je vous suis redevable d'avoir défendu ma candidature.*)

REDIRE qqch. ; ~ qqch. **à** qqn ; ~ **à** qqch. [critiquer] (*Il trouve à redire à tout.*)

REDOUBLER qqch. ; [sujet : chose] ~ [augmenter] (*L'orage redoubla.*) ; ~ **de** qqch. (*La tempête redouble de violence.*) ; [sujet : personne] ~ **de** qqch. [avec un nom exprimant le

comportement] (*Redoubler d'ardeur, de prudence.*)

REDOUTER qqch. ; ~ **de** + inf. (*Je redoute de devoir partir précipitamment. Je redoute de ne pouvoir vous satisfaire.*) ; ▼ Le verbe suivant la conj. **que** se construit avec le subj. précédé du *ne* explétif (*Je redoute qu'il ne prenne trop vite une décision.*) À ne pas confondre avec la forme négative (*Je redoute qu'il ne prenne pas une décision à temps.*)

RÉDUCTIBLE ; ~ **à** qqch. (*L'amour n'est pas réductible au plaisir des sens.*)

RÉDUIRE qqch. ; ~ qqn **à** qqch. (*au désespoir, à l'inaction*) ; ~ qqch. **en** qqch. (*en miettes, en poussière*) ; réduit **à** qqch. (*à la misère, au silence*) ; en être réduit **à** + inf. (*Il en est réduit à faire lui-même le travail.*) ; se ~ **à** qqch. (*Son héritage se réduit à ce mobilier. Ses réalisations se réduisent à peu de choses.*) ; se ~ **en** qqch. (*Se réduire en cendres, en poussière.*)

RÉFÉRENCE (FAIRE) à qqch. [se référer ou renvoyer à un texte, à une autorité] (*Faire référence à un ouvrage, à un article de la loi.*)

RÉFÉRER à qqn ou qqch. (*« Éros » réfère au dieu de l'amour.*) ⊖ Éviter « référer à » au sens de **transmettre**, **envoyer**, **se reporter**. Dire : Le dossier sera **transmis au** directeur, ce patient m'a été **envoyé par** un collègue, je **me reporte** ou je **me réfère à** ce tableau comparatif. On **fait allusion à** une chose, on **en parle**, l'astérisque **renvoie à** une note en bas de la page, une réponse **se rapporte à** une question ; en ~ **à** qqn [s'en remettre à] (*Il devra en référer à son supérieur, à son chef, au directeur.*) ; [sujet : personne] se ~ **à** qqn ou qqch. [se reporter à qqn ou qqch. qu'on considère comme une autorité] (*Pour ces questions, je me réfère toujours à mon conseiller juridique. Se référer à un avis, à une définition, à un texte, à une lettre.*) ⊖ Éviter « s'en référer à » calqué sur **s'en rapporter à**.

REFERMER qqch. (*sa valise*) ; se ~ (*La plaie s'est*

refermée. Son visage se referma.) ; se ~ **sur** qqn ou qqch. (*La porte se referma sur le client.*) ; refermé **sur** soi [replié sur soi] (*Un couple refermé sur lui-même.*)

REFILER qqch. **à** qqn (*Il lui a refilé un faux billet. Il m'a refilé sa grippe.*)

RÉFLÉCHIR ; ~ **à** qqch. [penser] (*Il ne réfléchit pas aux conséquences de ses actes.*) ; ~ **sur** qqch. [étudier] (*Réfléchir sur une question, sur un sujet.*) ; ▾ Le verbe suivant la conj. **que** se construit avec l'ind. [juger] (*J'ai réfléchi que c'est une occasion à ne pas manquer.*) ; [sujet chose] ~ qqch. [refléter] (*Réfléchir une image.*) ; se ~ [se refléter] ; se ~ **dans** (*l'eau*), **sur** (*la neige*).

REFLÉTER qqch. (*L'eau du lac reflétait le ciel. Ses paroles reflètent sa pensée.*) ; se ~ **dans**, **sur** qqch. (*Sa timidité se reflète dans son comportement. Sa joie se reflétait sur son visage.*)

REFLUER ; ~ **dans** qqch. (*L'eau reflua dans la campagne.*) ; ~ **sur** qqch. (*L'eau reflua sur la plage.*) ; ~ **vers** qqn ou qqch. (*La foule refluait vers le pont, vers les policiers. L'eau refluait vers la rivière.*)

REFOULER (*La tuyauterie refoule.*) ; ~ qqn ou qqch. [repousser] (*les envahisseurs, un liquide, sa colère, ses larmes*) ; ~ qqn ou qqch. **vers** qqch. (*Refouler les manifestants vers la sortie.*)

RÉFRACTAIRE [chose] (*Métaux réfractaires. Maladie réfractaire.*) ; [personne] ~ **à** qqch. (*à la discipline, aux influences*).

REFUSER qqn ou qqch. (*Le théâtre a refusé des spectateurs. Refuser une permission, une faveur, un cadeau.*) ; ~ qqn ou qqch. **à** qqn (*J'ai refusé ma fille à ce prétendant. Il m'a refusé une permission.*) ; ~ **de** + inf. (*Il refuse de travailler.*) ; ▾ Le verbe suivant la conj. **que** se construit avec le subj. (*Je refuse qu'il vienne.*) ; se ~ qqch. (*Elle ne s'est jamais rien refusé.*) ; se ~ **à** qqn (*Elle s'est toujours refusée à lui.*) ; se ~ **à** qqch. (*Elle s'est refusée à tout commentaire. Ils se sont*

refusés à l'évidence.); se ~ **à** + inf. (*Ils se sont refusés à employer les grands moyens.*); [sujet: chose] se ~ (*Une telle offre ne se refuse pas.*)

RÉGALER qqn; ~ qqn **avec** ou **de** qqch. (*Il régalait son auditoire avec ses aventures rocambolesques. Ils nous ont régalés d'un excellent bordeaux.*); se ~; se ~ **avec**, **de** qqch. (*Nous nous sommes régalés avec ce dîner délicieux. Elle se régale avec ces grands musiciens présents en même temps. Les propriétaires de cafés-terrasses se régalent avec la chaleur. Se régaler de homard frais. Nous nous sommes régalés de la virtuosité de cet artiste.*); se ~ **en** + part. prés. (*Je me régale en l'écoutant.*); se ~ **à** + inf. (*Je me régale à l'écouter.*)

REGARDER qqn ou qqch. (*Regarder la télévision.*); se ~ **dans** qqch. (*dans un miroir*); ~ qqn ou qqch. [considérer] (*Il l'a toujours regardée comme sa fille.*); regardé (*Cette méthode est regardée comme désuète. L'inceste est regardé comme un crime.*); ~ **à** qqch. [prêter attention] (*à la qualité, au bien-être des malades, à la dépense*); ~ de près **à** qqch. (*à ses intérêts*); y ~ **à** deux fois [réfléchir à ce qu'on va faire]; ⊖ Éviter: Cela ne «lui» regarde pas. Dire: Cela ne **le** regarde pas [concerner].

REGIMBER; ~ **contre** qqn ou qqch. (*contre des ordres*).

RÉGLER qqch. (*une question, une facture, un moteur*); ~ qqch. **sur** qqch. [ajuster sur] (*Régler sa conduite sur les circonstances.*); se ~ **sur** qqn ou qqch. [suivre] (*Elle se règle pour tout sur sa sœur.*)

RÉGNER **dans** qqch., **sur** qqn ou qqch. (*Un désordre indescriptible régnait dans la chambre. Elle règne dans la cuisine. Régner sur un village.*); faire ~ qqch. (*l'ordre, la paix, le silence*).

REGORGER **de** qqn ou qqch. (*Les magasins regorgent de clients. Le sol regorge d'eau.*)

REGRETTER qqn ou qqch.; ~ **de** + inf. passé (*de s'être trompé*); ▼ Le verbe suivant la conj. **que** se

construit avec le subj. (*Elle regrette qu'il ne puisse pas venir, qu'il ne puisse venir. Elle regrette qu'il ne soit pas venu.*)

REHAUSSER qqch. (*la réputation d'une entreprise*); rehaussé **de** qqch. (*Un ameublement simple rehaussé de quelques bibelots anciens.*)

RÉINTÉGRER qqn ou qqch. (*Réintégrer un fonctionnaire. Réintégrer le domicile conjugal.*); ~ qqn **dans** qqch. (*Réintégrer quelqu'un dans ses droits, dans ses biens, dans ses fonctions.*)

REJAILLIR; ~ **sur** qqn ou qqch. (*Sa gloire a rejailli sur notre club.*)

REJETER qqn ou qqch.; [fig.] ~ qqch. **sur** qqn (*Rejeter un tort, une faute, une responsabilité sur quelqu'un.*)

RÉJOUIR qqn (*Les résultats du sondage réjouissent le candidat.*); se ~; se ~ **de** qqch. (*du succès d'un ami*); se ~ **de** + inf. (*Il se réjouit de pouvoir venir.*); ▼ Le verbe suivant la conj. **que** se construit avec le subj. (*Je me réjouis que vous puissiez venir.*); se ~ **de** ce que + ind. [lourd] (*Je me réjouis de ce qu'il est là.*); se ~ **à** la pensée, l'idée de + inf. [dans l'avenir] (*Je me réjouis à la pensée de te revoir.*); se ~ **à** la pensée, l'idée que + ind. (*Je me réjouis à la pensée que je le verrai bientôt.*)

RELÂCHER qqn ou qqch.; se ~; se ~ **dans** qqch. (*dans son travail*).

RELATIF; ~ **à** qqch. [concernant] (*Des questions relatives à un sujet.*)

RELAYER qqn; ~ qqn **à** qqch. (*Relayer quelqu'un au poste de gardien.*); se ~ (*Les deux équipes se relayaient.*); se ~ **à** qqch. (*Les employés se relaient à la caisse.*)

RELÉGUER qqn ou qqch. **à**, **dans** qqn ou qqch., **parmi** des personnes ou des choses (*Le téléviseur a été relégué au sous-sol. On m'a relégué dans un petit bureau sans fenêtre. Cette vieillerie a été reléguée dans sa cour. Il a relégué ces désirs parmi ses chimères.*)

RELEVER qqn ou qqch. (*Je l'ai relevé après sa chute. Il relève la tête.*); se ~;

~ **de** qqch. [se remettre] (*d'une pneumonie*) ; se ~ **de** qqch. (*de ses cendres, de ses ruines, d'un malheur, d'une maladie*) ; ~ qqch. **de** qqch. [agrémenter] (*Il relevait son discours de citations bien choisies.*) ; ~ qqn **de** qqch. [dégager] (*de ses fonctions, d'une promesse, de ses vœux*) ; ~ **de** qqn ou qqch. [dépendre de] (*C'est un cas qui relève de la psychiatrie. Cette affaire ne relève pas de sa compétence.*)

RELIER des choses [joindre] ; ~ qqch. **à** ou **et** qqch. (*Le tunnel sous la Manche qui relie Londres à Paris.*) ; ~ des choses **par** qqch. (*Relier deux villages par une route.*) ; relié [livre] (*Livre relié en maroquin, en plein chagrin.*)

REMBOURSER qqn ou qqch. ; ~ qqch. **à** qqn (*Je lui ai remboursé les 10 $ que je lui avais empruntés.*) ; ~ qqn **de** qqch. (*Nous l'avons remboursé de tous ses frais.*)

REMÉDIER à qqch. (*à une situation, à des abus, à des erreurs*).

REMÉMORER qqch. **à** qqn (*Ce récit lui a remémoré ses propres aventures.*) ; se ~ qqch. (*sa jeunesse*).

REMERCIER qqn ; ~ qqn **de** ou **pour** qqch. (*Il m'a remercié des* ou *pour les renseignements que je lui ai fournis.*) ; ~ qqn **de** + inf. (*Je vous remercie de m'avoir aidée à déménager. Je vous remercie d'être aussi patient avec moi.*)

REMETTRE qqch. (*son manteau*) ; ~ qqn ou qqch. **à**, **dans**, **en**, **sur** qqch. (*Remettre un enfant à l'école, un objet dans sa boîte, un évadé en prison, un homme sur la bonne voie.*) ; se ~ (*Se remettre debout.*) ; se ~ **à** (*table*), **en** (*route, selle*) ; se ~ **à** qqch. (*à l'équitation*) ; se ~ **à** + inf. (*à fumer*) ; ~ qqch. **à** qqn [confier] (*un dossier, un rapport au sous-ministre*) ; ~ qqch. **à** [retarder] (*Il ne faut jamais remettre à demain ce qu'on peut faire le jour même.*) ; remis [rétabli] ; remis **de** qqch. (*Elle n'est pas remise de sa grippe.*) ; se ~ [aller mieux] ; se ~ **de** qqch. (*d'une maladie, d'une émotion*) ; s'en ~

à qqn ou qqch. [se fier] (*Je m'en remets à vous. Je m'en remets à votre jugement.*)

REMONTER (*Il faut que je remonte. La température remonte. Le prix de l'essence a remonté.*) ; ~ qqch. **à, dans, sur** qqch. (*Remonter une malle au grenier, un livre dans sa chambre, une statue sur son socle.*) ; ~ + inf. (*Je suis remonté le voir.*) ; [sujet : personne] ~ **à** qqn ou qqch. [retourner à la source] (*Si l'on remonte à l'an 1000, au* XIII*e siècle, à Henri IV, à la cause, à la source.*) ; [sujet : chose] ~ **à** qqch. (*Cette tradition remonte au* XV*e siècle, au temps de Napoléon. Ses recherches font remonter l'origine de sa famille aux Croisades. Cette dette remonte à trois ans.*) ; [sujet : personne] se ~ **en** des choses [se réapprovisionner] (*en chaussettes*).

REMONTRER (EN) à qqn [prouver sa supériorité] (*Il croit pouvoir m'en remontrer en math.*)

REMPLACER qqn ou qqch. ; ~ qqn ou qqch. **par** qqn ou qqch. (*Remplacer une employée par une stagiaire, son chien par un chat, un produit par un autre.*) ; se ~ (*Une mère ne se remplace pas.*)

REMPLIR qqch. ; ~ qqch. **de** personnes ou **de** qqch. (*Remplir le théâtre d'étudiants. Remplir un verre de vin.*) ; se ~ ; se ~ **de** personnes ou **de** qqch. (*La salle s'est remplie très vite d'étudiants.*)

RENÂCLER ; ~ **à** qqch. (*à la besogne*).

RENAÎTRE à qqch. (*à la vie, à l'espoir*).

RENCHÉRIR [faire une enchère supérieure ou devenir plus cher] (*Les antiquaires renchérissent et je dois abandonner. Les prix renchérissent d'année en année.*) ; ~ **sur** qqn ou qqch. [faire une enchère supérieure ou dire ou faire plus] (*Cet antiquaire a renchéri sur tous ceux qui s'intéressaient à ce portrait. Il renchérit sur tout ce que dit sa sœur.*)

RENDRE qqn ou qqch. ; ~ qqn ou qqch. **à** qqn (*Il lui a rendu son assistant. Rendez à César ce qui est à César.*) ; se ~ + attribut (*Se*

rendre utile. Se rendre malade.) ; ~ compte **de** qqch. **à** qqn [rapporter] (*Il vient lui rendre compte de sa mission.*) ; ~ des comptes **à** qqn [justifier, expliquer] (*Il devra rendre des comptes à son employeur.*) ; se ~ [se livrer] ; se ~ **à** qqn (*Il s'est rendu aux policiers.*) ; se ~ **à** [aller] (*Elle s'est rendue à New York, au travail.*) ; se ~ **à** qqch. [se soumettre] (*aux prières, aux raisons, aux ordres de quelqu'un*) ; se ~ compte **de** qqch. [s'apercevoir] (*Elle s'est rendu compte de son erreur. Elle s'est rendu compte des possibilités qu'offrait cette promotion.*) ; ▾ Le verbe suivant la conj. **que** se construit avec l'ind. (*Ils se sont rendu compte que ce projet était tout à fait réalisable.*)

RENGORGER (SE) (*Il se rengorge quand on lui parle de son livre.*) ; se ~ **de** qqch. (*Elle se rengorge de son succès.*) ; se ~ **de** + inf. (*Il se rengorge d'avoir obtenu le premier prix.*)

RENOMMÉ ; ~ **pour** qqch. (*Un auteur renommé pour ses romans d'anticipation. Une auberge renommée pour sa table.*)

RENONCER (*Il ne faut pas renoncer si vite.*) ; ~ **à** qqn ou qqch. (*à un projet*) ; ~ **à** + inf. (*à comprendre*).

RENOUER qqch. (*ses lacets de chaussures*) ; ~ **avec** qqn ou qqch. [rétablir des liens] (*avec un ami, avec les traditions*).

RENSEIGNER qqn ; ~ qqn **sur** qqn ou qqch. (*sur un candidat, sur la direction à prendre*) ; se ~ ; se ~ **auprès de** qqn (*auprès d'un agent d'assurances, auprès d'une agence de voyages*) ; se ~ **sur** qqn ou qqch. (*sur les amis de son fils, sur le prix des maisons*).

RENVOYER qqn ou qqch. ; ~ qqn ou qqch. **à** qqn ou qqch. (*Renvoyer la balle à un enfant. Le miroir lui renvoyait une image déformée de lui-même.*)

REPAÎTRE qqn ou qqch. **de** qqch. [fig.] (*Pourquoi lui faut-il repaître ses élèves de discours moralisateurs ? Repaître son imagination de récits romanesques.*) ; se ~ **de** qqch. (*de films érotiques, d'illusions*).

RÉPANDRE qqch. (*le sang*) ; ~ qqch. **dans**, **sur** qqch. (*Le tremblement de terre répandit la peur dans la ville. Il a répandu du vin sur la nappe.*) ; se ~ [se propager] (*La rumeur s'est vite répandue.*) ; se ~ **dans**, **sur** qqch. (*L'eau s'est répandue dans toute la cave. La nouvelle s'est vite répandue dans la famille.*) ; se ~ **en** des choses [extérioriser abondamment ses sentiments] (*Se répandre en excuses, en injures, en compliments.*)

RÉPARTIR des personnes ou qqch. (*les voyageurs, une somme, les tâches*) ; ~ des personnes ou qqch. **dans** qqch. (*On a réparti les malades dans un centre hospitalier, les marchandises dans trois entrepôts.*) ; ~ des personnes **en** des choses (*On a réparti les clients en deux catégories.*) ; ~ des personnes ou qqch. **entre** des personnes ; ~ qqch. **sur** [échelonner] (*Répartir des paiements sur deux ans.*) ; se ~ [être partagé] (*Les dépenses se répartissent ainsi. Les alpinistes se sont répartis en trois groupes.*) ; [sujet : personnes] se ~ qqch. (*Nous nous sommes réparti les tâches.*)

REPENSER **à** qqn ou qqch. (*Il repense souvent à elle. J'ai repensé à ce que vous m'avez dit hier.*) ; ~ qqch. (*un projet, une question, un problème.*)

REPENTIR (SE) [regretter] ; se ~ **de** qqch. (*de sa négligence*) ; se ~ **de** + inf. passé (*d'avoir refusé une offre d'emploi*).

RÉPERCUTER qqch. ; se ~ **sur** qqch. [réagir sur] (*La hausse du prix de l'essence s'est répercutée sur celui des autres produits.*)

RÉPÉTER qqch. ; ~ qqch. **à** qqn (*Répète à ton frère ce que tu m'as dit. Vous me répéterez ce que je vous ai recommandé de faire.*) ; ~ **à** qqn **de** + inf. (*Je lui répète sans cesse de faire attention.*) ; ▾ Le verbe suivant la conj. **que** se construit avec l'ind. (*Je lui ai répété cent fois que c'était inutile.*) ; se ~ (*Inutile de me répéter, vous ne m'écoutez pas.*) ; se ~ [se refaire] (*Je vous promets que la même erreur ne se répétera pas deux fois.*)

REPEUPLER ; ~ qqch. (*Les Italiens ont repeuplé ce quartier. On a repeuplé cet étang.*) ; ~ qqch. **de** qqch. (*Repeupler une forêt de nouvelles essences.*) ; se ~ (*La région s'est graduellement repeuplée.*)

REPLIER qqch. (*le bas de son pantalon*) ; se ~ (*La lame de ce couteau ne se replie pas.*) ; se ~ **derrière**, **sur** qqch. [reculer] (*Les troupes se sont repliées sur les collines avoisinantes, puis derrière les remparts.*)

RÉPLIQUER (*Il répliquait vertement quand elle le critiquait.*) ; ~ **à** qqn ou qqch. (*Son père n'admet pas qu'on lui réplique. C'est un argument auquel on ne réplique pas.*) ; ~ **par** qqch. (*par une insulte, un geste de menace*) ; ~ qqch. **à** qqn (*Elle ne savait pas quoi lui répliquer.*) ; ▾ Le verbe suivant la conj. **que** se construit avec l'ind. (*Il lui répliqua qu'il n'était pas d'accord.*)

RÉPONDRE (*Veuillez répondre.*) ; ~ **par** qqch. (*par des coups*) ; ~ qqch. **à** qqn (*Il m'a répondu des sottises.*) ; ~ **à** qqn (*Il m'a écrit mais je ne lui ai pas encore répondu.*) ; ~ **à** qqch. (*à une question, à mon coup de sonnette, à la provocation*) ; ~ **à** qqch. **par** qqch. (*Je réponds à la force par la force.*) ; ~ **à** qqn **de** + inf. (*Il m'a répondu de venir tout de suite.*) ; ▾ Le verbe suivant la conj. **que** se construit avec l'ind. (*Le client m'a répondu qu'il n'avait pas le temps d'attendre.*) ; ~ **à** qqch. [correspondre à] (*Répondre à une description, aux attentes de quelqu'un.*) ; ~ **de** qqn ou qqch. [se porter garant] (*Je réponds de cette personne : elle est très compétente. Je ne réponds de rien.*)

REPORTER qqch. **à** qqn ou qqch. (*J'ai reporté ce livre à mon voisin. J'ai reporté ce livre à la bibliothèque.*) ; ~ qqch. [transcrire] (*Il a reporté tous les noms sur sa liste. Reporter le total sur la facture.*) ; ~ qqch. [renvoyer à plus tard] (*Il a reporté son rendez-vous.*) ; ~ qqch. **à** (*Ils ont reporté cette visite au mois prochain.*) ; ~ qqch. **de** (*Il a reporté la réunion d'une semaine.*) ; ~ qqch. **sur**

qqn ou qqch. [transférer] (*Elle a reporté sur lui tout son amour maternel.*) ; se ~ **sur** qqn ou qqch. (*Son affection s'est reportée sur sa nièce.*) ; se ~ **à** qqch. [se référer ou se remémorer] (*Se reporter à un article de la loi. Se reporter aux beaux jours de son enfance.*)

REPOSER [être placé] (*L'épave reposait par 50 m de fond.*) ; ~ **sur** qqch. (*L'épave reposait sur un lit de corail.*) ; ~ **sur** qqch. [s'appuyer] (*Ce raisonnement repose sur de fausses prémisses.*) ; ~ qqch. **dans**, **sur** qqch. [déposer de nouveau] (*Reposer un bijou dans son écrin, la bouteille de vin sur la table.*) ; ~ [délasser] (*La musique repose.*) ; ~ qqn ou qqch. (*Cela me repose. Cela repose les nerfs.*) ; ~ qqn **de** qqch. (*Ces échanges entre amis le reposent de ses soucis financiers.*) ; se ~ ; se ~ **de** qqch. (*d'une longue randonnée*) ; se ~ **sur** qqn [se décharger] (*Tu peux te reposer sur moi, je vais voir à tout.*) ; se ~ **sur** qqn **pour** qqch. (*Je me repose sur lui pour toutes les questions matérielles.*)

REPRENDRE qqch. (*J'ai repris mon livre.*) ; ~ **de** qqch. [prendre de nouveau] (*Reprenez-en, c'est bon pour vous.*) ; ~ qqn **à** + inf. [surprendre à faire de nouveau] (*On l'a repris à voler. On ne m'y reprendra plus.*) ; trouver **à** ~ **à** qqch. [critiquer] (*Il trouve à reprendre à tout ce que fait sa fille.*) ; se ~ [retrouver ses esprits ou se ressaisir] ; se ~ **à** + inf. [recommencer] (*Elle se reprit à espérer.*) ; s'y ~ **à** deux fois, **à** plusieurs fois **pour** + inf. (*enfiler une aiguille*).

REPRÉSENTATIF de qqch. (*C'est assez représentatif de la mentalité des jeunes.*)

REPROCHER qqch. **à** qqn ou qqch. (*On lui reproche un certain laisser-aller.*) ; ~ **à** qqn ou qqch. **de** + inf. (*Je reproche à ce texte d'être mal construit.*) ; se ~ qqch. (*Il se reproche son manque de courage.*) ; se ~ **de** + inf. (*Il se reproche de lui avoir fait confiance, de ne pas avoir le cran de partir.*)

REPRODUIRE qqch. (*L'enfant reproduit les mots qu'il entend.*) ; ~ qqch. **par** qqch. (*On peut maintenant reproduire un être humain*

par clonage.) ; se ~ (*Les lapins se reproduisent très vite.*) ; se ~ **par** qqch. (*par parthénogenèse*).

RÉPUGNER à qqn (*Cet homme me répugne. Ce plat me répugne.*) ; ~ **à** + inf. (*Il répugne à dénoncer un collègue.*) ; il répugne **à** qqn **de** + inf. (*Il me répugne de travailler avec ce mufle.*)

RÉPUTÉ ; ~ + attribut (*Une nourriture réputée saine.*) ; ~ **pour** qqch. (*Un hôtel réputé pour sa bonne table.*) ; ~ **pour** + inf. (*Elle est réputée pour être un grand défenseur des droits des animaux. Cet athlète est réputé pour avoir traversé deux fois la Manche à la nage.*)

RÉSERVÉ [discret] ; ~ **à l'égard de** ou **avec** qqn (*Il a une attitude réservée à l'égard de cette femme. Elle est très réservée avec moi.*) ; ~ **dans**, **quant à**, **sur** qqch. (*Elle se montre réservée dans ses jugements. Il est plutôt réservé quant au succès de cette affaire. Se montrer très réservé sur la faisabilité d'un projet.*)

RÉSERVER qqn ou qqch. ; ~ qqn ou qqch. **à** qqn (*Il nous a réservé les meilleurs guides. Ils leur ont réservé les meilleures places.*) ; se ~qqch. (*la meilleure part*) ; se ~ **de** + inf. (*Je me réserve de lui dire ce que j'en pense.*) ; se ~ **pour** qqch. [ne pas trop manger] (*Je me réserve pour le dîner.*)

RÉSIGNER (SE) ; se ~ **à** qqch. (*à la solitude*) ; se ~ **à** + inf. (*à vivre dans la pauvreté*).

RÉSISTER ; ~ **à** qqn ou qqch. (*Il ne peut pas résister à sa fille. Résister à l'oppression, aux tentations, à une influence. Cette plante ne résiste pas à la sécheresse.*)

RÉSOLU [qui sait prendre des décisions] ; ~ **à** qqch. [décidé à] (*Il est résolu à un compromis. J'y suis résolue. Il est résolu à tout.*) ; ~ **à** + inf. (*à tout avouer*).

RÉSONNER ; ~ **de** qqch. (*La forge résonnait dès l'aube des coups du marteau sur le fer.*)

RÉSOUDRE qqch. [trouver la solution] (*Résoudre une énigme.*) ; ~ **de** + inf.

[décider] (*J'ai résolu de lui écrire.*) ; ▼ Le verbe *résoudre* suivi de la conj. **que** s'emploie surtout au passé (*Il a résolu que le départ ne se ferait que dans un mois.*) ; se ~ **à** + inf. (*Il s'est résolu à effectuer de grands changements dans l'entreprise.*) ; se ~ **à** qqch. [se résumer] (*Son apport se résout à peu de choses.*) ; se ~ **à** + inf. [se résigner] (*Il ne pouvait se résoudre à la quitter.*) ; se ~ **à** ce que + subj. (*Il devra se résoudre à ce que tous ses collègues soient mis au courant.*)

RESPECTUEUX ; ~ **de** qqch. (*des traditions, du bien d'autrui, de l'environnement*) ; ~ **envers** qqn (*ses aînés*).

RESPLENDIR ; ~ **de** qqch. (*Son petit visage resplendissait de joie.*)

RESPLENDISSANT ; ~ **de** qqch. (*de santé*).

RESPONSABLE **de** qqn ou qqch. [personne] (*Chacun est responsable de ses actes.*) ⊖ Éviter : Cet accident est « responsable » du décès de mon fils. Dire : Cet accident est **la cause** du décès de mon fils. Une chose ne peut être responsable, elle ne peut être que la cause d'un fait malencontreux ; ~ **auprès de** qqn ou qqch. [sert à introduire le nom du chef d'État, de l'organisme ou du gouvernement devant lequel une responsabilité est assurée en vertu d'une délégation] (*L'ambassadeur du Canada à Paris est responsable auprès du gouvernement français des relations franco-canadiennes.*) ; ~ **devant** qqn ou qqch. [qui doit rendre des comptes à une autorité quelconque, à une institution juridique, à un corps établi] (*Tout citoyen est responsable devant la loi. Ce comité des règlements est responsable devant l'assemblée universitaire.*) ; ~ **envers** qqn [qui doit rendre compte de sa politique] (*Le premier ministre du Québec est responsable envers l'Assemblée nationale.*)

RESSEMBLER **à** qqn ou qqch. (*Il ressemble à son père. Cela ressemble étrangement à de la corruption.*) ; se ~ (*Ces jumeaux se ressemblent comme deux gouttes d'eau.*)

RESSENTIR qqch. (*un bien-être, un malaise, une vive douleur*) ; ~ qqch. **pour** qqn (*Ressentir de l'antipathie pour quelqu'un.*) ; se ~ **de** qqch. [éprouver les suites] (*Elle s'est ressentie longtemps de sa pneumonie.*)

RESSORTIR [sortir d'un endroit où on est entré] (*Je ne l'ai pas vu ressortir.*) ; ~ **de** qqch. (*Il n'est pas encore ressorti du magasin.*) ; ~ [paraître avec plus de relief] (*Avec ces murs clairs, les meubles ressortent.*) ; ~ **sur** qqch. (*Le rouge ressort sur le blanc.*) ; ~ **à** qqn ou qqch. [relever de] (*Cette affaire ressortissait au tribunal de commerce. Ces romans ressortissent à la science-fiction.*) ; il ressort **de** qqch. que + ind. [résulter] (*Il ressort de ces discussions qu'une intervention rapide est nécessaire.*)

RESTER ; ~ **à** qqn (*Cette habitude lui est restée.*) ; ~ **de** qqn ou qqch. (*C'est tout ce qui me reste d'elle. Tout ce qui reste du jambon est pour toi.*) ; ~ **sur** qqch. (*sur un échec, sur sa faim*) ; ~ + inf. ou **à** + inf. (*Après le cours, elle reste bavarder avec ses camarades* ou *elle reste à bavarder avec ses camarades.*) ; ~ **à** + inf. (*Beaucoup de choses restent à faire.*) ; en ~ + attribut (*Il en est resté marqué.*) ; en ~ **à** qqch. (*Je ne voudrais pas en rester au stade de débutant. Il n'en restera pas là, j'en ai bien peur.*) ; il reste **à** qqn **à** + inf. (*Il me reste encore beaucoup à faire.*) ; il reste **à** savoir si + ind. (*Il reste à savoir si tous sont d'accord. Reste à savoir si tous sont d'accord.*) ; il reste **à** prouver que + ind. (*Il reste à prouver que tout cela est vrai.*) ; ▾ La forme impers. suivie de la conj. **que** demande l'ind. (*Il reste que* ou *reste que* ou *il n'en reste pas moins que les résultats ne sont pas garantis.*)

RESTITUER qqch. ; ~ qqch. **à** qqn (*Ils ont dû restituer à leur propriétaire les objets d'art volés.*)

RESTREINDRE qqch. ; se ~ ; se ~ **dans** qqch. (*dans ses dépenses*) ; [sujet : chose]

se ~ (*Le champ de ses activités s'est restreint.*)

RESTREINT ; ~ **à** qqch. (*Livraison des marchandises restreinte à la région de Montréal.*)

RÉSULTER de qqch. (*Une collaboration efficace a résulté* ou *est résultée de leur entente. Qu'en a-t-il résulté* ou *qu'en est-il résulté ?*) ▼ Le verbe se construit avec *être* ou *avoir*. L'auxiliaire *avoir* marque l'action et l'auxiliaire *être* marque l'état ; ▼ La forme impers. suivie de la conj. **que** demande l'ind. (*Il résulte de ces discussions qu'un consensus sera difficile à obtenir.*) ; ⊖ Éviter le calque de l'anglais : « Résulter en ». Dire : cette opération **s'est soldée par** un surplus, nos efforts **ont abouti à** un échec, le match **s'est terminé par** la victoire du Canadien, la discussion **a dégénéré en** bataille rangée.

RÉSUMER qqch. ; ~ qqch. **à** qqn (*Vous pouvez lui résumer l'histoire.*) ; ~ qqch. **en** qqch. (*Résumez ce texte en dix lignes.*) ; se ~ **en** qqch. (*Ce scandale se résume en un mot : cupidité.*) ; se ~ **à** qqch. [consister essentiellement] (*Cet héritage se résume à très peu de choses.*)

RÉTABLIR qqn ou qqch. (*Ce traitement a rétabli le malade. Rétablir le courant.*) ; ~ qqn ou qqch. **à**, **dans**, **en** qqch. (*On l'a rétabli à son ancien poste, dans ses fonctions, dans ses droits, en seigneur et maître des lieux.*)

RETARDER ; ~ **de** (*Ma montre retarde de onze minutes. Cet homme retarde de dix ans.*) ; ~ **sur** qqch. (*sur son temps, sur la mode*) ; ~ qqn ou qqch. (*La pluie m'a retardé. Il devra retarder son départ.*) ; ~ qqn **dans** qqch. (*dans son travail*) ; retardé (*Ne m'attendez pas, je suis retardé.*) ; retardé **de** (*J'ai été retardé de dix minutes. Son voyage est retardé d'un mois.*)

RETENIR qqn ou qqch. ; se ~ [s'accrocher, se freiner] ; se ~ **à** qqch. (*aux branches*) ; se ~ **de** + inf. (*de rire*) ; se ~ **pour** ne pas + inf. (*pour ne pas pleurer*).

RETENTIR ; ~ **à** qqch. (*aux oreilles de quelqu'un*) ; ~ **de** qqch. (*La cour d'école retentissait de cris d'enfants.*) ; ~ **sur** qqch. [se répercuter] (*Trouble psychique qui retentit sur l'état physique.*)

RÉTICENT ; ~ **devant** (*certaines méthodes*), **sur** (*un point*) ; ~ **à** + inf. (*Il est réticent à accepter ce qui lui semble être un pot-de-vin.*)

RÉTIF ; ~ **à** qqch. (*à toute discipline*).

RETIRER qqn ou qqch. ; ~ qqn ou qqch. **à** qqn (*On lui a retiré son enfant. Il lui a retiré son ordinateur. Il lui a retiré sa confiance et son amitié. On m'a retiré la parole.*) ; ~ qqn ou qqch. **de** qqch. (*Elle a retiré son fils de cette école.*) ; se ~ [s'en aller] ; se ~ **à** (*la campagne*), **dans** (*sa chambre, ses terres*) ; se ~ **de** qqch. (*d'une affaire*).

RETOMBER ; ~ **dans** qqch. (*dans l'oubli, dans la misère*) ; ~ **sur** qqn [incomber finalement] (*Cette responsabilité retombe sur lui.*)

RETOURNER **à** (*Londres*), **chez** (*soi*), **dans** (*son appartement*), **en** (*Espagne*) ; s'en ~ **à** (*la maison*), **chez** (*soi*), **dans** (*sa ville natale*), **en** (*France*) ; ~ qqch. [tourner dans un autre sens] (*Retourner son matelas.*) ; se ~ (*Il se retourna et me fit un signe de la main.*) ; ~ qqch. **à** qqn [renvoyer] ; se ~ **contre** qqn [faire volte-face] (*Ses partisans se sont retournés contre lui. Sa mesquinerie s'est retournée contre lui.*) ; se ~ **vers** qqn ou qqch. [recourir à] (*Il s'est retourné vers d'anciens procédés.*)

RÉTRACTER qqch. (*un aveu, une accusation, une opinion, ce qu'on a dit*) ; se ~ (*Il refuse de se rétracter.*) ; se ~ **devant** qqn (*devant ceux qu'on a faussement accusés*) ; se ~ **de** qqch. (*d'un aveu*).

RETRANCHER qqch. (*un paragraphe*) ; ~ qqch. **à** qqn (*On lui a retranché 100 $ sur son salaire.*) ; ~ qqch. **de**, **sur** qqch. (*Retrancher 10 $ d'une somme. Retrancher une somme sur un salaire.*) ; retranché **de** qqch. [à l'abri] (*Vivre retranché du monde.*) ; se ~ **de** qqch. [se mettre à l'abri] (*Il s'est retranché du monde.*) ; se

~ **dans**, **derrière** qqch. (*Se retrancher dans sa chambre, dans un mutisme farouche, derrière des fortifications, derrière un prétexte, derrière son manque d'expérience.*)

RETRANSMETTRE qqch. (*un discours à la télévision*) ; ~ qqch. **en**, **par** qqch. (*une émission en direct, un match de tennis par satellite.*)

RETREMPER qqch. ; se ~ qqch. (*les cheveux*) ; se ~ **dans** qqch. (*dans le milieu familial*).

RÉTROCÉDER qqch. ; ~ qqch. **à** qqn (*Rétrocéder un legs à quelqu'un. La Grande-Bretagne a rétrocédé Hong Kong à la Chine.*)

RÉUNIR des personnes ou des choses (*des amis, une équipe, une famille à l'occasion des Fêtes, une collection*) ; ~ qqch. **à** qqch., qqn **et** qqn (*Ce pont réunit l'île à la terre. Réunir les parents et les enfants.*) ; ~ des choses **par** qqch. (*On voudrait réunir ces deux villes par un pont.*) ; [sujet : personnes] se ~ (*Ces artistes se réunissent une fois par mois.*) ; se ~ **avec** (*des collègues*), **entre** (*amis*).

RÉUSSIR (*Il veut à tout prix réussir.*) ; ~ qqch. (*Chacun espère réussir sa vie.*) ; ~ **à** + inf. (*Cette jeune entreprise a réussi à obtenir des subventions.*) ; [sujet : chose] ~ **à** qqn (*Tout lui réussit. Ce régime réussit aux diabétiques.*)

REVALOIR qqch. **à** qqn (*Je vous revaudrai ce service un jour ou l'autre.*)

RÉVEILLER qqn ou qqch. ; se ~ ; se ~ **de** qqch. (*de sa torpeur*).

RÉVÉLER qqch. ; ~ qqch. **à** qqn (*Il ne veut pas révéler le nom de son complice à la police.*) ; ▾ Le verbe suivant la conj. **que** se construit avec l'ind. (*Il va falloir lui révéler qu'il a tout perdu.*) ; se ~ + attribut (*Se révéler bon administrateur.*) ; se ~ [se faire connaître par ses œuvres] (*Sa grande sensibilité se révèle dans ses œuvres.*)

REVENIR ; ~ **à** (*sa place*), **chez** (*soi*), **dans** (*son pays*), **sur** (*le lieu du crime*) ; ~ **à** qqn (*La lettre m'est revenue. La mémoire lui revient.*) ; ~ **de** (*Londres, la campagne,*

chez un ami) ; ~ **de** + inf. (*Je reviens de faire des courses.*) ; ~ **à** qqch. [retourner à] (*Revenir à de meilleurs sentiments, à la mode des cheveux longs, au chauffage au bois, au régime végétarien. Je reviens à ma question.*) ; ~ **sur** qqch. (*Il ne cesse de revenir sur le sujet et cela m'agace.*) ; ~ **à** qqn [échoir] (*Cet argent te revient. C'est à cet athlète que revient l'honneur de porter la flamme olympique.*) ; ~ **à** [coûter] (*Mon voyage m'est revenu en tout et pour tout à 1000 $*) ; ~ **de** qqch. [abandonner] (*de ses erreurs, de ses illusions*) ; ~ **de** qqch. [être surpris] (*Elle n'est pas encore revenue de son étonnement. Je n'en reviens pas qu'il ait fait ça !*) ; ~ **sur** qqch. [se dédire] (*Revenir sur sa promesse, sur des aveux.*) ; [littér.] s'en ~ (*Ils s'en revenaient par des rues mal éclairées lorsqu'un coup de feu retentit.*) ; s'en ~ **de** qqch. (*d'une promenade au clair de lune.*)

RÊVER [voir en rêve, en dormant] ; ~ qqch. (*Chaque nuit je rêve la même chose.*) ; ~ **de** qqn ou qqch. (*Chaque nuit je rêve de vous et de Paris.*) ; ▾ Le verbe suivant la conj. **que** se construit avec l'ind. (*J'ai rêvé cette nuit que j'étais en Afrique.*) ; ~ **à** qqch. [songer à] (*Il rêve à ses aventures. Soleil qui fait rêver à l'été.*) ; ~ **de** qqch. [souhaiter] (*La maison dont je rêve.*) ; ~ **de** + inf. (*Je rêve de faire le tour du monde.*) ; ~ qqch. [imaginer] (*On n'aurait pu rêver un plus beau dénouement.*)

RÉVERBÉRER qqch. (*L'asphalte réverbère la chaleur du soleil.*) ; se ~ **sur** qqch. (*Le soleil se réverbérait sur la blancheur éclatante des cimes neigeuses.*)

REVÊTIR qqch. (*Il a revêtu son uniforme. Cette nomination revêt une importance capitale.*) ; ~ qqn ou qqch. **de** qqch. (*la reine de sa cape d'hermine, un mur de marbre, quelqu'un d'une dignité*) ; revêtu **de** qqch. (*d'un uniforme, d'un pouvoir*) ; se ~ **de** qqch. (*Il se revêtit de son uniforme d'ambassadeur. Cet air de fausse ingénue dont elle sait se revêtir.*)

RÉVOLTER qqn [indigner] (*Ces préjugés me révoltent.*); révolté **de** qqch. (*Il est révolté de son ingratitude.*); révolté **de** + inf. (*de voir le crime récompensé, de constater que rien n'a été fait pour soulager les victimes*); révolté; révolté **contre** qqn ou qqch. [rebelle] (*contre l'autorité, la société, les abus*); se ~ **contre** qqn ou qqch. [se rebeller] (*contre un dictateur, contre ses parents, contre l'autorité*).

RÉVOQUER qqn [destituer] (*un fonctionnaire*); ~ qqn **pour** qqch. (*pour malversations*); ~ qqch. [annuler] (*une loi, un décret*); [dr.] ~ qqch. (*un contrat, une procuration*).

RICHE ; ~ **en** qqch. (*Sous-sol riche en minerai de cuivre. Aliment riche en vitamines.*); ~ **de** qqch. [plus abstrait] (*Une expérience riche d'enseignement.*)

RICOCHER ; ~ **sur** qqch. (*Faire ricocher des cailloux sur l'eau d'un lac.*)

RIMER ; ~ **avec** qqch. (*Tel mot rime avec tel autre.*)

RIPOSTER ; ~ **à** qqch. (*à une attaque, à des moqueries*); ~ **par** qqch. (*par des injures*); ▾ Le verbe suivant la conj. **que** se construit avec l'ind. (*Il riposta que tout cela était sans importance.*)

RIRE ; ~ **de** qqn ou qqch. [se moquer] (*Ne riez pas de moi. Ils rient de mon ignorance.*); se ~ **de** qqch. [ne pas tenir compte] (*Il se rit des difficultés.*)

RISQUER qqch. (*sa vie, sa fortune, sa réputation*); ~ **de** + inf. (*Il risque de tomber. La crise risque d'empirer.*) ⊖ Éviter : Il « risque de » réussir [ce verbe ne s'emploie que si l'issue est fâcheuse]. Dire : Il **a des chances de** réussir ; ▾ Le verbe suivant la conj. **que** se construit avec le subj. (*Vous risquez qu'ils fassent la sourde oreille.*); se ~ (*Se risquer dans ce froid.*); se ~ **dans** qqch. (*dans une aventure dangereuse*); il risque **de** + inf. (*Il risque de pleuvoir demain.*); ~ qqch. [oser] (*une allusion, une comparaison, un regard, une plaisanterie*); se ~ **à** + inf. (*à intervenir*).

RIVALISER avec qqn **pour** qqch. (*Son coéquipier

rivalise avec lui pour la médaille d'or.) ; ~ **de** qqch. (*Elles rivalisent de gentillesse.*) ; ~ **de** qqch. **avec** qqn (*Elle rivalise d'esprit avec sa mère.*) ; [sujet: chose] ~ **de** qqch. **avec** qqch. (*Cette collection rivalise d'élégance avec celles des maisons de haute couture.*)

RÔDER autour (*du village, de quelqu'un*), **dans** (*la rue*), **sur** (*la place*).

ROGNER qqch. (*Rogner les pages d'un livre. La baisse du taux d'intérêt a rogné ses revenus.*) ; ~ qqch. **à** qqch. ou qqn (*Rogner les griffes à un chat. Rogner les ailes à un subalterne.*) ; ~ **sur** qqch. [lésiner] (*sur la nourriture, sur les loisirs*).

ROMPRE (*Les liens ont rompu. Les fiancés ont rompu.*) ; ~ **avec** qqn (*Elle a rompu avec sa famille.*) ; ~ qqch. (*Rompre ses amarres, l'équilibre, les relations diplomatiques, un traité, un serment, ses fiançailles. Le fleuve a rompu ses digues.*) ; ~ **avec** qqch. [abandonner] (*Rompre avec une habitude, avec les traditions.*) ; se ~ ; [littér.] ~ qqn **à** qqch. [accoutumer] (*Ma formation d'athlète m'a rompu à l'effort.*)

ROMPU (*Bavarder à bâtons rompus.*) ; ~ **de** qqch. (*de fatigue*) ; [littér.] ~ **à** qqch. [expérimenté] (*Homme rompu aux subtilités du protocole.*)

RONGER qqch. ; rongé **par** qqch. (*Meuble rongé par les vers. Homme rongé par la maladie.*) ; se ~ qqch. (*les ongles*) ; [fig.] rongé **de** qqch. (*de remords, d'inquiétude*) ; se ~ **de** qqch. (*d'inquiétude*).

ROUER qqn **de** coups.

ROUGE ; ~ **de** qqch. (*de colère, de honte*).

ROUGIR ; ~ **de** qqch. (*d'orgueil, de confusion, de plaisir, de colère*) ; ~ **de** qqn ou qqch. [avoir honte] (*Pourquoi rougirait-il de ses parents ? Je n'ai pas à rougir de ma conduite.*) ; ~ qqch. [rendre rouge] (*Le soleil couchant rougit la campagne.*) ; ~ qqch. **de** qqch. (*Il rougissait la terre de son sang.*)

ROULER (*Il roule en décapotable à 120 km/h. Cette voiture a peu roulé. Le skieur a roulé dans la neige*

jusqu'au bas de la pente.) ; ~ qqn ou qqch. ; ~ qqn ou qqch. **dans**, **sur** qqch. (*le bébé dans sa poussette, la pâte dans la farine, un cerceau sur le trottoir*) ; se ~ (*par terre*) ; se ~ **dans** (*l'herbe, une couverture*), **en** (*boule*) ; se ~ **de** qqch. (*de rire, de douleur*) ; ~ **sur** qqch. [avoir pour sujet] (*Conversation qui roule sur le bogue de l'an 2000.*) ; ~ qqn [duper].

ROUSPÉTER [fam.] ; ~ **contre** qqn ou qqch. (*contre son professeur, contre la lenteur du courrier*).

RUDE ; [chose] ~ **à** qqch. (*au toucher*) ; [personne] ~ **avec** qqn (*Il est très rude avec elle.*)

RUER ; **se ~ sur**, **vers** qqn ou qqch. (*sur les petits fours, vers la sortie*).

RUGIR ; ~ **de** qqch. (*de fureur*).

RUINER qqn ou qqch. (*Ses mauvais placements l'ont ruiné. L'alcoolisme a ruiné sa carrière.*) ; se ~ (*Il s'est ruiné pour elle, pour satisfaire son goût de luxe. Il s'est ruiné en achetant cet hôtel.*) ; se ~ **à** qqch. (*au jeu*) ; se ~ **en** des choses (*en médicaments*) ; se ~ **à** + inf. (*Je me suis ruiné à entretenir cette grande maison.*)

RUISSELANT ; ~ **de** qqch. (*Un visage ruisselant de larmes.*)

RUISSELER **dans**, **sur** qqch. (*L'eau ruisselait dans l'étang, sur le sol.*) ; ~ **de** qqch. (*L'eau ruisselait du toit. Son front ruisselait de sueur.*)

RUSER ; ~ **avec** qqn (*Qu'il n'essaie pas de ruser avec moi !*)

S

SACRIFIER qqn ou qqch. (*Abraham était prêt à sacrifier Isaac.*) ; ~ qqn ou qqch. **à** qqn ou qqch. (*Je t'ai sacrifié ma vie. Il a sacrifié sa vie privée à sa carrière.*) ; ~ qqn ou qqch. **pour** qqn ou qqch. (*Il a tout sacrifié pour elle. L'idéal pour lequel on peut sacrifier sa vie.*) ; ~ **à** qqn ou qqch. (*Sacrifier à un*

dieu. Sacrifier à la mode, aux préjugés, aux goûts du jour.) ; se ~ (*Il y a une corvée, qui veut se sacrifier ?*) ; se ~ **à** qqch. (*à de nobles causes*) ; se ~ **pour** qqn (*pour ses enfants*).

SAIGNER ; ~ **de** qqch. (*du nez*) ; ~ qqn (*un malade, les contribuables*) ; saigné à blanc [épuisé, privé de ses ressources] (*Une entreprise saignée à blanc par la grève.*) ; se ~ aux quatre veines [se priver de tout pour qqn].

SAISIR qqn ou qqch. (*Elle saisit le bébé. La peur le saisit et il s'enfuit. Saisir la balle. Saisir une occasion. Je n'ai pas saisi votre nom.*) ; ~ qqn **par** qqch. (*par le bras, par la taille*) ; saisi **de** qqch. (*de joie, de pitié, d'étonnement. J'en suis encore tout saisi.*) ; saisi **par** qqch. (*par la beauté du spectacle, par une émotion violente*) ; se ~ **de** qqn ou qqch. (*Les rebelles se saisirent de la station de radio et des journalistes.*) ; saisi **de** qqch. [mis au courant] (*Ils n'ont pas été saisis de la gravité de la situation.*)

SALUER qqn ou qqch. (*L'acteur salua le public.*) ; ~ qqn ou qqch. [rendre hommage] (*On a salué en lui le libérateur du pays.*) ; salué (*Elle a été saluée comme l'inspiratrice du Mouvement de libération des femmes.*)

SALUTAIRE ; ~ **à** qqn (*Un climat salutaire aux arthritiques. Vos conseils lui ont été salutaires.*)

SAOULER [voir SOÛLER]

SATISFAIRE qqn ou qqch. [contenter] (*Je n'arrive pas à le satisfaire, à satisfaire ses besoins. Ma réponse ne l'a pas satisfait.*) ; se ~ **de** qqch. (*de peu*) ; ~ **à** qqch. [s'acquitter] (*Satisfaire à ses engagements, à ses obligations, à la demande.*) ; ~ **à** qqch. [répondre à une exigence] (*Satisfaire aux exigences du client, aux normes, à toutes les conditions.*)

SATISFAISANT ; ~ **pour** qqn ou qqch. (*pour l'esprit*).

SATISFAIT ; ~ **de** qqn ou qqch. (*d'un employé, d'un produit*) ; ~ **de** + inf. (*Je suis satisfait d'apprendre qu'il a accepté mon offre.*) ; ▾ L'adj. suivi de la conj.

que demande le subj. (*Il est satisfait qu'on ait accepté son offre.*) ⊖ Éviter : Je suis « satisfait que » au sens d'être assuré du bien-fondé de qqch. Dire : **Être persuadé que**, **convaincu que** (*Je suis convaincu qu'ils ont tous fait de leur mieux.*)

SATURÉ (*Mémoire d'ordinateur saturée.*) ; ~ **de** qqch. (*Sol saturé d'eau. Téléspectateurs saturés d'annonces publicitaires.*)

SATURER qqn ou qqch. **de** qqch. (*La pluie a saturé d'eau mes plantes. Saturer le marché de produits importés.*)

SAUPOUDRER qqch. **de** qqch. (*Saupoudrer ses fraises de sucre.*)

SAUTER ; ~ **à** (*la corde*), **dans** (*l'eau*), **en** (*selle, parachute*), **par** (*la fenêtre*), **sur** (*quelqu'un, une mine*) ; ~ **de** qqch. **à** qqch. (*d'un sujet à l'autre*).

SAUVER qqn ou qqch. (*la situation*) ; ~ qqn ou qqch. **de** qqch. (*un homme de la noyade, une entreprise de la faillite*) ; se ~ [s'enfuir] ; se ~ **de** qqch.(*Elle s'est sauvée de chez elle.*)

SAVOIR qqch. (*Qui sait cela ?*) ; ~ + inf. (*Savoir nager, se taire.*) ; ▾ Le verbe suivant la conj. **que** ou **si** se construit avec l'ind. ou le cond. (*Je savais qu'il était parti. Vous n'êtes pas sans savoir que des décisions importantes devront être prises d'ici peu. Sais-tu s'il doit venir dimanche ? Sais-tu s'il accepterait si on le lui demandait ?*) ; se ~ (*Tout finit par se savoir.*) ; se ~ + attribut (*Il se savait très malade.*) ; ne rien ~ **de** qqn ou qqch. (*Il ne veut rien savoir d'elle ni de ses ennuis.*) ; en ~ (*Je voudrais en savoir davantage. Je n'en sais rien. Elle n'en a rien su. Qu'en savez-vous ?*) ; en ~ long **sur** qqn ou qqch. ; en ~ qqch. [en avoir fait l'expérience] (*La maladie est une rude épreuve, j'en sais quelque chose.*) ; ~ gré **à** qqn **de** qqch. [être reconnaissant] (*Je lui sais gré de sa générosité.*) ; ~ gré **à** qqn **de** + inf. (*Je lui sais gré de nous avoir prévenus.*)

SCANDALISER qqn ; scandalisé **de** qqch., **par** qqn ou qqch. (*Il est scandalisé du comportement de cette*

actrice. Il a été scandalisé des propos de cet ami ou *par les propos de cet ami.*) ; scandalisé **de** + inf. que + ind. (*J'ai été scandalisé d'apprendre que cet avocat est impliqué dans le blanchiment de l'argent de la drogue.*) ; se ~ ; se ~ **de** qqch. (*Elle ne se scandalise de rien.*) ; ▾ Le verbe suivant la conj. **que** se construit avec le subj. (*Il s'est scandalisé qu'on ait osé lui demander une chose pareille.*)

SCELLER qqch. ; ~ qqch. **avec** ou **de** qqch. (*Des enveloppes scellées avec des cachets de cire. Une lettre scellée d'un cachet.*)

SCINDER qqch. ; se ~ ; se ~ **en** des choses (*Une association qui s'est scindée en deux groupes.*)

SÉANT [littér.] [convenable] (*Une tenue peu séante.*) ; il est séant **de** + inf. (*Il serait séant de l'informer. Il n'est pas séant de partir sans dire au revoir.*) ; ▾ La forme impers. suivie de la conj. **que** demande le subj. (*Il ne serait pas séant que vous passiez outre aux règles de l'étiquette.*)

SECTIONNER qqch. [couper nettement] (*un câble, un ligament*) ; ~ qqch. **en** des choses [diviser] (*Sectionner une ville en circonscriptions.*)

SÉLECTIONNER qqn ou qqch. ; ~ qqn ou qqch. **parmi** des personnes ou des choses (*Sélectionner les candidats parmi des centaines de candidatures.*) ; ~ qqch. **pour** qqch. (*Sélectionner des candidats pour une audition. Sélectionner les plus beaux fruits pour l'exportation.*)

SEMBLABLE [chose] ; ~ **à** qqch. (*J'ai un emploi du temps semblable au sien.*)

SEMBLER + attribut (*Ils semblent tous satisfaits.*) ; ~ + attribut **à** qqn (*Il m'a semblé fatigué.*) ; il semble + attribut **à** qqn **de** + inf. (*Il a semblé inutile à M. Dupont de faire cette démarche. Il lui a semblé inutile d'insister.*) ; il semble + pronom pers. + inf. (*Il me semble entendre des voix. Il lui semble avoir déjà vu cela.*) ; ▾ La forme impers. suivie de la conj. **que** demande l'ind. ou le cond. [il est évident, probable que] (*Il me semble*

qu'ils vont accepter. Il semble bien que tout le monde serait libre ce jour-là.) ou le subj. [il apparaît que] (*Il semble que l'entreprise soit en difficulté.*) ; ▾ On dit : Il a réussi, **à** ce qu'il semble. Elle s'est trompée, ce me semble. Il fait maintenant ce que bon lui semble.

SEMER qqch. (*du blé, la terreur*); semé **de** choses [jonché] (*Plage semée de roches. Parcours semé d'embûches.*)

SENSIBILISER qqn **à** qqch. (*Sensibiliser l'opinion publique à la lutte contre la pauvreté.*) ; sensibilisé **à** qqch. (*à un problème, à un événement*) ; se ~ **à** qqch. (*au problème de la pollution*).

SENSIBLE (*C'est une personne sensible. Avoir la peau sensible.*) ; ~ **à** qqch. (*Il est sensible à la douleur, au charme des femmes.*) ; ~ **de** qqch. (*des bronches, de la gorge*).

SEOIR à qqn ; ▾ Ce verbe est employé seulement à la troisième personne du singulier et du pluriel (*Ce tailleur lui sied à merveille. Ces fanfreluches ne seyaient pas du tout à Marie.*) ; il sied **à** qqn **de** + inf. (*Il ne vous sied pas de faire la morale.*) ; [littér.] il sied **de** + inf. [il est séant] (*Il sied parfois de garder le silence.*)

SÉPARABLE ; ~ **de** qqch. (*Cette partie est facilement séparable du tout.*)

SÉPARER des personnes ou qqch. (*La guerre a séparé ma famille. On a séparé la cuisine en deux. Une clôture qui sépare deux champs.*) ; ~ qqn ou qqch. **d'avec** qqn ou qqch. (*Séparer les dossiers récents d'avec les vieux.*) ; ~ qqn ou qqch. **de** qqn ou qqch. (*une mère de ses enfants, le bon grain de l'ivraie*) ; ~ des personnes ou qqch. **par** qqch. (*Les malades sont séparés par un rideau. On a séparé le jardin du potager par un muret.*) ; se ~ (*Ce couple s'est séparé. C'est ici que la route se sépare en deux.*) ; se ~ **de** qqn ou qqch. (*Il s'est séparé de son associé. Il s'était séparé de tous ses biens avant de mourir.*

Une branche s'est séparée du tronc.)

SERINER qqch. ; ~ qqch. **à** qqn (*Seriner une règle aux écoliers.*)

SERTIR qqch. ; ~ qqch. **dans** qqch. (*un saphir dans une bague*) ; serti **de** qqch. (*Une bague sertie d'un saphir.*)

SERVIR [être utile] (*Cet outil ne sert plus.*) ; ~ **à** qqch. (*Cela ne sert à rien.*) ; ~ **à** + inf. (*Cet appareil sert à moudre le café.*) ; ~ **à** qqn **à** + inf. (*Ce manuel d'instruction m'a servi à installer mon ordinateur.*) ; ~ qqn ou qqch. [être au service de] (*un maître, une cause*) ; ~ qqch. **à** qqn [mettre dans son assiette] (*On lui a servi des huîtres.*) ; se ~ qqch. (*Nous nous sommes servi du vin.*) ; se ~ **de** qqch. (*Servez-vous de ce délicieux ragoût.*) ; se ~ **chez** qqn [s'approvisionner] (*chez les meilleurs fournisseurs*) ; ~ **à** qqn **de** qqch. [faire office de] (*Sa sœur lui a servi de guide. Cette pièce me servira de débarras.*) ; ~ **de** qqch. (*Cette facture servira de preuve.*) ; se ~ **de** qqch. [employer] (*Se servir de son ordinateur.*) ; se ~ **de** qqn (*Il se sert d'elle comme secrétaire, pour trier le courrier, pour la mise à jour des dossiers.*) ; se ~ **de** qqch. **pour** qqch. (*de son ordinateur pour le traitement de texte*) ; se ~ **de** qqch. **pour** + inf. (*d'une cuillère pour manger*).

SÉVÈRE ; ~ **à l'égard de** ou **envers** ou **pour** qqn.

SÉVIR ; ~ **contre** qqn ou qqch. (*contre les pirates informatiques, contre les abus*).

SEVRER qqn (*un enfant, un toxicomane*) ; [fig.] sevré **de** qqch. [privé] (*de plaisirs*).

SEYANT [chose] (*Ce nouvel uniforme est peu seyant.*) ; ~ **à** qqn (*Le noir est très seyant aux blondes.*)

SIDÉRER qqn (*Cette nouvelle l'a sidéré.*) ; sidéré **de** + inf. (*Il a été sidéré d'apprendre cette nouvelle.*)

SIGNALER qqch. ; ~ qqn ou qqch. **à** qqn (*un escroc* ou *un accident à la police*) ; ~ qqch. **par** qqch. (*un danger par des panneaux*) ; ▾ Le verbe suivant la conj. **que** se construit avec l'ind. [avertir] (*Je vous signale que je serai absent cette*

semaine.); se ~ [se distinguer] (*Il s'est signalé pendant la guerre.*); se ~ **par** qqch. (*par un acte d'héroïsme*); se ~ **à** l'attention de qqn.

SIGNIFIER qqch. ; ~ qqch. **pour** qqn (*Cela ne signifie rien pour eux.*); ▾ Le verbe suivant la conj. **que** se construit avec l'ind. ou le cond. (*Cela signifie que tout est rentré dans l'ordre. Votre réponse signifie-t-elle que vous pourriez changer d'avis ?*); ~ qqch. **à** qqn [faire savoir] (*Je lui ai signifié mes intentions. Il lui a signifié son congé.*); ~ **à** qqn **de** + inf. (*de s'en aller*); ▾ Le verbe suivant la conj. **que** se construit avec l'ind. (*Elle lui a signifié que tout était fini entre elle et lui.*)

SILLONNER qqch. (*Les caravelles portugaises sillonnaient les mers.*); sillonné **par** qqch. (*Une rade sillonnée par des bateaux de plaisance.*); [fig.] ~ **de** qqch. (*Visage sillonné de rides.*)

SOBRE ; ~ **de** qqch. (*de gestes*).

SOLDER qqch. ; se ~ **par** qqch. (*Cette initiative s'est soldée par un échec.*)

SOLIDAIRE (*Ces deux personnes sont solidaires.*); ~ **avec** qqn (*Je suis solidaire avec lui et avec Pierre.*); ~ **de** qqn ou qqch. (*Il reste solidaire de son équipe. Nous sommes solidaires de cette décision.*)

SOLIDARISER (SE) avec qqn (*avec les grévistes*) ▾ Mais on dit : Se désolidariser **d'avec** ou **de** qqn (*Il se désolidarise d'avec* ou *de son confrère sur un point.*)

SOLLICITER qqn ou qqch. (*un fonctionnaire haut placé, les passants, un emploi, une faveur, l'attention de quelqu'un*); ~ qqn **au sujet de** qqch. (*On l'a sollicité au sujet de ce poste.*); ~ qqch. **de** qqn (*Je voudrais solliciter de lui une faveur, l'autorisation de, l'honneur d'assister à son intronisation.*); ~ qqn **de** + inf. (*de prendre en considération une certaine candidature*); sollicité **par** qqn ou qqch. (*par un ami, par la publicité*).

SOMBRER ; ~ **dans** qqch. (*Le navire a sombré dans l'Atlantique. Sombrer dans le désespoir. Une affaire qui sombre dans le burlesque.*)

SOMMER qqn **de** [parfois **à**] + inf. (*de comparaître*).

SONGER ; ~ **à** qqn ou qqch. (*Je songe à lui comme successeur. Songer à son avenir.*) ; ~ **à** + inf. (*Il faut songer à partir.*) ; ▾ Le verbe suivant la conj. **que** se construit avec le subj. [imaginer] (*Je ne puis songer qu'on puisse être vil à ce point.*)

SONNER qqn ou qqch. ; ~ **de** qqch. (*du clairon, du cor*).

SORTIR (*Il est sorti seul.*) ; ~ **dans** (*le couloir*), **sur** (*le perron*) ; ~ **de** qqch. (*Sortir de sa voiture, du sujet. Cette affaire sort de ma compétence.*) ; ~ qqn ou qqch. (*Sortir les enfants quand il fait beau. Sortir son vélo.*) ; ~ qqn ou qqch. **de** qqch. ; se ~ **de** qqch. (*du lit, d'une situation embarrassante*) ; s'en ~ (*Aide-le, il ne va jamais s'en sortir seul.*)

SOUCIER (SE) de qqn ou qqch. (*Il agit sans se soucier des autres ni de ce que les gens pensent.*) ; se ~ **de** + inf. (*Il se soucie peu de plaire.*) ; ▾ Le verbe suivant la conj. **que** se construit avec l'ind. (*Elle est partie sans se soucier qu'on pouvait avoir besoin d'elle.*) mais à la forme négative ou suivi de *peu*, le verbe se construit avec le subj. (*Elle ne se soucie pas qu'on puisse avoir besoin d'elle. Elle se soucie peu qu'on puisse avoir besoin d'elle.*)

SOUCIEUX (*Avoir un air soucieux. Il paraît soucieux depuis quelque temps.*) ; ~ **de** qqn ou qqch. [attentif à] (*Une femme soucieuse de son apparence.*) ; ~ **de** + inf. (*de rendre service*) ; ▾ L'adj. suivi de la conj. **que** demande le subj. (*Soucieux que tout se passe bien.*)

SOUDER qqch. (*du fer, du verre, des tuyaux*) ; ~ des personnes (*Deux familles que soude leur passé commun.*) ; ~ des choses **à** qqch. (*au plomb*) ; se ~ (*Un plâtre aide un os fracturé à se souder.*) ; se ~ **en** qqch.

(*Ces deux organismes se sont soudés en un seul.*)

SOUFFLER ; ~ qqch. (*une bougie*) ; ~ qqch. **à** qqn [dire tout bas] (*Il m'a soufflé la réponse.*) ; ~ qqch. **à** qqn [enlever] (*Je lui ai soufflé un pion.*)

SOUFFRIR (*Sa maladie le fait beaucoup souffrir.*) ; ~ **de** qqch. [être atteint] (*de la maladie d'Alzheimer*) ; ~ **de** qqch. [pâtir] (*Il souffre de l'estomac. Les arbres ont souffert du froid.*) ; ~ **de** + inf. (*de voir tant d'injustice*) ; ~ qqch. [supporter] (*Il souffre les critiques sans se plaindre.*) ; ne pas ~ qqn ou qqch. (*les incompétents, les épinards*) ; ▾ Le verbe suivant la conj. **que** se construit avec le subj. (*Elle ne souffre pas qu'on la fasse attendre.*) ; ne pas se ~ (*Ils ne peuvent pas se souffrir.*)

SOUHAITER qqch. ; ~ qqch. **à** qqn (*un prompt rétablissement à un malade*) ; ~ + inf. ou **de** + inf. (*Il souhaitait éviter ou d'éviter la faillite.*) ; ~ **à** qqn **de** + inf. (*Je lui souhaite de réussir.*) ; ▾ Le verbe suivant la conj. **que** se construit avec le subj. (*Je souhaite que tout se passe bien.*)

SOUILLER qqch. [littér.] (*ses mains, la mémoire de quelqu'un*) ; ~ qqch. **de** qqch. (*Souiller ses mains de sang.*) ; se ~.

SOULAGER qqn ou qqch. (*un malade, une rage de dent*) ; ~ qqn ou qqch. **de** qqch. (*Ce médicament vous soulagera de votre mal de gorge. Mon assistant me soulage d'une partie de mes obligations. Cette nouvelle m'a soulagée d'un grand poids.*) ; ~ qqn **par** qqch. (*Soulager une amie par une présence assidue. Soulager une entreprise par une exonération fiscale.*) ; soulagé **de** + inf. (*Elle a été soulagée de constater une amélioration de son état.*) ; se ~ (*Il faut te soulager, délègue certaines tâches.*) ; se ~ **de** qqch. (*d'une migraine, d'une partie de ses responsabilités*).

SOÛLER qqn ; se ~ ; se ~ **à** qqch. (*au champagne*) ; [fig.] ~ qqn **de** qqch. (*de paroles*) ; se ~ **de** qqch. (*de paroles*).

SOULEVER qqn ou qqch. (*une personne allongée,*

un couvercle); [fig.] ~ qqn **contre** qqn (*Soulever le peuple contre un dictateur.*); se ~ **contre** qqn ou qqch. (*contre la monarchie*); ~ qqch. [provoquer] (*une question, l'enthousiasme de la foule*).

SOULIGNER qqch. (*Souligner un mot en rouge.*); ~ qqch. **de** qqch. (*un mot d'un trait de crayon*); souligné **de** qqch. (*yeux soulignés d'un cerne*); [fig.] ~ qqch. (*l'importance d'une victoire*); ~ qqch. **par** qqch. (*l'importance d'une victoire par une grande cérémonie*); ▾ Le verbe suivant la conj. **que** se construit avec l'ind. (*Je tiens à souligner qu'il est interdit de fumer dans la salle.*); souligné **par** qqch. (*L'importance d'un incident soulignée par la presse.*)

SOUMETTRE qqn [maîtriser] (*des rebelles*); ~ qqn ou qqch. **à** qqn ou qqch. [faire subir] (*Soumettre quelqu'un à une épreuve, un commerce à des réglementations.*); ~ qqch. **à** qqn [proposer] (*un problème à un spécialiste*); ⊖ Éviter l'anglicisme : Je « soumets » que. Dire : Je **dirai** que, il m'**apparaît** que, j'**affirme** que ; se ~ **à** qqch. [obéir ou subir] (*aux règlements, à un test de personnalité*).

SOUMISSIONNER (*Il soumissionne à tous les appels d'offre.*); ~ qqch. (*Cette firme a soumissionné la construction du pont.*)

SOUPÇONNER qqn ou qqch. (*C'est lui qu'on soupçonne. Soupçonner la bonne foi d'une personne.*); ~ qqn **de** qqch. (*On le soupçonne de fraude.*); ~ qqn ou qqch. **de** + inf. (*On le soupçonne d'être l'auteur du vol.*); ▾ Le verbe suivant la conj. **que** se construit avec l'ind. ou, au passé, avec l'ind. ou le subj. (*Je soupçonne qu'ils ont menti. Je ne soupçonnais pas qu'ils étaient complices, qu'ils fussent complices.*)

SOUPIRER ; ~ **de** qqch. (*d'aise, d'ennui, de désespoir*); ~ **après** qqn ou qqch. [désirer vivement].

SOURD ; ~ **à** qqch. [insensible] (*Il est demeuré sourd à mes mises en garde.*)

SOURIRE ; ~ **à** qqn ; ~ **de** qqch. (*L'enfant sourit de bonheur en la voyant.*); ~ **de** qqch.

[s'amuser de] (*Elle souriait de ses réponses naïves.*) ; ~ **de** + inf. (*Elle souriait de le voir s'embrouiller dans ses réponses.*) ; [sujet : chose] ~ **à** qqn [plaire] (*Ce voyage ne lui sourit guère. La chance lui sourit enfin.*)

SOUSCRIRE pour qqch. [s'engager à donner une somme] (*Souscrire pour l'éducation d'un enfant du Tiers-Monde.*) ; ~ qqch. [s'engager à verser une somme en contrepartie de qqch.] (*Souscrire un contrat, une police d'assurance, un abonnement à un journal.*) ; ~ **à** qqch. [s'engager, consentir] (*Souscrire à un emprunt, à une émission d'actions d'une société, à un arrangement, à une modification dans un contrat.*) ; ~ **à** qqch. [être du même avis] (*Souscrire à une opinion, à un point de vue.*)

SOUS-JACENT ; ~ **à** qqch. (*Les problèmes sous-jacents à la mondialisation.*)

SOUSTRAIRE qqch. **de** qqch. (*Soustraire 20 de 80.*) ; ~ qqch. [dérober] (*Soustraire les pièces d'un dossier.*) ; ~ qqch. **à** qqn (*Il lui a soustrait de l'argent.*) ; ~ qqch. **de** qqch. (*Soustraire de grosses sommes d'un fonds d'aide aux sinistrés.*) ; se ~ **à** qqch. (*à une obligation, aux regards de quelqu'un, à la justice*) ; ~ qqn ou qqch. **à** qqch. [protéger de] (*Soustraire quelqu'un au danger. Soustraire des dossiers aux regards indiscrets.*)

SOUTENIR qqn ou qqch. (*Je l'ai prise par le bras pour la soutenir. Des colonnes de marbres soutenaient la voûte. Soutenir l'intérêt des étudiants. Soutenir une équipe de hockey. Soutenir une thèse.*) ; ~ qqch. **de** qqch. (*C'est lui qui soutient de ses dollars cette expédition.*) ; se ~ (*Elle ne se soutenait plus et elle a dû s'asseoir.*) ; se ~ [s'appuyer mutuellement] (*Ils se sont toujours soutenus dans l'épreuve.*) ; se ~ [être défendable] (*Cette théorie se soutient difficilement.*) ; ~ qqn **contre** qqn [prendre parti] (*Elle soutient les enfants contre leur père.*) ; ▾ Le verbe suivant la conj. **que** se construit avec l'ind. [affirmer] (*Il a soutenu mordicus qu'elle n'était

pas venue hier.) ou parfois, à la forme négative, avec le subj. (*Personne ne soutient que c'est impossible* ou *que ce soit impossible.*)

SOUTIRER qqch. **à** qqn (*Soutirer de l'argent, des promesses à quelqu'un.*)

SOUVENIR (SE) de qqn ou qqch. (*On se souviendra de lui comme un grand romancier. Je ne me souviens jamais de son nom.*) ▾ Mais on dit : Je ne me souviens pas qui me l'a dit, **à** qui j'ai dit cela, si j'ai éteint la lumière ; se ~ **de** + inf. passé (*Je ne me souviens pas d'avoir lu ce livre.*) ; ▾ Le verbe suivant la conj. **que** se construit avec l'ind. (*Je me souviens qu'il a dit cela.*) ou, à la forme négative, avec le subj. (*Je ne me souviens pas qu'il ait dit cela.*)

SPÉCIALISER (SE) ; se ~ **dans** (*la restauration d'objets d'art*), **en** (*infographie*) ; spécialisé ; spécialisé **dans** (*le clonage des animaux*), **en** (*informatique*).

SPÉCULER ; ~ **à** la Bourse, **en** Bourse ; ~ **sur** qqch. [faire des opérations financières] (*Spéculer sur l'achat d'immeubles.*) ; ~ **sur** qqch. [compter sur] (*Spéculer sur un redressement rapide de l'économie.*) ⊖ Éviter : « Spéculer sur » les causes d'un accident, au sens de faire des conjectures. Dire : **S'interroger sur** les causes d'un accident ; [didact.] ~ **sur** qqch. [méditer] (*Spéculer sur l'origine du mal.*)

SPOLIER qqn (*Il a spolié son frère.*) ; ~ qqn **de** qqch. (*Spolier son frère de son héritage.*)

STATUER sur qqch. [prendre une décision à propos de] (*sur un litige, sur le sort, l'avenir de quelqu'un*) ; ▾ Le verbe suivant la conj. **que** se construit avec l'ind. (*Le tribunal a statué qu'il y avait faute.*)

STOÏQUE ; ~ **devant** qqch. (*devant le danger, la mort*).

STUPÉFAIT ; ~ **de** qqch. (*Je suis stupéfait de cet exploit technologique.*) ; ~ **de** + inf. (*Il a été stupéfait d'apprendre cela.*)

STUPÉFIER qqn (*Sa conduite m'a stupéfié.*) ; stupéfié **par** qqch. (*Il a été stupéfié par cette nouvelle.*)

SUBDIVISER qqch. ; ~ qqch. **en** des choses (*Il a subdivisé sa part d'héritage en trois lots.*) ; se ~ (*Ne se subdivise qu'un tout déjà divisé.*) ; se ~ **en** des choses (*Ce chapitre pourrait se subdiviser en trois parties.*)

SUBMERGER qqn ou qqch. ; submergé ; submergé **par** qqch. (*Vallée submergée par l'inondation. Ils ont été submergés par les commandes. Il est submergé par la douleur.*) ; submergé **de** qqch. [débordé] (*Submergé de travail.*)

SUBORDONNER qqn ou qqch. **à** qqch. (*Les statuts subordonnent le directeur au conseil d'administration. Il subordonne sa vie familiale à sa carrière.*) ; subordonné **à** qqn ou qqch. (*Le chef de service est subordonné au directeur. Une prime subordonnée au rendement.*)

SUBSTITUER qqn ou qqch. **à** qqn ou qqch. [mettre à la place] (*On a substitué un professeur au chargé de cours. Il a substitué cet ouvrage à un autre moins récent.*) ; se ~ **à** qqn (*Le professeur s'est substitué au chargé de cours.*) ; se ~ l'un l'autre [chacun prend la place de l'autre] (*Ils se sont substitués l'un l'autre.*)

SUBTILISER qqch. [dérober] ; ~ qqch. **à** qqn (*On lui a subtilisé sa carte de crédit.*) ; ~ [couper les cheveux en quatre] (*Ne subtilisons pas.*) ; ~ **sur** qqch. (*Ne subtilisons pas sur les mots.*)

SUBVENIR **à** qqch. (*aux besoins de sa famille, aux dépenses de quelqu'un*).

SUCCÉDER **à** qqn ou qqch. (*Il a succédé à son père au poste de président de l'entreprise. Le soleil succéda à la pluie.*) ; se ~ (*Les découvertes scientifiques se succèdent à un rythme incroyable.*)

SUCCOMBER [mourir] ; ~ **à** qqch. (*à une hémorragie*) ; [fig.] ~ **à** qqch. [céder] (*à une tentation, à un désir, au sommeil*) ; ~ **sous** qqch. [être accablé] (*Succomber sous un fardeau, sous le nombre, sous le poids des difficultés.*)

SUFFIRE (*Ça suffit !*) ; ~ **à** qqn ou qqch. (*Ces excuses ne lui suffisent pas. Elle

ne peut suffire à la tâche. Ce salaire suffit à mes besoins.) ; ~ **pour** qqch. (*Un seul assistant suffira pour ce travail. Cette somme suffira pour mes emplettes.*) ; ~ **à**, **pour** + inf. (*Une goutte d'eau suffit à faire déborder le vase. Un mois suffira pour terminer les travaux.*) ; il suffit **à** qqn **de** + inf. (*Il vous suffit d'indiquer votre nom.*) ; il suffit **de** + inf. (*Il suffit de nous prévenir à l'avance.*) ; il suffit **de** qqch. **pour** + inf. (*Il suffit d'une brebis galeuse pour gâter tout le troupeau.*) ; ▼ La forme impers. suivie de la conj. **que** demande le subj. (*Il suffit que vous ayez fini demain. Il suffit qu'il dise quelque chose pour qu'elle le contredise aussitôt.*) ; se ~ ou se ~ mutuellement ou se ~ l'un **à** l'autre (*Ils vivent isolés à la campagne mais ils se suffisent* ou *ils se suffisent mutuellement* ou *ils se suffisent l'un à l'autre.*) ; se ~ **à** soi-même [matériellement ou moralement] (*Son fils poursuit ses études et ne se suffit pas encore à lui-même.*)

SUFFISANT ; ~ **pour** qqch. (*Des provisions suffisantes pour toute la famille.*) ; ~ **pour** + inf. (*C'est suffisant pour le rendre heureux.*) ; ~ **pour** que + subj. (*Les risques ne sont pas suffisants pour que nous abandonnions le projet.*)

SUFFOQUER (*Quelle chaleur ! On suffoque ici.*) ; [fig.] ~ **de** qqch. (*Suffoquer d'indignation, de colère.*) ; [sujet : chose] ~ (*Une fumée qui suffoque.*) ; ~ qqn (*La chaleur le suffoquait.*)

SUGGÉRER qqch. (*Puis-je suggérer plus de discrétion. Tout dans son comportement suggérait une grande noblesse d'âme.*) ; ~ qqch. **à** qqn (*Il m'a suggéré un voyage en Espagne.*) ; ~ **à** qqn **de** + inf. (*Elle lui a suggéré de se distraire.*) ; ▼ Le verbe suivant la conj. **que** se construit avec le subj. (*Je suggère qu'il parte dès demain.*)

SUIVRE qqn ou qqch. (*Ce journaliste suit le président dans tous ses déplacements. Il n'y a qu'à suivre la trace des pas.*) ; ~ qqn ou qqch. **de** qqch. (*des yeux, du regard*) ; se ~ (*Ils se*

sont suivis à la présidence de cette association.) ; suivi **de** ou **par** qqn ou qqch. [accompagné] (*Il était suivi de son chien* ou *par son chien.*) ; suivi **par** qqn [surveillé de près] (*Il est suivi par son cardiologue. Il est continuellement suivi par un détective.*)

SUJET à qqch. [prédisposé à un trouble] (*Être sujet au mal de mer, au mal de dos, à des migraines.*) ; ~ **à** + inf. [enclin à] (*Il est sujet à changer d'idée.*) ; [sujet : chose] ~ **à** qqch. [susceptible de] (*Ces prix sont sujets à des modifications.*) ; ~ **à** caution [sur quoi l'on ne peut compter] (*Ces informations sont sujettes à caution.*)

SUPÉRIEUR ; ~ **à** qqn ou qqch. (*Ce coureur serait-il supérieur à l'Éthiopien ? Il est d'une taille supérieure à la moyenne.*) ; ~ **à** qqn ou qqch. **en** qqch. (*L'armée du général Lee était supérieure en nombre à celle de l'ennemi.*) ; ~ **à** qqn **par** qqch. [par une qualité] (*Ce gestionnaire est supérieur à son prédécesseur par son intelligence et son dynamisme. Un logiciel supérieur à un autre par sa convivialité.*)

SUPPLÉER qqn [remplir ses fonctions] (*Il supplée de plus en plus souvent ce professeur malade.*) ; ~ qqch. [combler ce qui manque] (*Il a suppléé la somme qui manquait. Suppléer une lacune, un manque.*) ; ~ **à** qqch. [remédier en remplaçant parfois par qqch. d'une autre nature] (*Il faudra suppléer à cette insuffisance. Son dynamisme a suppléé à son inexpérience.*) ; ~ **à** qqch. **par** qqch. (*Il suppléait par l'image au manque de vocabulaire des enfants.*)

SUPPLIER qqn (*Elle aime se faire supplier.*) ; ~ qqn **de** + inf. (*Ils l'ont supplié d'intervenir.*) ; ▼ Le verbe suivant la conj. **que** se construit avec le subj. (*Il suppliait qu'on le laisse sortir.*)

SUPPORTER qqch. [soutenir] (*Deux rangées de piliers supportent la voûte.*) ; ~ qqn ou qqch. [tolérer] (*Je ne peux plus supporter ce mufle. Je ne peux plus supporter ce vacarme.*) ;

~ **de** + inf. (*Il ne supporte pas d'être critiqué.*) ; ▼ Le verbe suivant la conj. **que** se construit avec le subj. (*Il supporte qu'on le fasse attendre.*)

SÛR [certain] (*Es-tu sûr ? C'est une affaire sûre.*) ; ~ **de** qqch. (*Je ne suis pas sûre de son nom.*) ; ~ **de** + inf. (*de réussir*) ; ▼ L'adj. suivi de la conj. **que** demande l'ind. (*Il est sûr que tout sera prêt à temps et que tout a été prévu.*)

SURCHARGER qqch. (*un bateau, sa mémoire*) ; ~ qqn ou qqch. **de** qqch. (*Surcharger ses employés de travail. Surcharger un texte de citations.*) ; surchargé ; [sujet : personne] surchargé **de** qqch. (*de travail, d'impôts, de soucis*).

SURÉLEVER qqch. (*une maison*) ; ~ qqch. **de** (*Surélever un mur de 50 cm. Surélever une maison d'un étage.*)

SURENCOMBRÉ ; ~ **de** qqch. (*Une rue surencombrée de voitures.*)

SURGIR ; ~ **dans** qqch. (*Un grand gaillard surgit dans l'embrasure de la porte.*) ; ~ **de** qqch. (*de l'ombre, de toutes parts*).

SURMONTER qqch. ; surmonté **de** qqch. (*Un joli chiffonnier surmonté d'un portrait d'aïeul.*)

SURPASSER qqn ou qqch. (*Il a surpassé tous les autres concurrents.*) ; ~ qqn **en** qqch. (*en rapidité, en intelligence*) ; se ~ (*Ce ténor s'est surpassé hier soir.*) ; [vieilli] ~ qqch. (*Ce travail surpasse ses capacités.*)

SURPRENDRE qqn [étonner] (*Leur divorce nous a beaucoup surpris.*) ; surpris (*Il parut surpris.*) ; surpris **de** qqch. (*J'ai été surpris de sa réaction.*) ; surpris **de** + inf. (*d'apprendre son retour*) ; ▼ Le part. passé suivi de la conj. **que** demande le subj. (*Elle est surprise que son fils ait si peu d'ambition.*) ; ~ qqn [prendre sur le fait] (*un cambrioleur*) ; ~ qqn **à** + inf. (*Je l'ai surpris à écouter mes conversations au téléphone.*) ; ~ qqn **en train de** + inf. (*Je l'ai surpris en train de fouiller dans mes tiroirs.*) ; surpris **par** qqn (*Les voleurs ont été surpris par la police.*) ; se ~ **à** + inf. [constater soudain] (*Je me surpris à applaudir avec tout le monde.*)

SURSEOIR à qqch. (*à des poursuites, à un jugement, à une décision*).

SURVIVRE ; ~ **à** qqn ou qqch. (*à ses enfants, à un naufrage*) ; se ~ **dans** qqn ou qqch. [se perpétuer] (*dans son fils, dans ses œuvres littéraires*).

SUSCEPTIBLE [qui se vexe facilement] (*Ne sois pas si susceptible.*) ; [chose] ~ **de** qqch. [qui peut éventuellement] (*Le bois d'olivier est susceptible d'un beau poli.*) ; [personne ou chose] ~ **de** + inf. (*On demande des spécialistes susceptibles d'être disponibles à ce moment-là. Un article de journal susceptible d'intéresser les étudiants.*)

SUSPECT [qui inspire de la méfiance] (*Des personnes suspectes. Un témoignage suspect.*) ; ~ **à** qqn (*Cet individu leur était suspect. Son comportement leur était suspect.*) ; ~ **de** qqch. [soupçonné de qqch. ou qui mérite de l'être] (*Être suspect de partialité.*)

SUSPECTER qqch. [mettre en doute] (*Il suspecte leur bonne foi.*) ; ~ qqn **de** qqch. [soupçonner, mais plus péj.] (*On le suspecte de plusieurs vols à l'étalage.*) ; ~ qqn **de** + inf. (*On le suspecte d'avoir inventé cette affaire.*) ; suspecté **de** qqch. (*de relations avec l'ennemi*) ; suspecté **de** + inf. (*d'entretenir des relations avec l'ennemi*).

SUSPENDRE qqch. (*un hamac*) ; ~ qqch. **à**, **par** qqch. (*à un crochet, par une chaîne*) ; suspendu **à** qqch. (*Un médaillon suspendu à une chaîne en or.*) ; se ~ **à** qqch. (*à une branche*) ; ~ qqn [retirer temporairement ses fonctions] (*un magistrat, un fonctionnaire, un conseiller municipal, un prêtre*) ; ~ qqch. [arrêter temporairement] (*les hostilités, une séance pendant une demi-heure, les paiements*) ; ~ qqch. [interdire pour un temps] (*un journal, une émission, un permis de conduire*).

SYMPATHIQUE ; ~ **à** qqn (*Il m'est très sympathique.*)

SYMPATHISER (*Elles ont beaucoup sympathisé.*) ; ~ **avec** qqn (*Il n'a pas tout de suite sympathisé avec ses nouveaux collègues.*

Ce détenu sympathisait avec les terroristes.)

SYMPTOMATIQUE ; ~ **de** qqch. (*Fièvre symptomatique de telle maladie. Événements symptomatiques d'une crise économique.*)

SYNCHRONISER des choses (*Synchroniser des feux de circulation, des mouvements.*) ; ~ qqch. **avec** qqch. (*Il faudra synchroniser tes absences avec ses jours de congé.*)

SYNONYME ; ~ **de** qqch. (*Auto est synonyme de voiture. Pour lui, toute opposition à ses volontés est synonyme de trahison.*)

T

TABLER sur qqch. (*Il table sur une baisse des taux d'intérêts.*)

TÂCHER de + inf. [s'efforcer] (*Je tâcherai de finir à temps.*) ; ▾ Le verbe suivant la conj. **que** se construit avec le subj. [faire en sorte que] (*Tâchez qu'on n'ait plus rien à vous reprocher. Je tâcherai qu'on vous donne une bonne place.*)

TACHETÉ de qqch. (*Un pelage noir tacheté de blanc.*)

TAILLÉ [personne] [bâti] (*Un homme bien taillé.*) ; ~ **en** [ou : comme un] (*athlète*) ; ~ **pour** qqch. [apte à] (*Il n'est vraiment pas taillé pour ce métier.*) ; [chose] ~ [coupé] (*Une moustache taillée. Du cristal taillé.*) ; ~ **en** qqch. (*Une barbe taillée en pointe.*)

TAILLER dans qqch. (*dans du bois dur*) ; ~ qqch. (*un arbre, une moustache, un diamant*) ; ~ qqch. **dans** qqch. (*Tailler une canne dans du bois d'olivier.*) ; ~ qqch. **en** qqch. (*Tailler des cheveux en brosse.*) ; se ~ qqch. (*L'Angleterre s'est taillé un empire colonial.*)

TAIRE qqch. ; se ~ ; se ~ **sur** qqch. (*sur un secret*).

TAPISSER qqch. [sujet : personne] (*Tapisser un mur, une chambre.*) ; ~ qqch. **de** qqch. (*Tapisser la salle à manger d'un joli papier à fleurs. Tapisser un moule de papier paraffiné.*) ; [sujet : chose] ~ qqch. (*Les feuilles mortes*

tapissaient le sous-bois.) ; tapissé **de** qqch.

TARDER (*Attendez, il ne va pas tarder.*) ; ~ **à** + inf. (*Comme sa réponse tardait à venir, j'ai pris une décision. Une guerre ouverte ne tardera pas à se déclarer entre ces deux compétiteurs.*) ; il tarde **à** qqn **de** + inf. (*Il me tarde d'avoir de leurs nouvelles.*) ▾ La forme impers. suivie de la conj. **que** demande le subj. (*Il lui tarde que la décision soit prise.*)

TARGUER de (SE) qqch. [littér.] (*de ses nombreuses relations*) ; se ~ **de** + inf. (*de parler couramment quatre langues*) ; se ~ **de** ce que + ind. (*Elle se targue de ce qu'on parle trois langues chez elle.*)

TARIR (*La source a tari. La conversation tarit.*) ; ~ qqch. (*La sécheresse tarit les puits. Tarir les larmes de quelqu'un.*) ; se ~ (*La source s'est tarie. Ses larmes se sont taries.*) ; ne pas ~ **de** qqch. **sur** qqn ou qqch. [ne pas cesser de dire] (*Il ne tarit pas d'éloges sur son collègue. Il ne tarit pas de détails sur son aventure.*) ; ne pas ~ **sur** qqch. (*Ils ne tarissent pas sur le sujet.*)

TÂTER qqn ou qqch. ; ~ **de** qqch. [faire l'expérience] (*J'ai tâté de plusieurs instruments de musique.*) ; se ~ [hésiter].

TAXER qqn ou qqch. [soumettre à une taxe] ; ~ qqn **de** qqch. [accuser] (*On l'a taxé de négligence, de lâcheté.*) ▾ Avec un adj. on emploie **traiter de** (*On l'a traité de lâche.*)

TEINDRE qqch. (*un vêtement*) ; ~ qqch. **en** qqch. (*Teindre ses cheveux en blond.*) ; se ~ (*Cette étoffe se teint facilement. Croyez-vous qu'elle se teint ?*) ; se ~ qqch. (*la moustache*) ; se ~ qqch. **en** qqch. (*Se teindre les cheveux en blond.*)

TEINTER qqch. (*des boiseries*) ; ~ qqch. **avec** qqch. [donner de la couleur] (*Teinter son eau avec du vin.*) ; ~ qqch. **de** qqch. [donner une couleur particulière] (*L'aurore teintait de rose les nuages. La jalousie lui faisait parfois teinter ses propos d'une pointe de méchanceté.*) ; teinté **de** qqch. (*Blanc*

teinté d'ocre. Éloges teintés de jalousie.); se ~ **de** qqch. (*À l'aurore, le ciel se teinte de rose. Ses remarques se teintaient parfois d'ironie.*)

TÉMOIGNER [dr.] [déclarer]; ~ **contre**, **en faveur de** qqn; ~ **en** justice; ~ + inf. (*Il a témoigné lui avoir parlé la veille.*); ▾ Le verbe suivant la conj. **que** se construit avec l'ind. (*Il a témoigné qu'il lui avait parlé la veille.*); ~ qqch. **à** qqn [manifester] (*Elle lui témoigne beaucoup de reconnaissance.*); ~ **de** qqch. [se porter garant] (*Je témoignerai de son innocence.*); [sujet: chose] ~ **de** qqch. [être le signe de] (*L'augmentation du taux de chômage témoigne du ralentissement de l'économie.*)

TEMPÊTER (*Il a eu beau tempêter, elle n'a pas cédé.*); ~ **contre** qqn ou qqch. (*contre les lenteurs de l'administration*)

TENDRE qqch. [donner en avançant la main] (*Elle tendit son verre.*); ~ qqch. **à** qqn (*Elle lui a tendu la main.*); ~ qqch. **vers** qqn ou qqch. (*L'enfant tendait les bras vers son père.*); ~ qqch. **de** qqch. [recouvrir] (*Tendre un mur de papier à fleurs.*); ~ **à**, **vers** qqch. [viser] (*Tendre à la perfection, vers l'infini.*); ~ **à** + inf. (*Des mesures qui tendent à favoriser le développement économique.*); ~ **à** + inf. [avoir tendance] (*Il tend à vouloir tout régenter. Cette coutume tend à disparaître.*)

TENIR (*Un clou qui tient bien.*); ~ qqn ou qqch. (*Elle tenait son cheval par la bride. Tiens ce livre.*); ~ qqn + attribut (*Ce contrat le tiendra occupé jusqu'en mars. Je vous tiendrai informé.*); ~ qqch. **de** qqn [avoir appris] (*Il tient cette information de source sûre.*); ~ qqn ou qqch. **pour** + attribut [considérer comme] (*On le tient pour un fauteur de trouble. Je le tiens pour responsable. Il tient sa victoire pour acquise.*); ~ **à** qqn ou qqch. [être attaché] (*Il tient beaucoup à son chien.*); ~ **de** qqn ou qqch. [ressembler] (*Il tient de son père. Ce comportement tient de l'hystérie.*); ~

à + inf. [désirer] (*Je tiens à vous féliciter.*) ; ~ **à** ce que + subj. (*Je tiens à ce qu'on le mette au courant.*) ; se ~ qqch. [se prendre] (*Elles se tenaient la main.*) ; se ~ **par** qqch. (*Elles se tenaient par la main.*) ; se ~ **à** qqch. [s'accrocher] (*Elle se tenait aux branches.*) ; se ~ **pour** + attribut [se considérer] (*Ils se tiennent déjà pour battus.*) ; s'en ~ **à** qqch. [se borner] (*Je m'en tiens à ce que je sais. Je m'en tiendrai à l'essentiel.*) ; ~ compte **de** qqch. [prendre en considération] (*des circonstances*) ; il ne tient qu'**à** qqn ou qqch. que qqn ou qqch. + subj. [cela ne dépend que de] (*Il ne tient qu'à vous que ce règlement soit aboli.*) ; [sujet : chose] ~ **à** qqch. [provenir] (*Cet oubli tient au fait que la liste a été égarée.*)

TENTER ~ qqch. [essayer] (*Il va tenter le tour du monde en ballon.*) ; ~ **de** + inf. (*de traverser le lac à la nage*) ; ~ qqn [être une tentation] (*Ce voyage me tente beaucoup.*) ; tenté **par** qqn ou qqch. ; tenté **de** + inf. (*J'étais tenté d'accepter.*)

TENU à qqch. [obligé] (*L'avocat est tenu au secret professionnel.*) ; ~ **de** + inf. (*Les médecins étaient tenus de signaler tous les cas de ce genre.*)

TERMINER (*J'ai presque terminé.*) ; ~ qqch. (*Je n'ai pas terminé ma lecture. Le générique qui termine l'émission.*) ; qqch. ~ **par** qqch. (*un bon dîner par un digestif*) ; ~ **de** + inf. (*Je termine de vérifier un compte et je suis à vous.*) ; ~ **en** + part. prés. (*Je termine en vous demandant de réfléchir à la question.*) ; en ~ **avec** qqn ou qqch. (*Quand nous en aurons terminé avec ce client. Quand il en eut terminé avec cette affaire.*) ; se ~ (*C'est un conflit qui ne se terminera jamais.*) ; se ~ **en** qqch. (*Son histoire s'est terminée en queue de poisson. Un mot qui se termine en x.*) ; se ~ **par** qqch. (*La conférence s'est terminée par une discussion. Ce mot se termine par un x.*)

THÉORISER ; ~ **sur** qqch. (*C'est le genre de problème sur lequel il aime théoriser.*)

TIRAILLER qqch. [tirer] (*Il tiraillait sa moustache.*). ; ~ qqn [faire légèrement souffrir] (*La faim le tiraillait.*) ; tiraillé **entre** des choses, **par** qqch. [déchiré entre] (*Il est tiraillé entre son devoir et le plaisir. Il est tiraillé entre, par les nombreux choix qui s'offrent à lui.*)

TIRER sur qqch. (*sur un élastique*) ; ~ qqn ou qqch. (*Six chiens tiraient le traîneau.*) ; ~ qqch. **à** qqn (*Elle lui a tiré les cheveux.*) ; ~ qqn **par** qqch. (*par le bras*) ; ~ qqn ou qqch. **vers** qqn ou qqch. (*Elle a tiré la table vers lui.*) ; ~ qqn ou qqch. **de** qqch. [ôter] (*Tirer un blessé d'une voiture en feu. Tirer un revolver de sa poche.*) ; ~ qqch. **de** qqch. [fabriquer] (*Des produits qu'on tire des matières recyclables.*) ; ~ qqch. **de** qqch. [obtenir] (*Je n'ai pas tiré grand-chose de la vente de ma maison. Tirer son courage de sa foi.*) ; ~ qqch. **de** qqch. [extraire] (*Tirer une phrase d'un texte. Ce film tire son nom d'un roman.*) ; ~ [faire feu] ; ~ **à** qqch. (*à blanc, à vue, à l'arc, à la carabine*) ; ~ **dans** qqch. (*dans la fenêtre, dans les genoux*) ; ~ qqch. (*Il lui a tiré une balle dans la tête.*) ; ~ **sur** qqch. [se rapprocher de] (*Un bleu tirant sur le vert.*) ; ~ qqch. [imprimer] (*Tirer une épreuve.*) ; ~ qqch. **à** (*Tirer une revue à 5000 exemplaires. Un journal qui tire à 20 000 exemplaires.*) ; se ~ **de** qqch. (*C'est une situation fâcheuse dont il a fort bien su se tirer.*) ; s'**en** ~ (*C'est difficile, comment va-t-il s'en tirer ?*)

TISSER qqch. (*une toile*) ; [fig.] tissé **de** qqch. (*Une carrière tissée d'intrigues.*)

TITULAIRE (*Professeur titulaire.*) ; ~ **de** qqch. (*d'un permis de conduire, d'un diplôme, d'un droit*).

TOMBER ; ~ **dans** qqch. (*dans l'escalier, dans l'oubli, dans la misère, dans le ridicule*); ~ **de** qqch. (*d'une échelle*) ; ~ **en** qqch. (*en ruine, en flammes, en poussière*) ; ~ **sous** qqch. [se présenter à portée de] (*Ce bébé suce tout ce qui lui tombe sous la main. Cela tombe sous le sens.*) ; ~ **sur** qqn [attaquer] ; ~ **sur** qqn ou qqch. [rencontrer

par hasard] (*Je suis tombé sur un ami hier en faisant mes courses.*)

TOQUÉ [fam.] [un peu fou] (*Une vieille dame un peu toquée.*) ; ~ **de** qqn [très amoureux de] (*Elle est toquée de son moniteur de ski.*)

TORDRE qqch. ; se ~ **de** qqch. (*de rire, de douleur*).

TOUCHER qqn ou qqch. ou **à** qqn ou qqch. [être en contact] (*Le bébé touche à tout, touche tout ce qui est à sa portée.*) ; se ~ (*Deux immeubles se touchent. Se toucher du coude.*) ; ~ qqch. [concerner] (*Toutes les questions touchant l'euthanasie me préoccupent.*) ; ~ qqch. [recevoir] (*Il touche un bon salaire.*) ; ~ **à** qqch. [modifier] (*Ce croquis est excellent, n'y touchez pas.*) ; ~ **à** qqch. [aborder] (*Vous touchez là à une question délicate.*) ; ~ **à** qqch. [utiliser] (*Il n'a jamais touché à la drogue.*) ; ~ **à** qqch. [être proche de] (*L'émission touche à sa fin. La tolérance touche parfois à la lâcheté.*) ; ~ **à** qqn ou qqch. [porter atteinte] (*Il ne faut surtout pas toucher à son fils.*) ; touché **par** qqch. [atteint] (*Il a été touché par l'explosion.*) ; touché **de** ou **par** qqch. [ému] (*J'ai été très touchée de* ou *par votre si gentille attention.*)

TOURMENTER qqn ; se ~ ; se ~ **pour** qqch. (*Elle se tourmente pour rien, pour peu de choses.*)

TOURNER (*Arrête de tourner, tu vas t'étourdir. Un moteur tourne.*) ; ~ [changer de direction] (*Le vent a tourné. La route tourne après ce village.*) ; ~ [évoluer] (*L'affaire a bien tourné.*) ; ~ **à, en** qqch. (*Le temps tourne à l'orage. La discussion a tourné au vinaigre. Cela tourne au ridicule. Son rhume a tourné en bronchite.*) ; ~ **contre** qqn (*Tout a tourné contre lui dans cette affaire.*) ; se ~ en qqch. (*Leur mécontentement se tourna en résignation.*) ; ~ **sur** qqch. [avoir pour sujet] (*Conversation qui tourne sur la biotechnologie.*) ; ~ qqch. [faire changer de position, d'orientation] (*Tourner la page. Tourne le ventilateur vers moi.*) ; se ~ [changer de position d'orientation]

(*Elle s'est tournée sur le ventre.*) ; se ~ **vers** qqn ou qqch. (*Il se tourna vers elle. Tous les regards se tournèrent vers lui.*) ; ~ qqn ou qqch. **à**, **en** qqch. [transformer] (*Il a tourné l'incident à son avantage. Il me fera tourner en bourrique.*) ; se ~ **contre** qqn [devenir hostile] (*Très vite le peuple se tourna contre lui.*)

TRADUIRE (*Il existe des machines à traduire.*) ; ~ **de** qqch. **à** qqch. (*Traduire de l'espagnol au français.*) ; ~ qqch. **de** qqch. **à** qqch. (*Traduire un texte de l'anglais au français.*) ; ~ qqch. **en** qqch. (*Traduire un texte en espagnol. Je ne puis traduire ma pensée en mots.*) ; traduit ; traduit **de** qqch. (*Ouvrage traduit de l'anglais.*) ; se ~ (*Ce mot ne se traduit pas.*) ; se ~ **en** qqch. (*Ces blagues ne peuvent pas se traduire en anglais. Sa pensée ne pouvait se traduire en mots.*) ; ~ qqch. [manifester] (*Son air épanoui traduisait son bonheur.*) ; se ~ **par** qqch. (*Sa frustration se traduisait par une grande irritabilité.*) ; ~ qqn **devant** les tribunaux, **en** justice [citer à comparaître].

TRAITER avec qqn [négocier] ; ~ qqn [agir envers] (*Il traite ses clients avec beaucoup d'égard.*) ; ~ qqn **en** (*ami*) ; ~ qqn **de** [qualifier] (*Il l'a traitée d'imbécile.*) ; se ~ **de** [se qualifier réciproquement] (*Ils se traitent d'incompétents.*) ; ~ qqn [soigner] ; ~ qqn **à** qqch. (*à l'acupuncture*) ; ~ qqn **pour** qqch. (*pour les rhumatismes*) ; se ~ **à** qqch. (*Infection qui se traite aux antibiotiques.*) ; ~ qqch. [industrie] (*Traiter le minerai d'aluminium.*) ; ~ qqch. **contre** qqch. (*Traiter un métal contre la rouille.*) ; ~ qqch. [étudier] (*une question*) ; ~ **de** qqch. [avoir pour sujet] (*Cet ouvrage traite des dangers du tabagisme.*)

TRAÎTRE ; ~ **à** qqch. (*à sa patrie, à sa cause*).

TRAMER qqch. (*un complot, la perte de quelqu'un*) ; ~ qqch. **contre** qqn ou qqch. (*une conspiration contre le roi*).

TRANCHER [couper] (*dans la chair*) ; ~ qqch. (*la viande*) ; ~ qqch. **à** qqn (*Lui trancher*

la gorge.) ; ~ [résoudre en décidant rapidement] (*Tu vas devoir trancher.*) ; ~ **sur** [parfois **de**] qqch. [décider catégoriquement] (*Un phraseur qui tranche sur tous les sujets.*) ; [sujet : chose] ~ **avec** ou **sur** qqch. [faire contraste] (*Le noir tranche avec* ou *sur le blanc.*)

TRANSCRIRE qqch. ; ~ qqch. **en** qqch. (*Transcrire un texte en braille.*)

TRANSFÉRER qqn ou qqch. (*un patient, une succursale*) ⊖ Éviter : « Transférer » un employé au sens de **déplacer** ou **muter** ; ~ qqn ou qqch. **à, dans** qqch. (*Le siège social de l'entreprise a été transféré à Montréal. On va transférer ce malade dans un autre hôpital.*) ; ~ qqn ou qqch. **de** qqch. **à** qqch. (*On transfère ce détenu d'une prison à une autre.*) ; ~ qqch. **sur** qqch. (*de l'argent sur un compte à l'étranger*).

TRANSFORMER qqn ou qqch. ; ~ qqn ou qqch. **en** qqn ou qqch. (*une sauvageonne en demoiselle, le lait en beurre*) ; se ~ ; se ~ **en** qqn ou qqch. (*Il s'est transformé en vieux barbon. Cette expédition s'est transformée en cauchemar.*)

TRANSI ; ~ **de** qqch. (*de froid, de peur*).

TRANSIGER [faire des concessions] (*Mieux vaut transiger que plaider.*) ; ~ **avec** qqn ou qqch. (*Il a dû transiger avec elle. Il ne veut pas transiger avec sa conscience.*) ; ~ **sur** qqch. (*sur un point, sur l'honneur, sur ses principes*) ; ⊖ Éviter de dire : Une entreprise ou une personne « transige avec » une autre, une valeur mobilière « se transige en » Bourse, « transiger » un contrat. Dire : Une entreprise ou une personne **traite avec** une autre, une valeur immobilière **se négocie en** Bourse ou **à** la Bourse, **négocier** un contrat.

TRANSITER qqch. (*des marchandises*) ; ~ **par** (*Des marchandises qui transitent par Montréal.*)

TRANSMETTRE qqch. ; ~ qqch. **à** qqn (*Transmettre un message à son destinataire. La mère a transmis cette maladie à son enfant. C'est un insecte qui lui a transmis cette maladie.*) ; se ~ ; se ~

à qqn (*Le virus du sida se transmet au fœtus.*) ; se ~ **par** qqn ou qqch. (*L'hémophilie se transmet par les femmes.*)

TRANSMUER ou **TRANSMUTER** qqch. **en** qqch. (*Le moindre petit geste peut se transmuer en acte d'amour.*) ; se ~ **en** qqch. (*À Cana, le Christ a transmué l'eau en vin.*)

TRANSPORTER qqn ou qqch. ; ~ qqn ou qqch. **à**, **dans** qqch. (*un blessé à l'hôpital, des vivres dans des camps de réfugiés*) ; ~ qqn ou qqch. **dans** (*une barque*), **en** (*avion, train, bateau*) ; ~ qqn ou qqch. **de** qqch. **à** qqch. (*un blessé de l'ambulance à l'hôpital*) ; ~ qqch. **par** qqch. (*des marchandises par eau ou par terre, l'information par radio*) ; [fig.] ~ qqch. **dans** qqch. (*Transporter l'idée d'un roman dans un opéra.*) ; transporté [éperdu] ; transporté **de** qqch. (*de joie, d'admiration*).

TRAVAILLER ; ~ **à** (*l'hôpital*), **chez** (*lui*), **dans** (*un bureau, une usine*), **en** (*usine*), **pour** (*un maçon*) ⊖ Éviter : Travailler « chez » IBM car on ne travaille que chez des personnes. On peut donc dire : Je travaille **chez** Bayer, **dans** ou **pour** une banque, **pour** IBM ; ~ **dans** qqch. (*Il travaille dans l'informatique.*) ; ~ qqch. (*son style, son piano*) ; ~ **à** qqch. [mettre tous ses efforts] (*Travailler au maintien de la paix, à la réélection d'un homme politique.*) ; ~ **à** + inf. (*Il travaille à mettre en place un programme efficace.*) ; ~ **à** ce que + subj. (*Il travaille à ce que ces changements s'effectuent rapidement.*) ; [sujet : chose] ~ **contre**, **pour** qqn (*Le temps travaille contre nous.*)

TREMBLANT ; ~ **de** qqch. (*de peur*).

TREMBLER ; ~ **de** qqch. (*de peur, de tous ses membres*) ; ~ **devant** qqn [craindre] (*Il tremble toujours devant son père.*) ; ~ **pour** qqn ou qqch. [craindre pour] (*Je tremble pour sa santé.*) ; ~ **de** + inf. [craindre un événement futur] (*Je tremble de le voir arriver.*) ; ▾ Le verbe suivant la conj. **que** se construit avec le subj. précédé du *ne* explétif (*Je*

tremble que la chose ne se fasse.), à ne pas confondre avec la forme négative (*Je tremble que la chose ne se fasse pas.*) ; ~ **à** la pensée, l'idée de + inf. (*Il tremble à la pensée de perdre sa maison.*) ; ~ **à** la pensée, l'idée que + subj. (*Elle tremble à l'idée qu'on puisse ébruiter l'affaire.*) ; ~ **à** + inf. [avoir peur en constatant] (*Je tremble à voir ses prédictions se réaliser.*)

TREMPER (*Laisse tremper le linge.*) ; ~ qqch. (*La pluie a trempé ses vêtements.*) ; ~ qqch. **dans** qqch. (*son pain dans la soupe*) ; trempé **de** qqch. (*de sueur*) ; ~ **dans** qqch. [être mêlé à] (*Tremper dans un complot, dans un crime, dans une affaire frauduleuse.*)

TRESSAILLIR ; ~ **de** qqch. (*de joie, d'aise*).

TRIBUTAIRE **de** qqn ou qqch. (*Un grand homme tributaire de ceux qui lui ont frayé la voie. Mon invalidité m'a rendu tributaire du téléphone. Le Japon est tributaire de l'étranger pour certaines denrées.*)

TRINQUER ; ~ **avec** qqn (*avec ses invités*).

TRIOMPHER ; ~ **de** qqn ou qqch. (*de son rival, de sa peur*).

TROMPER qqn ou qqch. (*Il nous a trompées avec ses manières de gentleman. Il regardait un vidéo pour tromper l'attente.*) ; se ~ ; se ~ **de** qqn ou qqch. (*Il s'est trompé de client. Elle s'est trompée de route. Je me suis trompé de 10 $ en faisant le total.*) ; se ~ **sur** qqch. [s'illusionner] (*Ils s'étaient trompés sur son compte. Se tromper sur l'identité d'une victime.*)

TROQUER qqch. ; ~ qqch. **contre** qqch. (*Il a troqué son vélo contre des patins à roues alignées.*)

TROUVER qqn ou qqch. ; ~ **à** + inf. (*Il trouvera sûrement à se rendre utile.*) ; ~ qqch. **à** + inf. (*J'ai trouvé des fautes à corriger dans ce texte.*) ; ~ qqch. **à** qqn [attribuer une particularité] (*Je lui ai trouvé mauvaise mine.*) ; ~ qqn ou qqch. + attribut [juger] (*Je l'ai trouvée fatiguée.*) ; ▼ Le verbe suivant la conj. **que**

se construit avec l'ind. (*Je trouve que c'est une bonne idée.*), mais avec l'ind. ou le subj. à la forme négative (*Je ne trouve pas que c'est une bonne idée. Je ne trouve pas que ce soit une bonne idée.*) ; se ~ + attribut [se considérer] (*Il se trouve intelligent.*) ; se ~ + attribut [être dans un certain état] (*Il se trouvait libre d'agir. Se trouver dépaysé, embarrassé.*) ; se ~ [être situé] **à** (*la campagne*), **dans** (*un tiroir*), **en** (*France*), **sur** (*le toit*) ; se ~ **chez** qqn [en stock] (*chez l'épicier*) ; se ~ **à** + inf. [être en train de] (*Je me trouvais un jour à faire du jardinage...*) ; se ~ être, avoir [s'avérer] (*Il se trouve être un de mes collègues. Elle se trouve avoir déjà fini.*) ; ▾ La forme impers. suivie de la conj. **que** demande l'ind. (*Il se trouve qu'elle a les mêmes goûts que moi.*) ; il se trouve + substantif (*Il se trouve des hommes qui sacrifient tout à leur carrière.*)

TUER ; ~ qqn ou qqch. ; se ~ ; se ~ **de** qqch. (*d'une balle*) ; se ~ **en** + part. prés. (*Il s'est tué en tombant d'un toit.*) ; [fig.] se ~ **à** qqch. (*à la tâche*) ; se ~ **à** + inf. [s'évertuer à] (*Il se tue à lui répéter.*)

TYPIQUE ; ~ **de** qqn ou qqch. (*C'est typique des jeunes de son âge. Cette remarque est typique de sa façon de penser.*)

U

UNANIME (*Un choix unanime. Les membres sont unanimes.*) ; ~ **sur** qqch. (*Les membres sont unanimes sur ce choix.*) ; ~ **à** ou **pour** + inf. (*Ils sont unanimes à ou pour penser que ce projet est réalisable.*)

UNI **à** qqch. (*L'intelligence unie à la beauté.*) ; [sujet : personne] ~ **par** qqch. [lié] (*par les liens du mariage, par un même idéal*).

UNIFIER des choses (*des régions, des groupes sociaux*) ; s'~ ; s'~ **en** qqch.

(*S'unifier en un groupe homogène.*)

UNIR des personnes ou des choses ; ~ qqn ou qqch. **à** ou **et** qqn ou qqch. (*Le lien qui unit la mère à son enfant. Il unissait une haute intelligence et une très forte ambition.*) ; s'~ (*Les consommateurs se sont unis pour défendre leurs droits.*) ; [sujet: personne] s'~ **à** qqn [se marier] ; s'~ **avec** qqn ou qqch. [se regrouper] (*Elle s'unit avec des amis pour former un groupe musical. La France s'est unie avec d'autres pays pour former l'Union européenne.*) ; s'~ **contre** qqn (*contre un ennemi commun*) ; [sujet: chose] s'~ **à** qqch. [se joindre] (*Chez elle la beauté s'unissait à l'intelligence.*)

USER qqn ou qqch. [détériorer par l'usage] ; s'~ ; ~ **de** qqch. [utiliser] (*User de son influence, d'un droit, d'un subterfuge.*) ; en ~ **avec** qqn [agir] (*Il en use avec moi comme avec elle.*) ; s'~ [s'épuiser] ; s'~ **en** qqch. (*en efforts inutiles*) ; s'~ **à** + inf. (*Elle s'est usée à pourvoir aux besoins de ses parents.*) ; s'~ qqch. **à** + inf. (*Tu vas t'user la vue à lire dans la pénombre.*)

USURPER qqch. (*un nom, un pouvoir, une dignité, un bien*) ; [littér.] ~ **sur** qqch. [empiéter] (*Usurper sur les droits, sur le domaine, sur l'autorité de quelqu'un.*)

UTILE ; ~ **à** qqn ou qqch. (*Puis-je vous être utile ? Commentaires utiles à la compréhension du texte.*) ; ~ **à** + inf. (*Un ouvrage utile à consulter.*) ; il est utile **de** + inf. (*Il serait plus utile d'employer une autre méthode.*) ; ▾ La forme impers. suivie de la conj. **que** demande le subj. (*Il est utile que vous sachiez quoi faire dans ce cas.*)

V

VACCINER qqn ou un animal ; ~ qqn ou un animal **contre** qqch. (*Vacciner un enfant contre la diphtérie, un chien contre la rage.*) ; [fig.] vacciné **contre** qqch. (*Je suis vaccinée contre ses remarques déplaisantes.*)

VALOIR qqch. (*Cela vaut 50 $. Cette belle exposition vaut le déplacement. Cela ne vaut pas la peine.*) ; ▾ Le verbe suivant la conj. **que** se construit avec le subj. (*Ce commentaire vaut qu'on prenne le temps de s'y arrêter.*) ; ~ qqch. **à** qqn [procurer] (*Cela lui a valu l'estime de ses pairs.*) ; ~ **à** qqn **de** + inf. (*Cela lui a valu d'être nommé directeur.*) ; il vaut mieux + inf. [il est préférable] (*Il vaut mieux se taire.*) ; ▾ La forme impers. suivie de la conj. **que** demande le subj. (*Il vaut mieux qu'il parte.*)

VANTER qqn ou qqch. (*On a beaucoup vanté ce dentiste. Vanter sa marchandise.*) ; ~ qqn ou qqch. **à** qqn (*On leur a vanté ce jeune candidat. Il lui a vanté les mérites de cette nouvelle méthode.*) ; se ~ ; se ~ **de** qqch. (*de ses succès*) ; se ~ **de** + inf. (*d'être toujours à l'heure*).

VAQUER **à** qqch. (*à ses occupations, aux soins de sa maison*).

VARIER ; ~ **dans** qqch. (*Les médecins varient dans le choix des remèdes.*) ; ~ **de... à** (*Les prix varient de 20 à 30 $. L'âge des étudiants varie de 20 à 30 ans.*) ; ~ **selon** qqch. (*Le choix varie selon les goûts, selon les clients.*) ; ~ qqch. (*son alimentation, les plaisirs*).

VEILLER [rester éveillé] (*Il n'aime pas veiller trop tard.*) ; ~ qqn [être au chevet de] (*Veiller un malade.*) ; ~ **à** qqch. [être attentif à] (*Veiller à l'ordre public, à la bonne marche des travaux.*) ; ~ **à** ce que + subj. (*Elle veille à ce que tout soit fini à temps.*) ; ~ **sur** qqn ou qqch. [exercer une surveillance attentive] (*Veiller sur ses enfants, sur la santé de quelqu'un, sur la bonne marche d'une affaire.*)

VENDRE qqn ou qqch. (*On ne permet pas de vendre des enfants pour l'adoption. On ne vend plus les hommes comme esclaves.*) ; ~ qqn ou qqch. **à** qqn (*On vendait autrefois des esclaves aux propriétaires terriens. Il a vendu sa maison à un industriel.*) ; se ~ (*Ce produit se vend*

mal. Cela se vend 10$. Les œufs se vendent à la douzaine.)

VENGER qqn ou qqch. (*une injustice*) ; ~ qqn **de** qqch. (*d'un affront*) ; se ~ ; se ~ **de** qqn ou qqch. (*de l'assassin de son frère, des paroles dures d'un rival*) ; se ~ **de** qqn **en** + part. prés. (*Elle s'est vengée de lui en le mettant à la porte.*) ; se ~ **sur** qqn [exercer sa colère sur] (*Pourquoi te venger sur elle ?*) ; se ~ **sur** qqn **de** qqn ou qqch. (*Il se vengeait de son père sur sa mère. Il se vengeait sur autrui de sa propre impuissance.*)

VENIR ; ~ **à** (*Québec*), **en** (*France*) ; ▼ Le verbe *venir* s'emploie pour exprimer le mouvement vers le lieu où l'on est, tandis que le verbe *aller* suppose qu'on part du lieu où l'on est pour se rendre ailleurs ; ~ **à** qqn ou qqch. (*Il vient toujours à moi quand il a besoin d'aide. Les idées lui viennent facilement. Cela ne me viendrait pas à l'idée.*) ; ~ **de** qqn ou qqch. [provenir] (*Sa femme vient du Brésil. Le vent vient de l'est.*) ; ~ **de** ce que + ind. (*Cela vient de ce qu'il est trop généreux.*) ; ~ **en** qqch. [moyen de locomotion] (*Il est venu en avion.*) ; ~ **à** + inf. [se trouver] (*Le vin vint à manquer.*) ; en ~ **à** + inf. [en arriver à] (*Il en est venu à proférer des menaces.*) ; ~ **de** + inf. [avoir juste fini de] (*Elle vient de partir.*)

VENU (MAL) ; mal ~ **de** + inf. [être mal placé pour] (*Elle est mal venue de le critiquer.*) ; il serait mal ~ **de** + inf. [malséant] (*de réclamer*).

VERDIR ; ~ **de** qqch. (*de jalousie*).

VÉRIFIER qqch. [contrôler] (*J'ai vérifié les comptes.*) ; ▼ Le verbe suivant la conj. **que** ou **si** se construit avec l'ind. (*Vérifie que* ou *si la porte est fermée.*) ; ~ qqch. [confirmer] (*Les événements ont vérifié nos prédictions.*) ; se ~ [s'avérer juste] (*Ces tristes prédictions se sont vérifiées.*)

VERSÉ dans qqch. [expérimenté dans la pratique d'un art, d'une science] (*Je suis peu versée dans l'architecture déco.*)

VERSER [basculer] (*Le traîneau a failli verser.*) ; ~

dans qqch. (*Ma voiture a versé dans le fossé. Évitez de verser dans la démagogie.*) ; ~ qqch. [répandre] (*des larmes*) ; ~ qqch. **dans**, **sur** qqch. (*Verser de l'eau dans son verre. Il ne faut pas verser de l'huile sur le feu.*) ; ~ qqch. **à** qqn [donner] (*Versez-leur un verre de vin. Il lui a versé sa pension alimentaire.*) ; ~ qqn **dans** qqch. [affecter à une arme, à un corps] (*On l'a versé dans l'artillerie.*)

VERT ; ~ **de** qqch. (*Ils étaient verts de peur.*)

VÊTIR qqn (*un enfant*) ; ~ qqn ou qqch. **de** qqch. (*Elle avait vêtu l'enfant d'un costume propre.*) ; se ~ ; se ~ **de** qqch. (*Elle aime se vêtir d'un sari de soie.*)

VÊTU ; ~ **de** qqch. (*d'un costume de ville*).

VEUF ; ~ **de** qqn (*d'une célèbre actrice de cinéma*) ; [fig.] ~ [privé de] (*veuf d'inspiration*).

VEXER qqn (*Il l'a vexée. Ses remarques l'ont vexée.*) ; ~ qqn **par** qqch. (*Elle l'a vexé par des remarques désobligeantes.*) ; vexé ; vexé **de** qqch. ; vexé **de** + inf. (*d'avoir été rappelé à l'ordre*) ; se ~ ; se ~ **de** qqch. (*Elle s'est vexée de leurs remarques.*) ; se ~ **de** + inf. (*Il s'est vexé d'être ainsi critiqué.*) ; se ~ **d'**un rien, **pour** un rien.

VIBRANT ; ~ **de** qqch. (*de colère, d'enthousiasme*).

VIBRER ; ~ **de** qqch. (*de plaisir*).

VICTIME **de** qqch. (*Être victime d'une agression. Entreprise victime de la concurrence.*)

VIDE ; ~ **de** qqch. (*Rues vides de voitures. Mots vides de sens.*)

VIDER qqch. (*un tiroir, un bureau, l'eau d'un vase*) ; ~ qqch. **dans** qqch. (*Vider du vin dans un pichet.*) ; ~ qqch. **de** qqch. (*Les cambrioleurs ont vidé la maison de tous ses meubles.*) ; ~ qqch. **sur** qqch. (*une boîte de boutons sur la table*) ; vidé **de** qqch. (*Une maison vidée de ses occupants, de tous les souvenirs rappelant un être cher.*) ; se ~ ; se ~ **dans** qqch. (*L'eau se vide dans ce réservoir.*) ; se ~ **de** qqn ou qqch. (*La Floride se vide de ses touristes en été. Ce terme éculé s'est vidé*

de son sens originel.); se ~ **par** qqch. [s'écouler] (*L'eau se vide par ce tuyau.*); ~ les lieux [quitter la place]; ~ qqn [épuiser] (*Ce travail l'a vidé.*)

VIEILLIR; ~ **de** (*Elle semble avoir vieilli de 10 ans.*); ~ qqn (*Cette coiffure la vieillit.*); ~ qqn **de** (*10 ans*); se ~ (*On dirait que tu te vieillis à plaisir.*)

VIERGE (*Elle est encore vierge. Une disquette vierge.*); ~ **de** qqch. [qui n'est pas sali] (*Un rapport vierge de critiques.*)

VIEUX; ~ **de** qqch. (*Un homme vieux de caractère. Une amitié vieille de 20 ans.*)

VIRER à qqch. (*Les feuilles ont viré au rouge.*)

VISER qqn ou qqch. [sujet: personne] (*Viser un animal, un ennemi, les jambes*); ~ qqn ou qqch. **à** qqch. (*à la tête*); [fig.] [sujet: personne ou chose] ~ qqch. (*Le sénateur vise la présidence. Cette mesure vise tous les employés.*); ~ **à** qqch. [avoir en vue un objectif] (*Nous visons tous à la perfection. Viser à ce que le travail soit exécuté dans les plus brefs délais.*); ~ **à** + inf. (*Pierre vise à plaire. Ce film vise à émouvoir.*)

VITAL; il est ~ **de** + inf. (*d'agir rapidement*); ▾ La forme impers. suivie de la conj. **que** demande le subj. (*Il est vital que vous agissiez rapidement.*)

VIVRE; **dans** qqch. (*dans la peur, dans l'espoir de réussir un jour*); ~ **de** qqch. (*Vivre d'amour et d'eau fraîche.*); ~ **pour** qqn ou qqch. (*pour ses enfants, pour une idée*); ~ **sur** qqch. (*sur son capital, sur ses économies, sur la fortune de sa femme, sur sa réputation*); ~ qqch. (*Vivre sa vie. Il a vécu des jours pénibles.*)

VOILER qqn ou qqch. (*une statue, ses sentiments*); voilé; ~ voilé **de** qqch. (*Une femme voilée de noir.*); se ~; se ~ **de** qqch. (*Son regard se voila de larmes.*)

VOIR (*Il ne voit plus.*); ~ qqn ou qqch. (*Vois-tu l'étoile polaire ? Elle a pu voir combien il l'aimait.*); ~ qqn ou qqch. + inf. (*Il l'a vue partir. Ils ont vu l'avion s'écraser.*); ▾ Le verbe

suivant la conj. **que** ou **si** se construit avec l'ind. (*Je vois que c'est possible. Je vais voir s'il est arrivé.*), mais à la forme négative il demande le subj. (*Je ne vois pas que ce soit utile.*) ; cela n'a rien à ~ **avec** qqn ou qqch. ; ne rien avoir à ~ **dans** qqch. (*Je n'ai rien à voir dans cette querelle.*) ; se ~ ; se ~ + attribut (*Il ne se voit pas tel qu'il est.*) ; se ~ + inf. (*Ils se sont vus mourir. Ils se sont vu refuser l'entrée.*) ▼ Dans le premier cas, ce sont les mêmes personnes qui se voient et qui meurent, on accorde le part. passé, mais dans le second cas, c'est qqn d'autre qui refuse l'entrée, il n'y a pas d'accord ; ~ **à** qqch. [veiller à] (*Il voit à la dépense.*) ; ~ **à** + inf. (*Voyez à faire le plein d'essence avant le départ.*) ; ~ **à** ce que + subj. (*Il faudra voir à ce que tout soit prêt pour lundi.*)

VOISIN (*Ces deux amis sont voisins. La chambre voisine est occupée.*) ; ~ **de** qqn ou qqch. (*Il est voisin d'un grand écrivain. Un immeuble voisin du supermarché. Les années voisines de l'an 2000. Se trouver dans un état voisin de la panique.*)

VOISINER avec qqn ou qqch. (*À son bureau il voisine avec le comptable et une secrétaire. Dans cette boutique les bijoux voisinent avec la bimbeloterie.*)

VOLER ; ~ qqn (*On a volé Pierre, on lui a pris sa mallette.*) ; ~ qqch. (*des pommes*) ; ~ qqch. **à** qqn (*On lui a volé son sac.*)

VOTER ; ~ + attribut (*Il a voté communiste.*) ; ~ **à** qqch. (*à droite*) ; ~ **contre**, **pour** qqn ou qqch. (*contre la grève, pour les conservateurs, pour la gauche*) ; ~ **sur** qqch. (*sur la dernière motion présentée*) ; ~ qqch. (*une loi, des crédits*).

VOUER qqn ou qqch. **à** qqn ou qqch. (*Vouer un enfant à la Sainte Vierge, un temple à Dieu. Il lui vouait une admiration sans borne. Vouer sa vie à la défense d'un idéal.*) ; voué **à** qqn ou qqch. (*Enfant voué au bleu. Immeuble voué à la démolition. Projet voué à l'échec.*) ; se ~ **à** qqch. (*à l'enseignement*).

VOULOIR (*Vouloir, c'est pouvoir.*) ; ~ qqn ou qqch. (*un deuxième assistant, une augmentation*) ; ~ qqch. **de** qqn (*Que peuvent-ils bien vouloir de moi ?*) ; ~ + inf. (*J'aurais voulu partir.*) ; ▼ Le verbe suivant la conj. **que** se construit avec le subj. (*J'aurais voulu qu'ils viennent.*) ; se ~ + attribut (*Il se veut impartial.*) ; ~ **de** qqn ou qqch. [accepter] (*Elle ne veut pas de lui. Il ne veut pas de ses excuses.*) ; en ~ **à** qqn [garder rancune] (*Il en veut à son frère.*) ; en ~ **à** qqn **de** qqch. (*Elle lui en veut de cet oubli.*) ; en ~ **à** qqn **de** + inf. (*Elle lui en veut d'avoir oublié son anniversaire.*) ; s'en ~ **de** + inf. [se reprocher] (*Il s'en veut d'avoir refusé.*)

VULNÉRABLE ; ~ **à** qqch. (*aux commentaires des critiques*).

Z

ZÉBRER qqch. (*Les marques du fouet zébraient tout son corps.*) ; ~ qqch. **de** choses (*Le fouet zébrait son dos de lacets rougeâtres.*) ; zébré **de** choses (*Un ciel d'orage zébré d'éclairs.*)

BIBLIOGRAPHIE

DARBELNET, Jean. *Dictionnaire des particularités de l'usage*, Québec, Presses de l'Université du Québec, 1986, 215 pages.

VILLERS, Marie-Éva de. *Multidictionnaire des difficultés de la langue française*, Montréal, Québec/Amérique, 1992, 1325 pages.

Dictionnaire de la langue française : Lexis, sous la direction de Jean Dubois, Paris, Larousse, 1992, 2109 pages.

DUBUC, Robert. *Objectif 200 : Deux cents fautes à corriger*, Montréal, Éditions Ici Radio-Canada et Leméac, 1971, 133 pages.

GREVISSE, Maurice. *Le Bon Usage*, douzième édition revue, Gembloux, Duculot, 1988, 1798 pages.

HANSE, Joseph. *Nouveau Dictionnaire des difficultés du français moderne*, deuxième édition mise à jour et enrichie, Paris, Duculot, 1987, 1031 pages.

Le Nouveau Petit Robert : Dictionnaire alphabétique et analogique de la langue française, édition entièrement revue et amplifiée en 1993 sous la direction de Josette Rey-Debove et Alain Rey, Paris, Dictionnaires Le Robert, 1999, 2551 pages.

Le Petit Larousse illustré 2000, Paris, Larousse, 1999, 1786 pages.

PÉCHOIN, Daniel et DAUPHIN, Bernard. *Dictionnaire des difficultés du français d'aujourd'hui*, Paris, Larousse, 1998, 659 pages.

SAUVÉ, Madeleine. *Observations grammaticales et terminologiques*, Montréal, Université de Montréal (fiches), 1972-1985.

THOMAS, Adolphe V. *Dictionnaire des difficultés de la langue française*, nouvelle édition revue et corrigée, Paris, Larousse, 1988, 435 pages.

ACHEVÉ D'IMPRIMER
EN DÉCEMBRE 2003
SUR LES PRESSES DE AGMV-MARQUIS
MONTMAGNY, CANADA